少年朱元璋
Young Emperor Zhu Yuanzhang
【南宫不凡◎著】

關於作者

南宮不凡

自小學五年級暑假無意中看到《三國志》，開始對歷史產生莫名狂熱，國一時已經讀完柏楊版《白話題治通鑑》與《二十四史》。

白天是認真負責的科技公司小主管，晚上化身成為歷史名人研究專家，對於古今中外的名人有相當專精而獨到的看法。

對於中國帝王學尤其偏愛，耗時近十年，在繁浩的歷史典籍史料、民間流傳軼事中去蕪存菁，經過反覆的消化、整編，運用古典小說形式，完成秦始皇、漢文帝、漢武帝、唐太宗、宋太祖、成吉思汗、明太祖、康熙、雍正、乾隆、孫中山、毛澤東等十二位深具特色的領袖人物少年時代的風雲變幻。

書中每一位主宰歷史的偉大人物，都蘊藏著一部感人至深的故事。書中將這些領袖人物的親情、友情、愛情，以及自身對命運的努力和追求都融入到了扣人心弦的故事情節當中。

作者的生花妙筆讓書中主角仿如活生生的重現眼前，讓讀者深切感受他們的理想、信唸、胸懷、情操，對我們學習如何做人、做學問、做事業都有很大的益處。尤其對於青少年朋友來說，這些故事除了好看之外，更是瞭解歷史、啟迪人生的最佳朋友。

總序

「江山如此多嬌，引無數英雄競折腰。」五千年的歷史風煙，數百計的王朝興替，太多的帝王傳奇，讀來無不令人盪氣迴腸、掩卷低吟。中華帝王自秦統一六國起，秦皇漢武、唐宗宋祖、一代天驕成吉思汗……或以蓋世雄才稱霸天下、或以雄韜偉略彪炳史冊、或以勤政愛民流芳千古、或以絕妙文采震古鑠今，譜寫了一曲曲世世代代傳唱不衰的浩氣長歌。

當我們追溯這些歷史巨人的足跡，不難發現他們建立豐功偉業時大多數始於風華正茂、才思敏捷的青少年時期：秦始皇十三時歲即位，二十一歲時正式「親理朝政」，三十九歲終於完成了統一中國的歷史大業；唐太宗十六歲應募勤王，嶄露頭角，十八歲晉陽起兵反隋，並成為獨當一面的大將軍；康熙皇帝十四歲親政，十六歲智擒權臣鰲拜，二十歲剷撤三藩，三十歲南收台灣，三十二歲北拒沙俄；國父孫中山十三歲便遠離家鄉，由香港乘船赴夏威夷，去實現「有慕西學之心，窮天地之想」的志向……他們追求卓越的精神和把握機遇的能力，以及在一連串關乎國家前途命運的抉擇中所表現出來的少年睿智、堅毅果敢、沉著隱忍、顧全大局、百折不撓的性格特質，無不令人肅然起敬。這一切對今天的青少年朋友都具有極大的啟迪、教育和滲透力。正是基於這一點，我們編撰了《少年帝王》這套系列書籍。

本系列書籍選取了中國歷史上的十大著名帝王和近代孫中山、毛澤東兩位來做為陳述的主體，在史料記載和民間傳說的基礎上，運用中國古典小說形式，向讀者展示秦始皇、漢文帝、漢武帝、唐太宗、宋太祖、成吉思汗、明太祖、康熙、雍正、乾隆、孫中山、毛澤東這些九五之尊和開國領袖少年時代的風雲變幻和個人奮鬥歷程。

正所謂高山仰止，以上這些主角有的脫穎於帝王之家，有的揚名於行伍之中爍古有的雄起於部落之上、有的崛起於市井之鄉；或雄才、或豪邁、或隱忍、或倔強，文治武功各有偏長，運籌帷幄隨才器使。但無一例外的是，他們都憑藉著自身的努力，在風雲際會中抓住了歷史的機遇，走上了成功的頂峰。

這些主宰歷史的偉大人物，都蘊藏著一部感人至深的故事。作者將這些領袖人物的親情、友情、愛情，以及自身對命運的努力和拼勁都融入到了扣人心弦的故事情節當中，同時也彰顯了人性與欲望的較量，情感與倫理的衝突，智慧時時閃耀在字裡行間。

作者在尊重歷史的基礎上又不拘泥於歷史，用一種演義的手法，展示古今帝王領袖精彩的少年生涯，為我們深入人物的內心世界，拓展開一個嶄新的視角，提供一個詮釋人物命運的獨特方式。仔細閱讀這些書，猶如看到主角的少年生活在面前完整呈現，讓我們感受到他們的理想、信唸、胸懷、情操，對我們學習如何做人、做學問、做事業都有很大的益處。

尤其對於準備高飛人生的青少年朋友來說，這些故事除了好看之外，更是青少年擴大胸懷、啟迪人生的最佳朋友。

序文

明太祖朱元璋是明朝開國皇帝，他憑藉傑出的軍事和政治才能，由一個走投無路的遊方和尚，參加元末紅巾軍起義，經過十多年的戰鬥風雲，開創帝國，走上九五至尊的皇帝寶座。他的經歷，在我國歷代開國帝王中，獨一無二，充滿傳奇色彩。

在與群雄逐鹿中原的過程中，朱元璋團結儒士，推行仁政，注重民心向背，他曾經告誡諸將：「克城以武，戰亂以仁。吾入集慶，秋毫無犯，故一舉而定。每聞諸將得一城而不枉殺，輒喜不自勝。夫師行如火，不戈將燎原。為將能以不殺為武，豈國家之利，子孫實受其福。」正是在這種思想指導下，他最終脫穎而出，力挫群雄。然後，他提出「驅除胡虜，恢復中華」的政治綱領，率兵北伐，推翻了元朝統治，取得了國家的統一和民族勝利，結束了從南宋以後近兩百多年的社會動盪和元朝的殘暴統治局面，使得中國社會進入了一個安定進步的發展時期。他採取一系列措施強化了中央集權，嚴厲整肅吏治和腐敗現象，恢復和發展社會生產，促進社會進步和繁榮，為其後的永樂之治、仁宣之治打下了堅固的政治基礎。清康熙皇帝以「治隆唐宋」來肯定朱元璋的豐功偉績。

然而，取得如此輝煌業績的朱元璋，出身極其寒微，他父祖時代為農，耕種勞作，日復一日為了生存而苦苦掙扎。到了朱元璋出生時，他家無田無業，依靠租種田主家的土地過活。當時，元朝統治暴虐，苛政雜稅沉重地壓迫著窮苦的百姓，朱元璋的父母儘管辛勤勞作，依然難以維持家人安定的生活。在赤貧環境裡成長的朱元璋，從小備嚐飢餓之苦，忍受苦難煎熬，不得不從六歲起就開始為地主家牧鵝放牛，撿柴工作，苦度時日。

艱辛的生活面前，父母的疼愛為元璋保留了一方快樂的天地，他是家裡最小的孩子，兄姐五人，大家都喜歡聰穎天真的小元璋，對他寄予厚望。在這樣的環境裡，朱元璋活潑、勇敢、正義的天性沒有被泯滅，相反，時常表現出積極樂觀的精神，不畏強暴，勇於反抗來自各方面的欺凌和壓迫。屢次打擊和生活的艱難，使得元璋不斷成熟，他漸漸懂得世間不平，在現實面前開始沉思，開始收斂個性，走向深沉。

就在少年元璋一天天長大時，天災人禍不期而至，終於將他們這個苦苦掙扎的家庭逼上絕路。他不足16歲時，家鄉遭受旱災、蝗災，瘟疫流行，半個月的時間裡，父母雙亡，長兄幼侄去世，家破人亡，災荒面前無以度日，他只好出家做了和尚。然而，出家52天後，寺裡也沒有糧食吃了，他被迫踏上遊方化緣之路。

這是一條充滿危險的飢餓之旅，生命在此顯得極其脆弱，稍有不慎，後果不堪設想。年少的朱元璋沒有退縮畏懼，他勇敢地前行著，苦苦地追索著，求生之路變成了一條探索之途。其間的經歷成為他成長歲月中非常寶貴的財富，為他以後的人生和成功積攢了經驗……

在本書中，我們將展示元朝末年窮苦百姓苦難的生活現狀，讓您從中看到一位貧家少年苦苦成長的點點滴滴，在一個個生動逼真、充滿神奇色彩的故事中，您也許會體會到朱元璋從赤貧走向成功的一些原因，並且激勵您奮發不息，刻苦求進的信心和勇氣。

目錄

導讀

一個地主家的放牛娃，一個備受欺壓的小和尚，一個為保命奔波的小乞丐，一個戰無不勝的亂世英豪，一個權傾天下的開國皇帝，所有的身分都指向同一個人——明太祖朱元璋。這個貧家子弟，依靠著自己的努力和決心，一步步改變著自己的命運，成就了從朱重八到朱元璋、從乞丐到皇帝的傳奇人生。

出生在災難重重的元朝末年，災荒年年，家庭赤貧，官兵殘暴，地主刻薄，小小重八該如何面對這一切，頑強地長大呢？

重八與好友親見元軍暴行，痛恨非常，忍不住火燒元軍營地，遭到追殺，他們該如何逃脫此劫？重八好心救人，誰知對方卻是山賊頭目，他因此被舉報到官府，面臨危機，他應該怎麼做呢？

天災人禍，父母長兄接連病故，重八身單力薄，走投無路，投入寺院為僧，誰知道一場瘟疫，寺廟缺糧斷炊，小重八被迫出外遊方，艱難世道，他能找到生存的希望嗎？

天下大亂，紅巾軍起義轟轟烈烈，朱重八脫下僧衣，投入了造反的行列，但紅巾軍內部明爭暗鬥，各不相讓，身處風口浪尖，朱重八備受猜疑，他能安然度過危機嗎？

眼見紅巾軍難成大勢，朱重八決定自立門戶，但在眾多軍事勢力的夾縫之中，他又該如何鞏固勢力？

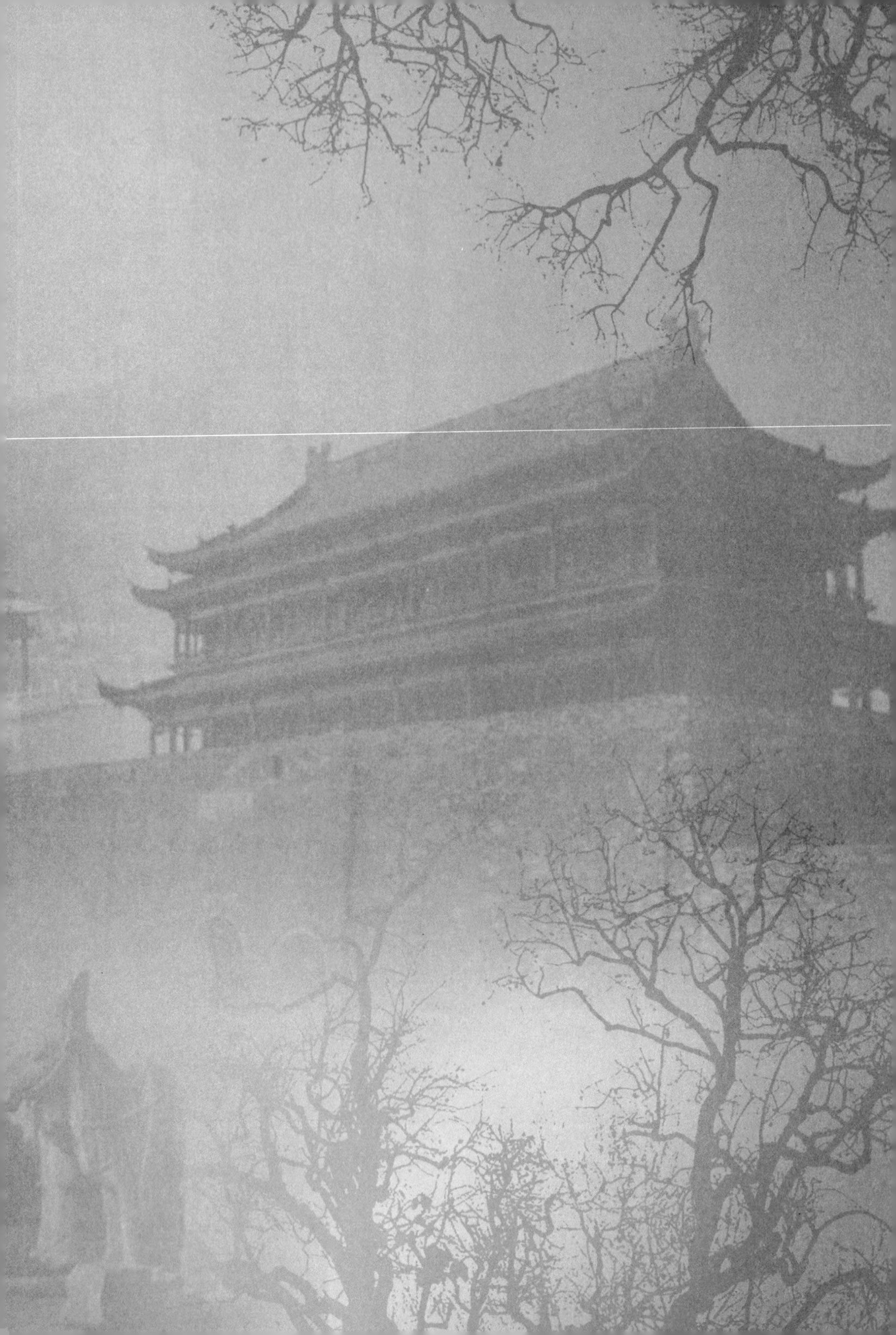

第一章

一碗魚湯　貧寒農家誕天子

第一節 一碗魚湯的故事

三個兒子求富貴

元朝年間，在金陵句容通德鄉朱家巷（今南京市境內）生活著一戶姓朱的普通農民，這家人祖籍江蘇沛縣，世代為農，全家人面朝黃土背朝天，在土地上掙扎度日。不幸的是，隨著元朝統治日趨腐敗，社會矛盾激化，這種勉強度日的生活也漸漸難以為繼。當時，元王朝為了穩固統治，把所有臣民進行重新編制，每家每戶都有固定的戶籍，包括軍戶、匠戶、灶戶、礦戶，等等不一，不同戶籍的百姓提供不同的勞役和供納。朱家是淘金戶，所謂淘金戶，就是每年需要向官府繳納一定量黃金的家庭。可是當地不產黃金，朱家

淮河

只好每年將收穫的糧食換成錢財，然後到外地買金上交。可想而知，這樣折騰來折騰去，沒有幾年，朱家就入不敷出，無法生活下去。無奈之下，戶主朱初一帶著妻兒離家逃走，到了淮河岸邊的盱眙（今江蘇盱眙）落戶。

當時，由於元政府忽視農業生產，加上連年暴政肆虐，淮河兩岸大片土地荒蕪，朱初一來到這裡後，憑著老實能幹的農民本色，很快開墾了一片荒地，一家人靠此生存下來。幾年累積後，他們蓋了簡陋的房舍，擁有幾畝田地，朱初一還為兩個兒子娶了媳婦，幸福的日子似乎已經在向他們招手了。

哪裡想到，暴政肆虐之下老百姓不可能過上舒服日子。隨著此地住戶增多，官府開始將魔爪伸向略有喘息之機的農民，各種名目的稅收攤派不期而至，加上天災不斷，再次把朱初一一家逼上絕境。不久，朱初一染病身亡，他的兩個兒子朱五一、朱五四各自帶著妻兒踏上新的逃難之路。

朱五一兄弟來到五河（今安徽五河），在此住了一段時間後，覺得依舊難以生存下去，於是兩人商量決定老大往南去濠州鍾離（今安徽鳳陽），老二往北去靈璧（今安徽靈璧）定居。他們約定，如果哪裡條件好就通知對方，然後一同到哪裡生活。

這樣，兄弟二人各自帶著家眷分手了。朱五四和妻子陳二娘帶著兩兒一女來到靈璧，男的給人打工工作，女的為人縫補漿洗，勉強維持一家五口生計。不久，他們租種田主家的土地，過起佃農生活。遇到風調雨順的年景，收入略微好一些，全家人可以吃飽飯；年景不好，除去稅租外，幾乎沒剩下什麼，一家人只有勒緊腰帶過日子。這時朱五一從鍾離傳來消息，那邊的情況與這裡差不多，一家人也是掙扎在溫飽線上，朱五四就死了去鍾離的心，與妻子家人安心在靈璧過日子。

可是，天有不測風雲。儘管身處社會最底層的朱五四除了溫飽別無他求，卻不得不因為一碗魚湯被迫再次搬家。

此事說來非常離奇。朱五四夫婦到靈璧幾年後，又生了一男一女，這樣他們家共有五個孩子，七口之家依靠微薄的租種收入難以維持生計。朱五四夫婦非常勤快，他們跟著當地人學會了做豆腐。朱五四除了耕種收作外，每天早起晚睡，挑著擔子沿街賣豆腐。陳二娘呢，也不閒著，她的手藝好，被一戶人家雇去做了女傭，燒火做飯、洗刷縫補、打掃環境，每天都要做很多活，很晚才能回家。

雇傭陳二娘的這家主人是個風水先生，遠近馳名，通曉天文地理，卜卦問相，十分靈驗，他靠此擁有了土地田莊，也算當地一富戶。他有三個兒子，都已經娶妻生子，孩子們眼看著父親一年年老去，卻從不曾為自家人看相算卦，擔心地想，老頭子為人看了一輩子風水，許多人因為他過上好日子，可是我們兄弟幾個卻沒有得到好處，要是老頭子去世了，豈不是終生遺憾？他們不甘心，商量後一起請求父親為他們看卦相面。

風水先生看著三個已過而立之年的兒子，搖著頭苦笑：「我是你們的父親，要是你們命大福大，我不早就給你們看了？實話跟你們說吧！不是我不給你們看，而是你們沒有福氣，看了也白搭！」

三個兒子不服氣，小兒子搶著說：「我們不信，很多貧寒人家，為什麼後來能過上富貴日子，我們怎麼就沒有機會？」

風水先生知道兒子們不死心，就答應他們說：「既然你們這麼執意要算，那我就給你們一次機會，讓你們試一試，省得你們不相信，將來抱怨我。」

三個兒子很高興，各自回屋喊出自己的妻兒讓父親看相。風水先生搖搖頭，對兒子們說：「我天天看見你們，還用特地看相嗎？唉，我看了這麼多年風水，你們還不知道風水的精髓所在，去做你們的工作吧！我看好了自然會告訴你們。」他打發走了兒子們，獨自一人細心琢磨。過了幾天，正好是臘月二十三，農曆的小年，風水先生看好了自家的風水，帶著兒子們來到一條小河邊，離河岸不遠就是他家的祖墳地。風水先生說：「這是塊風水寶地，你們從今天開始日夜在這裡守著，發現什麼立即告訴我。」兒子們向父親詢問其中奧祕，風水先生卻什麼也不說就走了。

年關逼近，三個兒子不能在家裡準備過年諸事，反而日夜守著一條冰封的小河溝，天寒地凍的，他們很快就不耐煩了，考慮到好不容易請動父親，只好強忍著。轉眼間，大年三十來到了，三個兒子心想，總不能守在這裡連年也不過了吧！不如先回去過完年再說。就在他們主意打定之時，突然從河溝裡跳出一條小魚，活蹦亂跳的，特別引人注目。小兒子一個箭步上前抓住小魚，高興地說：「這下好了，可以告訴父親了。」

三個兒子手提小魚回家，興高采烈地議論著，大兒子說：「天這麼冷，河裡都結冰了，怎麼會有魚跳上岸呢？」二兒子說：「不管那麼多了，父親不是說發現什麼就告訴他嗎？我們先把魚交給他，聽聽他怎麼說。」

風水先生看到兒子們提著小魚回家，眼前頓時一亮，驚喜地說：「老天助我，大功告成，來，把魚給我，我要親自為你們熬製魚湯。」

看到父親滿臉喜悅神色，三個兒子知道，事情如願了，他們一個個心情激動，暗自猜測未來榮華富貴的好日子。

陳二娘誤喝魚湯

風水先生親自下廚，將小魚做成一道美味魚湯，父子四個圍桌而坐，邊喝邊吃，很快魚肉吃盡，只剩下魚頭和魚尾巴可憐地漂在魚湯裡。風水先生擦擦嘴唇，似乎這才想起兒媳婦們來，剛要讓兒子去喊她們，卻聽門外一聲怯怯地喊聲，女僕陳二娘走了進來。

本來昨天風水先生就給陳二娘結算工錢，讓她回家過年了，她今天怎麼又回來了？看著風水先生疑惑的眼神，陳二娘從懷裡掏出一雙嶄新的女布鞋說：「少奶奶讓我幫她做鞋，今天早上剛做好，怕耽誤了她過年穿，所以趕過來送給她。」

二娘為人厚道能幹，風水先生一家都很敬重她，聽她這麼說，點點頭讓她進去。陳二娘正邁步向後院走，風水先生突然叫住她說：「二娘，妳順便把這碗魚湯端到後院，讓少奶奶們喝了。」他覺得二娘做事穩妥，這件事交給她會更加保險。

陳二娘忙接過魚湯，小心翼翼地朝後院走去。

再說風水先生的三個兒媳婦，正在忙碌地收拾衣物被褥、乾糧果品準備過年，聽說公公讓陳二娘端來一碗吃剩的魚湯，一個個氣得眉毛都豎起來了。老三媳婦說：「看風水看風水，年三十了家裡什麼也沒準備好！一條小魚算什麼！」老二媳婦說：「嘿，還小魚呢！妳看看，除了魚頭就是魚尾，大過年的，這點剩湯剩水要它做什麼！」老大媳婦不耐煩地說：「妳們別吵了，不喝倒掉就算了。唉，公公也是，過年了這麼辦事，真叫人掃興！」

三個兒媳婦嘟嘟囔囔，抱怨公公輕視她們，抱怨丈夫們不體貼她們。然後異口同聲吩咐陳二娘把魚湯倒了。陳二娘端著魚湯左右為難，她心想，老先生做事一向認真，吩咐下來的事情要是無法完成，一定會受到責罵，可是少奶奶們不喝，這可怎麼辦？她想了想端著魚湯回到前面，向風水先生說明這件事。

誰料風水先生態度強硬，一點也不容置疑地對陳二娘說：「再端回去，一定要讓她們喝了！」

這可難為了陳二娘，她再次來到後院，向三個兒媳婦說明風水先生的意思。三個兒媳婦又把公公、丈夫數落一通，並且指責陳二娘說：「一碗魚湯，叫妳倒妳不倒，端來端去的耽誤工作，真是的！趕緊倒了去。」

陳二娘端著魚湯，強忍著委屈，心裡想，唉，倒了就倒了吧！省得他們一家人來回埋怨。又一想，一碗好好的魚湯，倒了就蹧蹋了，窮人家想喝還喝不到呢！想到這裡，她也不知道哪來的勇氣，端著魚湯咕嚕嚕一飲而盡，隨後到前面覆命。風水先生看見魚湯被喝光了，大瞪著眼睛問：「是哪房媳婦喝的？老大、老二還是老三家？」陳二娘低著頭，漲紅著臉回答：「三位少奶奶都不肯喝，叫我倒了。我害怕蹧蹋東西，先生訓斥，就……就把魚湯喝了。」說完，心裡的一塊大石頭終於落了地。

風水先生一聽，瞪著陳二娘癱坐在椅子上。陳二娘可嚇壞了，忙不迭地扶起先生說：「先生，您可別嚇唬我，我這就回家做碗魚湯給您端回來。」她還以為風水先生心疼那碗魚湯呢！

過了好一會兒，風水先生有氣無力地坐起來，望著陳二娘說：「不用了，妳走吧！我們這裡可用不起妳了。」

陳二娘聽到此言，驚慌地說：「先生要攆我走？我喝了一碗魚湯就闖下這樣的大禍？」她

實在不明白，不就是一碗沒人喝的魚湯嗎？有必要辭退嗎？

風水先生的三個兒子從來沒有見過父親這麼吝嗇，走過來勸解：「一碗魚湯不值什麼，父親何必苛責二娘。大過年的，讓她回去安心過年吧！」

風水先生生氣地指著兒子們咆哮：「哪是一碗魚湯的事?!跟你們說了你們沒福氣，偏偏不聽，非要看什麼風水！」他對著兒子們怒吼一通，轉過臉看著二娘說：「二娘，不是魚湯的事，妳回去吧！過完年我們再說這件事。」

陳二娘既疑慮又羞憤，她無論如何也不清楚今天到底怎麼回事，不知道先生為何因為一碗魚湯大吵大鬧。她一路回家一路想，都怪自己，要是不喝那碗魚湯不就什麼事也沒有了？再想一想，也不對，先生說什麼風水福氣，難道魚湯與風水有關？她左思右想，很快回到家，遠遠地看著朱五四正帶著孩子們掛燈籠，這個燈籠是朱五四前幾天外出賣豆腐時撿回來的，雖然破舊，依舊鮮紅，孩子們高興了好幾天。如今，紅紅的燈籠掛在門前大樹上，在蒼茫灰白的天地之間顯得格外耀眼。她心情一振，加快回家的步伐。

這個新年就這樣過去了。過完年，風水先生果然辭退了陳二娘，還讓兒子多給她兩個月的工錢。生性剛強的二娘不明不白被人辭退，當然不肯接受風水先生的恩惠，她憤怒地對丈夫說：「我們在這裡吃不飽穿不暖，還要受人欺負，不如搬家吧！俗話說『人挪活樹挪死』，我就不信天底下沒有我們安心過日子的地方。」

朱五四心裡也很氣憤，妻子辛辛苦苦地工作，不就是喝了一碗沒人喝的魚湯嗎？風水先生就把人攆走，真是太欺負人了。如今官府和地主天天上門催繳雜稅糧租，橫徵暴斂，已經讓他們無法承受，陳二娘又沒有工作做，這不等於把一家人逼上絕路嗎？想來想去，他聽從妻子的建議，決定南下淮河尋找新的出路。

他們夫妻哪裡知道風水先生攆走陳二娘的真正原因。原來風水先生為自己家看風水，安排兒子們守護祖墳旁邊的小河溝，並且幸得小魚，按照他的意思，他們父子幾個吃了魚肉，兒媳婦們要是肯喝魚湯，那麼就會生下至尊至貴的後輩來，他們一家也就因此興旺發達。哪會想到半路殺出個陳二娘，一股腦兒把魚湯全喝了。風水先生由此斷定二娘不是個凡人，將來她的兒子要是得勢了，自己還留她在家裡做女僕，豈不是罪過，所以他下決心辭退二娘，並且多給她工錢幫助她。

事有湊巧，二娘被辭退後不久發現自己懷了身孕。她已是四十多歲的人了，先後懷孕多次，順利生產長大的就有五個，再度懷孕對她來說不但沒有喜悅，反而充滿了憂愁。在這困苦歲月裡，憂愁似乎籠罩了一切，愁吃愁穿，愁住愁行，總之，要想生存下去，就是不斷發愁，再添人口，對這個處於風雨飄搖之中的家庭來說，真是雪上加霜。

朱五四夫婦一心愁著如何度日，何曾想到，他們這個最小的、即將臨世的孩子，有朝一日竟然成了皇帝，開創了一代盛世偉業，這個孩子就是大明朝開國皇帝朱元璋。

第二節 誕生的傳說

夢吞仙丹的傳說

朱五四一家被迫離開靈璧後，輾轉逃難，先在虹縣（今安徽泗縣）居住了一段時間。在這裡，夫婦二人給人打工出力，維持家人生活，他們的大兒子和二兒子開始給地主家放牛割草，大女兒幫著母親做飯縫洗，為家裡增添點收入，減輕負擔。大約過了半年時間，朱五四接到大哥消息，說在鍾離為他租了塊地，讓他前去種田謀生。在土地上勞作慣了的朱五四聽說後非常高興，當即辭了工作帶著家人再度南遷。

鳳陽

上路前，恰好陳二娘的父親前來看望他們。說起二娘的父親，倒有些與眾不同，他名叫陳大，年輕時參軍入伍，是南宋大將張世傑手下的一名親兵，曾經參加過壯烈的抗擊元軍的崖山戰役。後來南宋滅亡，他偷偷返回家鄉揚州，後為了躲避元朝的兵役，他從揚州逃到盱眙津里鎮，在那裡依靠為人看相唸咒養家糊口。可以說陳大也是一位風水先生，不過沒有雇傭二娘的那家先生有名有勢，勉強度日而已。陳大沒有兒子，只有兩個女兒，先後嫁給了當地農民。二女兒陳二娘嫁給朱五四時，朱家在盱眙有地有房，沒想到幾年後被逼逃荒，一走就是三五年，他思念女兒，聽說他們在虹縣，不遠百里來到這裡看望他們。

陳大已經六十多歲了，見到久別的女兒老淚縱橫，泣不成聲。陳二娘一邊安慰父親，一邊也是唏噓哀嘆。家境貧寒，父親來了，連頓像樣的飯菜也招待不起，這叫什麼日子啊！二娘從小聰明能幹，父親很喜歡她，教她識字讀書，給她講古往今來的傳說故事，還對她講自己當年參加戰鬥的親身經歷，以及遊走各地的風土民情，開闊了小小二娘的眼界。二娘十八、九歲時，前去他家提親的人很多。陳大經過觀察琢磨，同意了朱五四父親朱初一的提親。他為什麼同意這門親事呢？說起這件事情還有個小插曲。

陳大看相算卦，雖不出名，多少也有些能耐。有一年，他路過朱初一家所在的村子，正好看到朱初一躺在村廟前睡覺。陳大走上去與他閒聊，朱初一認識陳大，知道他能掐會算，就對他講了自己的一段經歷，讓他算算凶吉。朱初一說，不久前，他在廟前土墩裡蹲著睡覺，突然來了師徒兩個和尚。師父說：「這個土墩比外面暖和，是塊風水寶地，種什麼收什麼。」徒弟好奇，隨手折斷路邊的柳枝插在地上。他們說十天後再來看結果。朱初一迷迷糊糊的，心想，是不是自己做夢了？可是一看，身邊果真插著柳枝。他十分驚訝，為了驗證此事真假，他拔出柳枝扔在一邊，想十天後再來觀看動靜。十天後，他早早地來到土墩，像上次一樣躺下假寐。果然兩個和尚很快來了，他們看到柳枝不見了大感驚奇，師父說：「肯定有異人在此，不然我們的柳枝怎麼不翼而飛？」徒弟四下張望，指著旮旯裡的朱初一說：「師父，會不會是那個人？」師父疑惑地看著朱初一，好一會兒才說：「就是他，沒想到我的算術被他識破了。他是個貴人，不出三代他家必定出了不起的人物，我們不要惹他，為他種下幾棵柳樹就走吧！」說著，帶著徒弟折柳插到土墩四周，隨後就不見了。朱初一起身觀看，果見土墩四周插滿了柳枝。

朱初一一邊為陳大講述，一邊指著不遠處一片小柳苗說：「瞧見了嗎？就是那片樹苗，長得可快了。」

陳大定睛細看，心裡驚訝萬分，他想，朱初一剛才講的像是個夢，可是這片樹苗如何解釋？從此，他對朱初一格外留意，覺得他為人處事厚道老成，是個可靠的人。所以等到朱初一上門為兒子提親時，他想起土墩種柳的事，便同意把女兒陳二娘嫁給朱五四。

想起那段往事，看看眼前困境，陳大望著女兒憔悴瘦弱的臉龐，心裡有種說不出的滋味，唸叨著說：「妳公公還說遇到仙人指點了，將來家裡會出貴人，哪想到二十年了，反而一天不如一天。」陳二娘很堅強，勸慰父親說：「孩子一天天長大，都能幫著工作了，怎麼會一天不如一天呢？我看啊，等著三個小子長大了，都是工作的好手，女兒也很乖巧，縫補漿洗，到時候我可熬出頭了。」對於未來的憧憬和期望，讓她臉上露出會心的笑容，看上去人都顯得有精神了。貧寒之家，能夠有所憧憬也是莫大的寬慰了。

陳大後來隨著女兒家去了鍾離，他聽說陳二娘喝魚湯一事的前後經過後，聯想女兒即將生產，不禁想到，那位風水先生費了不少力氣得來的魚湯，硬要自己的兒媳婦喝，其中一定蘊藏著玄機，莫非喝魚湯與後代富貴有關？這樣想來想去，他對女兒肚子裡的孩子充滿了期待與想像，恨不能立即見到這個孩子為他看相算卦。

轉眼間，陳二娘臨盆的日子來臨了。西元1328年10月21日（元天曆元年九月二十八日）下午，秋陽高照，萬里無雲，湛藍的空中偶爾飛過一排大雁，高鳴低吟，似乎抒發著無限情懷。望著他們不知疲倦的身影，坐在門外的朱五四不免發出這樣的感嘆：「不如做隻大雁自由飛來飛去，省得受到官府欺凌。」

朱五四家的茅屋裡，陳二娘躺在單薄的草席上待產。朱五四陪著陳大坐在門外，他們正在議論昨夜陳二娘的一個夢：陳二娘夢見自己在麥場裡工作，忽然一個道士走過來遞給他一個白色仙丹，告訴她這個仙丹包治百病。二娘毫不猶豫吞下了仙丹，隨後覺得渾身輕飄飄的，很快就醒來了。

陳大認定女兒做這樣的夢，暗示著即將臨世的孩子命運富貴。朱五四勉強笑笑，心裡有股說不出的感覺，對於夢半信半疑。他們二人說話間，產婆走出來大喊：「快進來看看，孩子出生了。」

陳大和朱五四慌忙走進草屋，看著新生孩子愣住了。孩子躺在席上，靜悄悄的一聲不哭！這是怎麼回事？他們忙讓產婆想辦法。產婆說：「我提著他的腿打了好幾次了，他就是不哭。」一般情況下，新生嬰兒哇哇啼哭說明他身體健康，可是這個孩子不哭不叫，莫非有毛病？幾個人圍著孩子左看又看，只見他身材瘦小，四肢不停地蹬來蹬去，黑色的小眼珠水汪汪的，一點毛病也沒有！陳大悄悄拉過朱五四說：「看見了吧！這個孩子生來與別人不一樣，說不定將來有出息。」朱五四欣喜地點點頭，在他心裡，將來孩子能夠擁有自己的土地和房屋，不用四處逃難謀生，就

朱元璋宮廷標準像
註：明太祖朱元璋流傳下來的畫像有十多幅，但畫像中所繪樣貌有截然不同的兩個樣子，其真實相貌如何，至今還是一個謎。

是最大的出息了。

不管家裡如何貧窮，孩子的出生還是給家人帶來了無盡的喜悅。他們以質樸善良的心情歡迎著新生兒的降臨，盡所能給予他所有的關心和溫暖，讓他度過了來到人世的最初歲月。朱五四夫婦孕育過五個孩子，所以這次很有經驗，細心地餵養和照料使得孩子看起來相當舒服，很少哭鬧；幾個年長的兒女喜歡剛出生的弟弟，主動多工作少惹事，多少也減輕了父母的負擔；陳大呢，他每天盯著孩子看，希望發現一兩處奇特之處，卻始終未能如願。他不甘心就這麼放棄，多年遊走江湖的經驗告訴他，所謂風水相面，基本上是一種心理作用，於是搬出朱初一土墩插柳和陳二娘夢吞仙丹的故事，鼓勵朱五四夫婦說：「我看這個孩子生有異相，將來會幫助你們過上好日子。」他以一位長輩的關愛和企盼來安慰女兒全家，隨後踏上歸程，回了老家盱眙。

紅羅幛和躲避追殺的傳說

由於朱元璋出身貧寒，後世關於他出生的說法很多，其中還有不少頗具神奇色彩的故事。

據說，朱五四夫婦被迫離開靈璧後，拖兒帶女輾轉在淮河岸邊赤地千里的原野上謀生。一個秋風瑟瑟的黃昏，朱家七口人艱難地奔走在逃荒的路上，四野蒼蒼，大地荒涼，他們希望早一點尋求到今晚的落腳棲息之地。突然，大兒子朱重四指著前面高興地叫起來：「快看，前面有座廟，我們到那裡去過夜吧！」

朱五四眯著眼睛看了一會兒，回頭看看妻子高高隆起的肚子說：「到前面廟裡就能歇一會兒了。」他把手裡的包袱交給兒女，然後雙手攙住妻子，夫妻倆深一腳淺一腳帶著五個孩子往寺廟方向走去。

這是一座極小的廟宇，建在兩座小山中間，人稱二郎廟。二郎廟四周人煙稀少，遭逢如今世道，已是殘破不堪，無限淒涼。對朱家來說，終歸有處遮風擋雨的地方，一家人還是很高興，你拖我拉走進廟門，放下不多的家當物件，準備在這裡過夜。不多時，廟裡走出一老一少兩個和尚，老和尚非常瘦弱，一副弱不禁風的模樣，看起來倒也慈眉善目；小和尚十三、四歲年紀，一看就是缺衣少食，無法度日才到寺中出家的少年。師徒二人簡單詢問了朱家的來歷，看到陳二娘待產之身，沒多說什麼，就讓他一家暫且在此留宿。

夜裡，二郎廟突然紅光閃閃，似乎著火了一般，遠近散落的農民以為失火了，紛紛前來救火。

朱元璋像

當然，小廟並沒有遭到火燒，而是一個嬰兒誕生了——他就是朱元璋。

這時，廟門前突然進來一位仙風道骨的道士，手裡拿著一塊鮮豔的紅羅幛，說是從廟前河裡撈上來的，交給陳二娘讓她給孩子遮身蔽體，野外廟內生子，陳二娘正愁沒有布片包裹孩子，道人相贈，她感激地接過來披在孩子身上。後來，二郎廟附近河流就被稱為紅羅幛，以紀念朱元璋在此地誕生的奇聞。

關於朱元璋神奇出生的傳說，還有一個十分有名，就是他為了躲避追殺在娘肚子待了三年的傳說，聽起來更是匪夷所思。

據說，元朝後期，有懂得相術的人向元朝皇帝進言，說三十年後，將有漢人滅元取而代之，這個人現在剛剛在淮河一帶出生。

元帝聽說，當即下旨，命令官兵將兩淮境內一歲之內的男嬰統統誅殺！

聖言一出，天下震驚，淮河兩岸慘遭殺戮的無辜小生命不知多少，為此四散逃難、家破人亡的家庭數不勝數。經過一年多的追查慘殺，元帝覺得清殺工作進行得相當順利，是不是該結束了，就請高人測算。沒想到高人搖著頭說禍患依舊！

元帝非常生氣，下旨放寬範圍再行殺戮，從剛出生的嬰兒到三歲的小孩格殺勿論！

男主角朱元璋這時已經在娘肚子躲了兩年多，前次清殺他該出生，躲過了；這次清殺他還藏在娘肚子裡不出來。後人說這是朱元璋有帝王之象，所以上天保佑他。過了半年多，淮河兩岸已經沒有三歲以前的男童可殺，可是殺紅眼的元軍不肯放過百姓，在淮河流域殺人放火，壞事做絕。當地百姓看穿元人陰謀，扶老攜幼逃離家園躲避災難。朱元璋的母親也夾在逃難的人群中，這天，她路過一片樹林時，實在跑不動了，就鑽到路旁一個大樹洞裡躲了起來。攜帶武器追趕百姓的元兵沒有發現她，卻把在路上逃跑的百姓全殺害了，搶奪了百姓財物揚長而去。

朱元璋的母親躲過一劫，在樹洞裡安全地生下了朱元璋。後人附會這段傳說，說朱元璋出生就會說話，安慰母親說：「不要害怕，元軍已經走遠了，他們不會回來了。」

果然，元軍屠殺了幾年，覺得再無危險存在，就回京覆命去了。朱元璋倖而存命，開始了充滿苦難的童年時光。

儘管上面這兩個故事充滿神話的色彩，但是我們應當看到，不管哪個傳說，反映了同樣一個現象和事實，那就是朱元璋誕生在赤貧農家，而他出生的時代恰逢元朝殘暴統治時期。人們在朝不保夕的生存線上苦苦掙扎，隨時面臨悲慘死去的可怕後果。在這樣的背景下，朱元璋如何從呱呱嬰兒長大成人，推翻元朝統治，一躍登上九五至尊之位，期間的經歷確實值得人們探索追尋。

第三節 小小重八

取名重八

不管後人如何想像描繪朱元璋初臨人世的日子，西元1328年10月21日，元天曆元年九月二十八日，這個日子永遠被載入史冊，貧寒農家的孩子朱元璋降臨人間，開始了自己充滿傳奇色彩的一生。雖然這個孩子來的不是時候，朱五四還是按照習俗很快為兒子取了名字——朱重八。至於人們熟知的朱元璋這個名字，還是他參加紅巾軍以後才取的。

在宋元社會中，不做官的、地位低下的農民一般不取正式名字，因為沒有什麼用處，只用行輩，或者父母年齡合計一個數目字，或者出生日期做為稱呼，例如丈夫年齡二十九，妻子年齡二十五，合計五十四歲，生的兒子即取名五四，或者叫做六九，即六乘以九得五十四之意。像朱元璋的祖父，出生在初一，所以叫朱初一；而朱元璋的伯父和父親，他們出生時父母的年齡分別合計是五十一歲、五十四歲，所以取名朱五一、朱五四。而朱元璋為什麼取名朱重八呢？原因有二：一是在他們朱家，到了這一輩時男孩居多，所以按照行輩取名，他伯父家的四個兒子分別取名朱重一、朱重二、朱重三、朱重五，而朱元璋的三個哥哥，分別叫做朱重四、朱重六、朱重七，輪到朱元璋了，自然取名朱重八；另外一個巧合的原因是朱元璋誕生在農曆九月二十八日，二十八當然是「重八」，所以他取這個名字既合天意又合人意。

八口之家，無田無地，無房無業，盡憑赤手空拳生存下去談何容易！他們輾轉落戶在鍾離縣東鄉，依靠朱五一為他們暫時租種的土地安頓下來。這裡鄰近淮河，俗話說「走千走萬，不如淮河兩岸」，可見淮河岸邊適合生存的條件多麼優厚，就是這樣一處沃野田地，由於連年天災和暴政，人口大量減少，土地歉收減產，已經無法與昔日盛景相比。朱五四一家在此開始了新一輪的生存抗爭。

朱元璋像

當然，尚在襁褓之中的朱重八不會知道家境的艱難，他一天到晚大瞪著兩眼等著有人來餵自己東西吃。朱五四已是近五十歲的人了，連年勞累奔波，讓他看起來蒼老憔悴，但他老年得子，對小重八還是十分寵愛，極盡所能為兒子準備吃喝用品，讓這個小生命盡可能快樂地生存下來。

小重八不負父命，一天天快速長大，既結實健壯又活潑好動，一家人看在眼裡，喜在心上，似乎這個孩子代表了他們所有的夢想與未來。重八的大姐姐十來歲了，每天下了工就抱著他跑出去，摘草掐花逗他玩。重八對什麼都好奇，不是抓過來亂咬亂啃就是用手亂撕亂扔，每次大姐都假裝訓斥他說：「不可以破壞東西，不然會被姐姐打喔。」說著，故意在他眼前晃動巴掌。小重八哪管那麼多，依舊咿咿呀呀地叫著，似乎不服氣。有時候，姐姐會給他編好看的草玩具，像蟈蟈、跳蛙，十分好玩有趣。重八喜歡玩，可是不一會兒就拆爛了，為此沒少挨姐姐罵。生活雖然艱苦，但是充滿親情的時光卻非常難得，這些幸福的歲月溫暖著小重八的心靈，是他人生當中極其寶貴的一筆財富。

但是，生活的艱辛容不得片刻安寧喘息，父母忙著工作，大一點的孩子也要工作，小重八會走路後就成了街頭的孩子，從早到晚蹲在門前，看著大人們過往勞作，他們一張張愁苦的面容留給他深刻的印象。在他幼小的心靈中，愁苦不堪就是大人們生活的全部，喜悅只是孩子們私下不可多得的偶爾一現。

結緣寺廟

儘管窮苦像鬼魅一樣籠罩著全家，小重八還是在家人的關愛下快樂地成長著。但是有一天，小重八的日子變得不再那麼單純和簡單了。這天，小重八從早到晚都沒有吃一頓飽飯，傍晚時分，他望著落日餘暉，翹首等待家人歸來，可是他的脖子伸得比平時長出一寸多了，依舊不見父母和姐姐、哥哥的影子。小小的重八心情越來越沮喪，飢餓驅使下，他開始亂抓東西吃，一會兒拔株野草，一會兒尋覓點野果子，放進嘴裡嘖嘖有聲。窮人家的孩子都有這樣的經歷，在村旁田間的野草間尋覓，不僅是他們幼年時的一大樂趣，更是他們滿足飢餓感的唯一法寶。

小重八走著走著，不知不覺遠離了村子，走進了荒草野坡之中。他太小了，根本沒有預料到眼前的危險，而一味採食野果野菜的快感又讓他無法停住腳步。他太餓了，需要吃東西來滿足空虛的腸胃，安定因飢餓帶來的慌亂心神。

就在重八專心採摘野果野菜的時候，荒地裡突然跳出一條餓狼，猙獰著向他撲過來。中原大地，沃野之鄉，竟有野獸竄沒，可見百姓之稀少，年景之蕭條。說也奇怪，面對餓狼，小重八不但不驚慌害怕，反而毫無戒備地繼續採食野果，好像沒有看見餓狼一般。餓狼被小重八鎮靜自如的行為鎮住了，停下進攻的腳步注視著重八，尋找可乘之機。

餓狼與重八對峙時，天邊最後一抹餘輝慢慢消散，天色漸漸暗下來。這時，不遠處寺廟傳來聲聲鐘鳴，估計僧人們吃晚餐的時間到了。聽到鐘聲，餓狼不甘心地看看重八，突然轉身跑走了。重八在鐘聲催促下，看到天色已暗，自己身處荒野，不知家在何方，不由得放聲大哭。

哭聲在野地裡傳出很遠，不一會兒，朱五四夫婦踉踉蹌蹌跑了過來，他們一把把重八摟在懷裡，跟著兒子一起痛哭。

原來這些天缺糧斷炊，朱五四夫婦無奈去地主家借糧，可是地主說他們家糧食也不多了，不肯借給他們。朱五四夫婦好說歹說，把自己大一點的孩子都叫去，讓他們在地主家工作抵債還糧，這才好不容易借了一斗米，回到家時，卻發現小重八不見了。夫妻二人慌忙尋找，聽到哭聲才找到這裡。

回家的路上，陳二娘叮囑重八：「以後不能亂跑，荒地裡有狼，會吃人。前幾天老劉家的小兒子不就被狼吃了嗎？」

重八天真地說：「狼不吃人，剛才一隻狼就在那邊，站了半天也沒吃我啊！」

朱五四夫婦聽到這話，嚇出一身冷汗，害怕地瞧瞧剛才重八站立的地方，似乎看到一隻餓狼正盯著他們。朱五四拍拍重八的肩膀：「不怕不怕，福大命大。」

重八說：「我餓了，剛才廟裡都打鐘了，我們也該吃飯了吧！」

陳二娘摟得兒子更緊了，一邊擦著眼淚一邊說：「吃飯，回家就吃飯。」

這件事過去後，陳二娘特地帶著重八去寺廟進香拜佛，感激菩薩救了兒子一命。她許願說：「大慈大悲的觀音菩薩，我兒子重八險些讓狼吃了，多虧您顯聖相救。我求菩薩再顯神通，保證他平安長大成人。我在這裡替兒子許願，他長大了一定親自來灑掃祝拜，燒香還願。」說完，讓重八不停磕頭。重八第一次來到寺廟，看著形態各異的菩薩塑像非常好奇，這裡瞧瞧那裡看看，哪肯停下磕頭。陳二娘著急地拉住他說：「快磕頭，再不磕頭就留下你不讓你走了。」

「留下就留下，」重八昂著小腦袋說，「我要在這裡當和尚。」童言無忌，本是一句玩笑，誰會想到十幾年後竟然成真。陳二娘不理重八，獨自虔誠地磕頭拜佛，祈禱菩薩保佑他們家豐衣足食，平平安安。

第二章

牧鵝放牛　聰穎頑童顯神威

苦難的環境，赤貧的家庭，朱重八出生之後面臨的最大問題就是如何活下去，如何填飽肚子。他的父母輾轉各地，辛勤勞動，依舊無法保證全家人吃飽穿暖，小重八不得不從小就為地主家放牛牧鵝，爭取可憐的一點報酬，為生存下去苦苦掙扎。

生性活潑好動的重八在苦難面前表現出強烈的生存欲望，他採食野果，掏食鳥蛋，和一般農家孩子一樣，度過貧窮而不失快樂的童年時光；他勇敢地反抗壓迫和欺凌，進行著天真而純樸的抗爭。在謀求生存的過程中，他不畏強暴，聰穎多智的個性得到彰顯。

第一節 牧鵝惹禍

牧鵝小孩

朱重八的母親陳二娘在寺廟一再乞求菩薩保佑全家能夠吃飽穿暖，平安過日子，可是由於年景不好，莊稼歉收，而官府逼迫甚緊，苦日子難以維持，他們全家只好再度搬遷，到鍾離縣太平鄉孤莊村落了戶。這是附近最大的村子，良田沃土，人口上千，綠樹掩映間草屋座座，顯露出難得一見的太平氣象。這個村裡最大的地主名叫劉德，說起他來，對於重八少年時代的成長還是很有影響的一位人物。

劉德的父親名叫劉學老，曾經做過元朝總管。元朝各地駐軍稱鎮戍軍，按照兵丁多少分為萬戶、千戶、百戶，總管就是萬戶以下的軍階。劉學老身為漢人軍隊的萬戶總管，地位還是非常高的，但他是個見微知著的人，眼見官貪民困，官府腐敗，於是急流勇退，辭職回鄉，依靠家裡的肥沃土地，耕種收穫，過起自由自在的清靜日子。劉學老是當地最富有的財主，但他從不仗勢欺人，反而樂善好施，修建學堂，濟貧齋僧，頗有善名。後來，劉學老病逝，他的兩個兒子劉繼祖和劉德繼承了家業。劉繼祖為人厚道，頗有乃父之風。而劉德就不同了，他為人貪婪，善於鑽營，是個貪財暴戾的人，雖然繼承了百畝良田和成群牛羊，依然不知滿足，反而刻意經營，對租種他土地的人進行苛刻地盤剝，每年收取的租稅都非常多，遇上災年，他還放高利貸，榨取窮人的血汗錢，經過這樣殘酷的剝削，他的收入和財富明顯超出劉繼祖，成為附近最富有的地主。劉繼祖很不贊同劉德的為人和做法，但是兄弟兩人早就分家另過，他又能如何？也就只好任其為之。

初到孤莊村的朱重八一家，正是依靠租種劉德家的土地生活。劉德見朱五四本分老實，做了一輩子莊稼工作，工作不錯，租給他幾畝地，並且答應讓他的孩子到家裡工作。朱五四很高興，回家對孩子們說：「有工作了，有飯吃了。」除了大兒子、二兒子幫助朱五四務農外，老三朱重七和小重八也負責給劉德家放鵝。

陳二娘看到兒子們都有事做，唸著阿彌陀佛說：「重八不到六歲就能工作了，看來我們家以後的日子好過了。」在她心目中，家裡沒有白吃飯的人了，生活還能不好轉？大女兒俐落地挑菜做飯，笑著回應母親：「母親，妹妹能幫您做飯了，我以後就多幫父親務農。」

一家人歡聲笑語展望未來的幸福生活，以為從此再也不用忍飢挨餓了，卻不知道往後的日子依然充滿了艱辛和磨難，終於將這個完整的家庭逼上絕路。

不說朱五四如何帶著兒女耕田勞作，但說重八與他三哥兩人，每天早早起床，吃完幾口粗鄙的飯菜，然後去劉德家趕著一群鵝走向村外的草地溪邊。重八手裡拿著一根長長的竹竿，一會兒驅趕脫隊的鵝快走，一會兒阻止有些鵝脫離隊伍。這種有組織的活動也許讓他覺得很有意思，他看起來比他三哥更認真，也做得更好，這群鵝非常聽話，不一會兒就到了溪水邊。在那裡鵝群們或者戲水游泳，或者埋頭吃草，或者悠閒地踱步小憩，倒是一幅天然自得的田園風光。

小重八開始在草地上無拘無束地玩耍，他追蝴蝶，抓蜻蜓，捕蛐蛐，玩螞蟻，大自然帶給他無窮無盡的樂趣，讓他在此間快樂地成長。重八樂此不疲地跑啊玩啊，好像不知疲倦。他三哥看他玩得起勁，悶聲悶氣地說：「別玩了，去看看鵝跑了嗎？」小重八看著躺在地上的三哥，不服氣地說：「你怎麼不去看？我要玩螞蟻打架，我不去看！」他三哥見他不聽話，走過來一腳踩爛他的一窩螞蟻，狠狠地說：「看你還怎麼玩！」重八見此，哇哇哭著撲向三哥，兄弟兩人在草地上扭打成一團。

結果，傍晚兩個人滿身污屑回到家裡時，陳二娘吃驚地問：「你倆怎麼啦，跟誰打架啦？是不是鵝跑了東家打你們了？」

重八委屈地撲到母親懷裡，指著三哥說：「他踩爛了我的螞蟻。」

重七不甘示弱，粗聲粗氣地說：「他就知道玩，什麼也不做！」

陳二娘阻止他們爭吵，問明事情的前因後果，拉著他們的手說：「孩子，你們是親兄弟，為了這點小事就動手打架，這可不對啊！你們知道孔融讓梨的故事嗎？」聽說講故事，重八立即高興地叫起來：「不知道，母親，這是個什麼故事？」他從小愛聽故事，經常纏在父母身邊讓他們講各式各樣的故事。父親朱五四大多給他講鄉間傳說，鬼啊怪啊的居多，母親陳二娘呢？因為小時候跟父親讀過書，瞭解一些歷史典故，所以有時候給孩子們講這類故事。每每聽這些故事，朱重八特別專心，比他的哥哥姐姐們都愛聽。今天，聽母親說出「孔融讓梨」幾個字，小重八斷定這又是個動聽的故事，十分激動。

朱元璋像

聽母親講完故事，小重八陷入沉思，過了一會兒他才開口說：「母親，我知道了，兄弟之間要謙讓，不能爭搶。」說完，他朝著三哥扮鬼臉。

朱重七不愛說話，在家裡是個悶葫蘆，聽了母親和重八的話，一聲不吭走開了。

這件事之後，兄弟二人友善了許多，不過畢竟都是孩子，誰也不會束縛自己的個性。大多數時候，小重八依舊在草地上跑著玩，重七呢？依舊悶悶地躺著假寐。時光似乎就這樣愜意地前進，卻不料好景不常，一件禍事降臨到了他們頭上。

丟鵝事件

時光流逝，冬去春來。這天重八和三哥像往常一樣在村外放鵝，中午過後兩人都餓了，拿出菜窩窩啃著吃。這是他們家最常吃的飯，今天也不例外。就在他們努力啃吃菜窩窩的時候，劉德家的二管家王順走過來，看也不看他們一眼，徑直奔向鵝群抓鵝。一群鵝正趴在溪邊休息，猛然有一人闖過來抓牠們，頓時驚慌失措地嘎嘎亂叫。

重八以為有人偷鵝，衝過來大叫：「你要幹什麼？快住手！」

重七認識王順，拉著重八的胳膊說：「他是管家，他是管家。」

重八哪裡管什麼管家，大聲說：「他把鵝偷走了，一會兒我們怎麼交差？」

王順瞪了重八一眼，惡狠狠地說：「哼，交差，交你個頭！」說完，不理他繼續抓鵝。

重八生氣了，一揮竹竿指揮著鵝群與王順對抗。這群鵝習慣了重八兄弟的指揮，當然十分聽他們的話，伸長著脖子圍攻王順。嚇得王順亂躲亂藏，一個勁喊：「朱重八，你這個小壞蛋，快把鵝趕走。」

重八看著管家害怕，高興地哈哈大笑。他三哥見狀，一把奪過他手裡的竹竿，把鵝群趕走，王順這才脫離鵝群，狼狽逃走。

朱重七扔下竹竿，拉過重八說：「你還笑，一會兒等著挨罵吧！」

果然，過了不久，王順帶著劉德來了。劉德個頭不高，身材粗壯，滿臉橫肉，一張嘴噴著惡氣，責問朱重七兄弟為什麼不讓王順抓鵝。朱重七看著怒氣沖沖的劉德，早已嚇得沒了言語，呆呆地不敢回話。重八瞪著一雙天真的大眼，認真地說：「父親交代過我們，無論如何也不能丟了鵝，要是他抓走了鵝，那不無法交差了。」

劉德聽到這話，一臉怒氣慢慢消散，他笑嘻嘻地說：「好，看不出你年紀不大還挺有心，知道保護我的財產，不像有些人不工作還搞破壞。就憑這，今年年底我要多給你父親工錢。」

告狀的王順見劉德轉怒為喜，有點丈二金剛摸不著頭腦，遲遲疑疑地說：「這小子……這小子剛才欺負我。」

「胡說！」劉德制止王順，「他一個幾歲頑童能欺負你？肯定是你不會辦事。」說完，他滿臉笑意地看著重八說：「老爺我今晚需要一隻肥鵝，你去幫我抓來。」原來，他今天要招待上門催稅的元兵，所以才命王順前來抓鵝，王順以前抓鵝沒遇到過阻力，以為這次前來重八兄弟也不會為難自己，哪會想得到被朱重八趕了回去。他回去後訴說被鵝追咬的經過，並慫恿劉德趕走重八兄弟，不讓他們放鵝。劉德信以為真，跟著他來責罵重八，一問才明白事情真相，覺得重八能幹機靈，保護了自己的鵝群，當然非常高興，哪裡還有氣生。

朱重七疑惑地看著劉德，不明白他前後判若兩人的表現，更不明白他為什麼還要給自己家加工錢。重八卻沒有想那麼多，他快速地衝進鵝群，很快就拎出一隻肥肥的鵝交給劉德。劉德竟然破天荒地拍拍重八的小腦袋，鼓勵他說：「好好放鵝，好好放鵝。」然後，與王順一前一後走了。

這件事讓朱家上下非常興奮，他們對劉德感恩戴德，覺得終於遇到了善人，認為全家的生活有望了。為此，朱五四還特意去集上買了肉，讓妻子為孩子們做頓好吃的。這也許是朱重八第一次如此開懷地吃飯，他摸著自己鼓起的肚子，得意地對小夥伴們說：「你們猜，這裡面裝的是什麼？」小夥伴都是窮苦人家的孩子，猜來猜去也猜不到重八吃肉了。

就在一家人幻想著美好的明天時，災禍從天而降。這天傍晚，朱重八和三哥準備趕著鵝群回去，卻發現丟了一隻鵝。他們慌忙四處尋找，就連溪水對岸的小山包也找遍了，始終不見鵝的影子。這可是個沉重的打擊。他們垂頭喪氣回到劉德家，打算據實相告，乞求原諒。朱重八甚至天真地想，上次劉德說要多給工錢，現在我把他的鵝放丟了，我不多要工錢了，他肯定會同意。

事情哪有這麼簡單。劉德聽說丟了一隻鵝，大發雷霆，咆哮著斥責重八兄弟，不但扣下工錢賠償損失，還不讓他們繼續放鵝了。朱重八由擔心變得憤怒，他盯著劉德口沫橫飛的嘴臉，頭也不回地轉身離去。幼小的他心裡備感委屈，他不明白為什麼突然丟了一隻鵝？對劉德的責罵更感羞憤，他決心尋找丟失的鵝挽回損失。

小重八人小膽大，不肯受屈，第二天一大早又跑到昨天放鵝的地方尋找丟鵝，遇到一個與自己年齡相仿的男孩子，他叫湯和，是本村的農家孩子，家有幾畝薄田。他聽說重八的遭遇後，悄悄對他說：「我看見王順家昨天吃鵝了，肯定是他偷了鵝。」重八一聽，二話不說就往王順家跑，湯和緊隨其後，他們來到王順家，看到他家門前還有幾根鵝毛，重八馬上生氣地拍門叫喊。王順二十多歲，遊手好閒，依附劉德欺壓佃農，靠此生活，說白了就是劉德的打手。他瞇縫著眼睛走出家門，看到重八怒氣沖沖地責問丟鵝一事，不懷好意地說：「老爺不是誇你能幹嗎？鵝丟了，沒活幹了，栽贓到我頭上，你小小年紀可真是有能耐！」說著，伸手抓著重八的衣領子，轉了兩圈把他扔出好遠。原來，王順記恨上次抓鵝時重八戲弄自己，決心懲罰他。恰好昨天他的一個酒肉朋友從遠鄉來，兩人便合夥偷走一隻鵝，一來解饞，

湯和

二來嫁禍重八兄弟。

湯和扶起重八，勸慰說：「王順是無賴，我們不跟他計較。」重八不服輸，撿起幾根鵝毛說：「我找老爺評理去！」他幼小的心裡充滿正義感，認為對與錯應該分得很清楚。他哪裡知道，惶惶世道，窮人哪有講理的地方。這次上門討回公道，不但沒有為他挽回損失，反而給他帶來更大的羞辱。

第二節 鳥蛋風波

烤吃鳥蛋

朱重八到劉德家訴說冤情，如同綿羊遇見餓狼，有理說不清。他被阻擋在門外，讓人連罵帶打趕回家中。不久，劉德家傳出一則消息，說窮小子朱重八兄弟不好好放鵝，竟敢偷吃東家的鵝，還拿著幾根鵝毛去騙東家，真是太不像話了！

丟鵝之事給朱家蒙上一層陰影，他們又恢復了往日戰戰兢兢的生活。朱五四夫婦到劉德家賠禮道歉，乞求他再委派點工作給朱重七兄弟做，並保證不再出錯。

劉德慣於做精細的打算，他想，這兩個小子給我放了半年鵝，雖說丟了一隻，可是我也沒給他們工錢，兩相比較，還是我佔便宜了。哼，既然窮小子還想工作，就讓他們撿拾柴草吧！反正這個工作不怕出錯，還不用付工錢。這個工作就是到村後小山林中撿柴，按照規定量交給劉德家，完成這個工作量以後，孩子們撿拾的柴草可以帶回自己家，供家裡燒火做飯用。

受到屈辱的重八，不願繼續為劉德家工作，他擰著脖子說：「他們冤枉人，我才不替他工作呢！」

朱五四陰沉著臉，重重地咳嗽幾聲，訓斥重八說：「不工作，你吃什麼？」

陳二娘心疼兒子，擦著眼淚說：「重八，你好好做，像你這麼大的孩子都要學著工作，長大了才能養家糊口。看你大哥，他多能幹，現在都有人給他提親了。唉，人不工作怎麼吃飯。好孩子，母親知道你機靈，但是機靈不管用，在田裡討生活要出力能幹才行。」

經過全家人訓斥勸說，重八接受了撿柴的工作。從此以後，他每天吃完早餐就跟著三哥提著籃子去後山撿柴。轉眼已是深秋時節，葉落草黃，小山坡上到處都是枯黃的樹葉乾枝，撿撿拾柴草倒也不難。不過，重八喜歡玩，強烈的好奇心促使他不能安心撿柴，而是不停地攀爬樹木，折槐弄榆，很快就從這裡找到了另一番樂趣，與沉悶苦幹的三哥形成鮮明對比。這天，重八爬上一棵高大的榆樹，衝著下面的三哥喊：「三哥，這裡有窩鳥蛋。」

朱重七悶頭撿柴，膽怯地說：「重八，這是劉德家的山林，你別搗亂，又惹出是非。」

小重八滿臉笑容地將鳥蛋放進懷裡，不一會兒就跳到地面上，拍拍手說：「樹是他的，鳥又不是他的，你怕什麼！」

望著一臉淘氣的重八，朱重七無奈地說：「你越來越調皮了，小心父親打你。」說著，把籃子扔給他，讓他趕緊撿柴工作。

朱重八不接籃子，反而掏出鳥蛋仔細揣摩觀看，過了一會兒嘟囔著說：「三哥，你餓了嗎？我肚子餓了，我們吃了鳥蛋再工作吧！」

朱重七早就餓了，不過他老實膽小，四下望望才低聲說：「重八，我們到那邊背風地去。」兄弟二人經不起鳥蛋誘惑，背著籃子匆匆跑到山背風處。重七掏出火石，蹭蹭打了半天才打出一點火苗，趕緊放到乾草上，火光閃耀，柴草點著了。重八手忙腳亂把鳥蛋放到燃燒的柴草上，在劈哩啪啦的燃燒聲中，鳥蛋燒熟的香味很快飄散開，使得重八二人口水直流。

小小的鳥蛋帶給重八兄弟無盡的享受，他們擦著嘴唇上的黑灰，滿足地站起身來，猛然被身後一人嚇了一跳。身後站了個小孩，瘦弱矮小，看起來比重八年齡還小。他背了個和自己差不多高的大籃子，滿臉饞相地看著重八兄弟。

重八手裡還握著最後一個鳥蛋，他伸手遞給眼前小孩說：「你吃吧！」

小孩怯怯地接過鳥蛋，遲疑了一下很快就把鳥蛋吞食了。朱重七不滿地說：「你不是說拿回家給母親吃嗎，怎麼給他吃了？」

重八拍拍烏黑的小手，看著眼前可憐的小孩沒說什麼。那個小孩卻很懂事，吃完鳥蛋後緊跟在重八身後，似乎尋找到了保護神一樣。重八也不嫌棄他，拉著他說：「走，撿柴去。」

三個單薄的身影在林間穿梭奔波，日落西山時他們才回歸家中。這群貧窮人家的孩子多麼像流浪在山間的小獸，飢渴無人疼惜，為了填飽肚子不得不想盡辦法，掏鳥蛋，摘野果，只要裹腹之物都可以入嘴充飢。

很快，重八就知道了那個小孩的名字。他叫徐達，家裡本有幾畝田地，由於父母多病，變賣田產，竟也成了無業之主。小徐達比重八還小一歲，不得不背上籃子為劉德家工作謀生，加入到撿柴隊伍中。

就在重八滿心喜悅地撿撿拾柴草，自由自在地在山林間穿梭時，又一件讓他深感不滿的事情發生了。

徐達

怒鬥王順

這天，重八和徐達正圍著樹林亂轉，忽然聽到外面傳來叫罵聲，他們忙尋著聲音跑過去。卻見王順正在毆打一位老人。老人是本村的張三公，重八經常去他家玩，聽他講故事。看到三公挨打，小重八怒火燃燒，握緊拳頭說：「王順又欺負人。」徐達點點頭，輕聲說：「大壞蛋。」

他們躲在樹後，看到王順走了，急忙跑過去拉起三公，扶著他坐下歇息。重八問：「三公，王順為什麼打人？」

三公嘆氣說：「唉，還不是撿了他家的柴草。」

重八不解地問：「哪是他家的柴草？」

張三公看看重八，再次嘆口氣說：「你們不知道，這片山林本來是村裡人共同擁有的，可是自從元人坐了天下，收取的稅租五花八門，像什麼撒花錢，常例錢，弄得我們暈頭轉向。那一年，也不知道為了什麼，突然來了一群元兵，說劉德繳了所有稅租，就把山林劃歸給他了。我們這個地方的百姓多年依靠這座山林取柴用，劉德霸佔山林後就不讓其他人撿拾柴草了。冬天來了，不備點柴草怎麼度日？劉德就對大夥說了，你們想燒柴好辦，拿錢買不就得了。可憐我們窮苦百姓，吃不飽，穿不暖，還要拿錢買柴草，這不是逼死人嘛。」說著，他眼裡淚水閃爍，早已泣不成聲。

重八氣憤地折斷手裡的樹枝，扔到一旁說：「三公，你別擔心，我撿了柴草給你送去。」

張三公忙說：「不用了，不用了，你家裡人口多，需要的柴草也多。我一個孤苦老人，怎麼都好應付。」他說完後，又坐了半天才踉踉蹌蹌地轉身回家。

這件事讓重八沉悶了很長時間，他常常蹲在大樹上半天也不下來，既不工作也不玩耍。徐達忍不住喊他：「重八哥，你在幹什麼？快下來抓蚱蜢呀！」

重八不答腔，心裡十分鬱悶。終於有一天，他開口問三哥和徐達：「你們說劉德霸佔了這片山林，窮人連柴草都要花錢買，這樣是不是不合理？」

朱重七悶悶地回答：「這有什麼，人家是地主，山林是人家的。」

徐達說：「不對，山林本來是大夥的。」

重八接著說：「對啊！山林本來是大夥的，現在被劉德霸佔了，我們不得不為他撿拾柴草工作，那些撿不到柴草的人冬天都會凍死、餓死。」從重八關心的事情中可以看出，他開始關注社會和人生，開始思索許多現象，正是這些勤於觀察和思索的特性，決定他在將來的歲月中漸漸超出一般少年，將自己鍛鍊成關心國家天下的人才。苦難的歲月並不可怕，可怕的是喪失了善良和進取的心胸，那麼人就變成了一堆廢物。

朱元璋像

幾個孩子議論他們困惑的大事，不知不覺已經天黑，這時，村子裡炊煙裊裊，不時看見歸巢的鳥兒拍打著翅膀在空中徘徊低飛。該回家了，他們背起籃子，順著林間小路邊說笑邊向村子走去。到劉德家時，天完全黑了，負責收看柴草的大爺趕忙卸下他們的柴草，讓他們回家吃飯。他們蹦跳著走出後院，卻聽有人喊叫一聲：「唉，你們幾個聽著了，今天又偷鳥蛋了嗎？」

重八三人吃了一驚，忙回身觀看，只見王順叼著菸袋站在那裡，賊眉鼠眼地盯著他們。重八三人你看看我我看看你，不知道他想幹什麼。王順皮笑肉不笑地說：「偷就偷，沒偷就沒偷，藏著幹什麼。來，交出來吧！」原來他想訛詐幾個孩子掏的鳥蛋。

重八擰著眉頭，不客氣地說：「沒有，我們沒有。」說完，拉著三哥和徐達轉身就走。

王順上前幾步攔住他們，伸手推了重八一下，嚇唬他們說：「交不交，不交我就告訴老爺，以後不讓你們撿柴了。」

重八怒火燃燒，衝王順嚷道：「鳥蛋又不是你的，為什麼要交給你？」

「山林是老爺的，裡面的鳥是老爺的，鳥生的蛋當然是老爺的。」王順如數家珍數落著這件事，「你們偷吃老爺的鳥蛋，老爺知道了肯定生氣，生氣就會把你們趕走！你們乖乖每天把鳥蛋交給我，我保證不告訴老爺，這樣對你我都好不是嗎？」

看著他一臉無賴樣，重八打從心裡厭惡他，瞪了他一眼，憤憤地說：「我們沒有，就是有也不交給你！你死了這條心吧！」

王順見他們不聽自己的話，張牙舞爪就要揍人。重八手裡恰好有根木棒，準備拿回家練習武功呢！順勢一擋，正好打在王順的臉上，疼得他哎呀亂叫捂著臉不放。重八見狀，忙拉著三哥和徐達奪路而走，跑回各自的家中。

這件事過後，重八三人一直很擔心，害怕王順找他們算帳。奇怪的是，過了幾天，依然風平浪靜，好像什麼事也沒發生。這天，三人聚在林子裡議論此事，朱重七不安地說：「那天不小心打了王順，他怎麼沒報復我們呢？」徐達也說：「我這幾天特別害怕，總怕他打我。」重八手裡舞著木棒，鎮靜地說：「我以前也怕他，自從上次打得他哇哇叫後，我就不怕他了。他要是再來耍威風，我們一起打他。」重七忙說：「別別別，千萬別再打了，他不找我們的麻煩就好了。要不，像上次一樣被辭了工，回家少不了挨父母罵。」

不管幾個孩子如何擔憂，事情都不會按照他們的意願進展。王順強索鳥蛋不成之後，打算像上次一樣告狀，讓劉德把重八趕走。說起劉德，雖然吝嗇貪財，卻不至於像王順那樣無賴撒潑，聽說幾個孩子掏鳥蛋吃，不耐煩地對王順說：「小孩子掏鳥摸魚，這不是正常事嗎？他們不蹧蹋我家的財產就罷了，難道掏幾個鳥蛋我也要管？那片林子本來就不是我的，我好不容易弄到手已經得罪不少人了，我要是不讓幾個孩子掏鳥蛋，你這不是讓那些窮人指著背罵我嗎？」

王順沒想到劉德還有這副心腸，囁嚅半天說不出話。這時，劉德的兒子劉小德突然竄過來，伸著頭問：「哪有鳥蛋？我也要，我也要！」

劉德剛想阻止兒子吵鬧，突然眼珠一轉，有了新主意，他忙對王順說：「對了，讓那幾個窮小子去掏鳥蛋，別忘了每天送給少爺幾個玩。」

事情轉瞬間有了變化，王順呆愣半天才明白過來，隨後像奉了聖旨一樣跑走了。劉小德聽說讓別人送給自己鳥蛋玩，不滿地說：「我也要去掏，我也要去掏。」

劉德笑瞇瞇地安慰兒子：「爬樹危險，你在家裡等著，風吹不著雨淋不著的多好啊。咱可不比那幾個窮小子，他們掏鳥蛋為了填飽肚子，咱家裡雞鴨鵝蛋都有，冒那個險幹什麼。」一邊說邊哄著兒子去讀書了。

第三節　殺狗放牛

惡狗奪鳥

鳥蛋之事一波未平一波又起，王順強索鳥蛋不成、告狀失策，本以為無法刁難重八幾人，沒料到少爺劉小德幫了他的忙，催著他為自己要鳥蛋。王順這下可高興了，他馬上跑到山林裡狐假虎威恐嚇重八，讓他們必須每天交出鳥蛋，供少爺玩耍。

重八氣憤地瞪著王順，不接他的話。朱重七擔心被辭工，忙點頭答應。徐達站在重八身後，低聲嘟囔著說：「哼，走狗！」

王順傳達完命令，得意洋洋地讓重八立即上樹掏鳥蛋。重八彎腰挎起籃子，理也不理轉身去撿拾柴草。王順氣得瞪著眼睛喊：「你幹什麼？叫你掏鳥蛋你沒聽見！告訴你，你要不交出來小心挨揍！」

朱重七上前勸解：「您別急，重八都是上午撿柴，下午掏鳥蛋，您放心，下午肯定完成您交代的任務。」

王順與重八交過幾次手，想了想覺得似乎拿他沒有辦法，聽了勸解歪著頭嘴裡碎碎唸地走了。

山林裡，三個孩子一邊撿柴一邊討論，到底要不要把鳥蛋送給劉小德？朱重七說：「當然要送給他了，他是少爺。」徐達說：「少爺又怎樣？他想要怎麼不自己來？」朱重七說：「人家少爺都在家讀書，才不會掏鳥蛋呢！」徐達說：「你要送你送，我就是不送！」

重八見他們兩人吵得臉紅脖子粗，互不相讓，制止他們說：「別吵了，送就送，不就是幾個鳥蛋嘛，我以後天天給他送去。」

徐達著急地說：「重八哥，你害怕了？為什麼要送給他？」

朱重七拉著徐達說：「你不害怕你別送，別慫恿重八！」

重八彎腰撿起一根木柴，揮舞兩圈，看著徐達說：「王順欺負人，可是少爺沒有欺負我們，他也是個小孩，送給他沒什麼。」

聽了這番解釋，徐達摸摸腦袋，似乎明白了些道理。朱重七沒想到弟弟這麼痛快答應此事，高興地說：「就是啊！重八說得對，少爺也是個小孩，我們用不著得罪他。」

這件事情就這樣定了下來。此後，重八每天都要上樹掏鳥蛋，久而久之，山林裡的鳥窩被掏遍了，哪還有鳥蛋。這天傍晚，他到劉德家說明此事，希望少爺不要繼續催討鳥蛋了。

劉小德從小嬌生慣養，只知道吃喝玩樂，這幾天他天天玩鳥蛋，要嘛扔著玩，要嘛打碎了玩，要嘛煮熟了餵狗，要嘛放到樹叢裡孵小鳥，正玩得起勁，聽說鳥蛋沒了，坐在地上哇哇大哭。

劉德心疼兒子，忙拉起小德安慰說：「有有有，父親叫他們繼續掏，你別哭，你別哭，小心哭壞了身子。」說著，轉過臉怒氣沖沖訓斥重八：「看見了吧！少爺還要鳥蛋，你趕緊想辦法去弄！」

重八垂頭喪氣回到家裡，對家人說了劉小德哭鬧催逼的事，皺著眉頭說：「我都掏遍了，哪裡還有蛋呢！」

陳二娘正端著簸箕收拾糧食，回頭說：「你再四處轉轉，應付過這幾天。聽說少爺快過生日了，劉德打算讓你父親去他家做豆腐呢！你別得罪他們，要不你父親就不能去了。」

朱五四咳嗽幾聲，走進屋子，他手裡攥著一把彈弓，遞給重八說：「我給你做了個新彈弓，你要是掏不到鳥蛋就打鳥，少爺也很喜歡鳥。」

一家人為了不得罪劉德家，可謂費盡心思，重八明白他們的心思，硬著頭皮繼續四處上樹

朱元璋像

掏鳥蛋。不管是山林還是樹叢，不管是野草坡還是黃土崗，到處都留下小重八辛苦奔波的足跡，以及瘦小卻頑強的身影。

時光匆匆流逝，小重八在奔忙中一天天成長著。冬天是農村最為寧靜的時刻，田裡的莊稼收穫完畢，家家戶戶不用日夜操勞在田間，沒有工作可做的人開始蹲在村口或躺在草垛上曬太陽，度過寂寥的時日。孩子們三五成群，玩各式各樣有趣的遊戲，你爭我吵，為寂靜的村莊增添不少情趣。這天，重八和徐達跑出村子老遠才掏了一窩新出生的小鳥，他們捧著小鳥興高采烈回去交差。路過村口時，看見湯和跟幾個小孩正在玩打架遊戲，他們每人手裡拿著一根木棍，玩得正起勁。重八忍不住跑過來，也要加入「戰鬥」。湯和扔給他一根木棍，允許他加入打架遊戲行列。徐達捧著小鳥喊：「重八哥，這些鳥怎麼辦？」重八頭也不回：「你去交差吧！交完差回來玩。」

徐達不情願地噘著嘴走了。重八早就手舞足蹈加入打鬥陣列，這些日子的奔波鍛鍊了他的體魄，他身手敏捷，手中木棍左揮右舞，一時間壓制住所有孩子的進攻。湯和是這群孩子的頭，他看重八勇猛，高興地為他加油喝采。

就在他們玩得開心時，徐達哭叫著跑回來，他斷斷續續地說：「小鳥……小鳥被狗吃了。」原來，徐達捧著小鳥去劉德家時，路上突然竄出一條黃狗，徐達害怕，手裡的小鳥滑落到地上，黃狗立刻撲過去三兩下就把小鳥吃了。

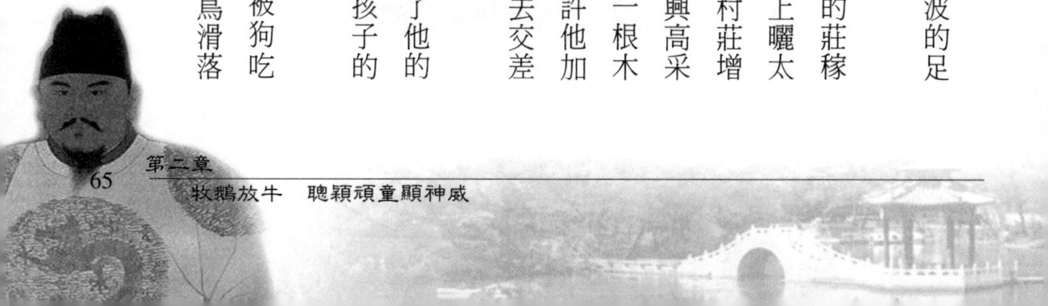

重八一驚，拖著木棍就去找吃鳥的黃狗。湯和招呼一聲，所有孩子都跟著跑去。那條吃了小鳥的黃狗，正在路邊草叢裡假寐，猛然聽到急促的腳步聲，一下子驚醒了，張大著耳朵聽動靜。重八趕到黃狗面前，看著地上還有散落的羽毛，怒不可遏，舉起木棍就打。黃狗好像知道犯了錯，蹭地跳開，一溜煙逃走了。看著遠去的黃狗，重八想了想，並沒有追趕，而是摸摸身上的彈弓，自言自語地說：「等著吧！早晚有一天我會收拾你。」後來，他果然聯合幾個夥伴射殺了那條偷吃小鳥的黃狗。為此，他們還美餐一頓，一個個摸著滾圓的肚皮，好不愜意。也是，這群孩子長這麼大，恐怕沒有人如此開懷地吃過肉呢！

丟了小鳥，重八免不了挨劉德父子責罵。不過，劉小德不再喊著要鳥蛋、小鳥了，他過生日時收到不少禮物，好吃的、好玩的樣樣俱全，哪還顧得了玩鳥。從此以後，重八又恢復了輕鬆自由的日子，天天與湯和、徐達等人在一起玩耍遊戲，貧窮的時光倒也充滿樂趣。

徐達

誰能料到，就是這幾個不起眼的草根孩子，日後會成了開創大明江山的帝王將相之才，他們南征北戰，馳騁沙場，為大明王朝的創立立下了萬世戰功。朱重八開國做天子，徐達封魏國公，湯和封中山侯，榮華富貴集於一身，英明功績流傳後世。

打鬥遊戲

窮苦歲月中，朱重八與一幫小兄弟玩耍遊戲，度過一個個快樂的時光。日復一日，草長鶯飛，萬物復甦，春天來到了。每年這個時候都是窮苦農家最難熬的日子，青黃不接，衣食無著，只有靠勒緊腰帶過日子。美好的自然風光與生活狀況如此不協調，真是讓人嘆息唏嘘。生活總是非常現實和殘酷，光有哀嘆不管用，要緊的是要填飽肚子。

重八已經八歲了，個頭高高的，臉龐瘦瘦的，一雙大眼睛忽閃忽閃格外明亮，格外有神。最近，他父親又為他討了個工作——給劉德家放牛。從此，小重八成為孤莊村的一個放牛娃，日日趕著牛群在山坡上吃草放牧。說起放牛這個差事，在孤莊村也算非常常見的，大多數孩子八、九歲以後就要為自己家或者他人放牛，來度過自己的童年時光。重八家是佃農，租種田主的田地，當然沒有耕牛，只好為他人放牛，換取的報酬就是可以用他人的耕牛來為自己家耕田。春天正是耕種的時節，重八為劉德家放牛，那麼他家就可以用劉德家的牛犁田。

放牛娃重八的夥伴很多，除了徐達、湯和外，還有周德興，他們幾個人有的為自己家放牛，有的為別人家放牛，成為了非常要好的放牛朋友。一群要好的小夥伴聚在一起放牛，日子過得倒也相當開心，他們只需要把牛群趕到草地上讓牠們自己吃草，就可以開始玩耍了。

大多數時候，這群男孩子喜歡打鬥，喜歡比拼力量和勇氣。一天，他們像往常一樣把牛群趕到草地上，然後飛快地跑到樹叢下，從樹底下找出昨天藏好的武器——諸如木棍、木刀、彈弓等等，準備開始新一天的打鬥遊戲。重八有一把非常結實的木刀，是他大哥為他製作的，雖不美觀，但在孩子們簡陋的武器當中，也算比較出色和引人注目的，為此，重八暗暗得意了很長時間。

幾個孩子揮舞武器正要開始打鬥玩耍，突然聽見遠處傳來笑罵聲。他們順著聲音望去，原來是附近村子的一群小孩們也在放牛，看見重八幾人玩耍，有意取笑他們。湯和平時與這幾個小孩不和，雙方經常打架，見此便跑到前面罵道：「笑什麼，有膽子你過來打一架！」那幾個小孩聽到挑戰，笑得更厲害了，一個孩子還說：「打架？就你們幾個嗎？」湯和臉色通紅，揮著木棍就想衝過去。重八一把拉住他，高聲對那幾個小孩說：「怎麼打？你說出個辦法，我們奉陪到底！」

經過一番商量，對方提議一對一單打獨鬥，重八當即否定說：「一對一不是本事，有能耐我們排兵佈陣打一仗，那才是真正的作戰打仗呢！」聽了這話，孩子們有些莫名其妙，他們從來不知道排兵佈陣一詞，更不知道如何去做。徐達悄悄問：「重八哥，什麼叫排兵佈陣？」朱重八一揮木刀，低聲說：「你忘了昨天張三公講的故事了?!」

徐達眨眨眼睛，這才記起昨天的事。昨天，他們正在這裡放牛，張三公背了個包裹從遠處走來，看到幾個孩子就過來歇腳。重八聽說他去城鎮趕集了，纏著他講講外面的事情。張三公獨身一人，特別喜歡孩子，經常為他們講故事，看到他們手裡拿著木棍、木刀的，想了想，就對他們講起了古代的戰爭故事。他小時候讀過書，還聽聞過很多關於宋元之間的戰爭，因此對戰爭十分熟悉。這次，他為幾個孩子講了諸葛亮唱空城計的故事。重八聽說諸葛亮一人退了司馬懿十萬大軍，驚訝地讚嘆說：「諸葛亮真有膽量！」張三公笑微微地說：「諸葛亮能掐會算，有頭腦。後來司馬懿眼睜睜看著諸葛亮帶著兵馬撤退了，稱讚他懂得排兵佈陣。」重八點點頭，心裡對戰爭產生了新的理解，也記住了排兵佈陣這個詞語，認為這是戰爭中超出力量和勇氣的東西。

今天，重八就提出排兵佈陣與對方較量。對方幾個孩子商量一下，同意了重八的提議。重八立即安排湯和帶領周德興佔領一處小土包，他和徐達埋伏在半路草叢中等待對方進攻。對方小孩子只知道亂打亂殺，一窩蜂地朝著小土包衝過來。湯和和周德興站得高看得遠，從高處俯衝進對方隊伍中，氣盛力大，殺得對方只有招架之功，沒有還手之力。這時，重八帶著徐達從後面衝出來，將對方團團圍在中間。

經過一番打鬥，對方認輸投降，他們覺得這樣的遊戲好玩，不再嘲笑挑釁重八幾人。從

此，這群放牛娃經常在重八安排指揮下做些打鬥遊戲，玩得倒也開心自在。小重八在夥伴中的地位逐漸顯露提高，成為大家的領袖。

他們除了打鬥之外，還喜歡到附近的河溝抓魚，在草地上尋覓可以吃的野果菜根，夏天到了，他們會拿著長長的竿子黏知了。在這些活動中，小重八表現出許多與眾不同的特點，比如撈魚時，他總能發現魚多的地方，然後大公無私地告訴大家，讓大家一起撈，因此大家都很尊重他，也樂於聽從他的安排指揮。重八還會講故事，他記性好，理解能力也強，往往他與夥伴們在村頭一起聽的故事，其他孩子轉眼忘了，可是重八就會牢牢記在心裡，並且能夠根據個人的想像創造出新故事，為同伴們講述。所以，閒暇時大家圍在他身邊聽故事，也成了他們童年時光一大樂事。

總之，當放牛娃的這段日子，成為重八一生當中最無憂無慮、最快活的時光。不管春風微薰的早晨，還是夏日炎炎的午後，或者晴空萬里的深秋，孤莊村外的草地上，總有他們的身影和歡的嬉鬧聲。藍天下，碧草間，牛兒默默地啃食著青草，小夥伴們湊在一起遊戲、玩耍，度過一段快樂的美好光陰。

儘管生活艱難，這群窮孩子還是發現了生活的許多樂趣，卻不知道這種簡單、貧窮卻又美好、快樂的時光能夠持續多久？

第三章

結朋交友　人窮亦有鴻鵠志

放牛是重八童年時代生活的主題，他日日與夥伴們一起在山坡地上驅趕著牛群，自由自在地玩耍娛樂，這群草根孩子在共同成長的歲月裡，締結了純真的情誼，他們玩做皇帝的遊戲，烤吃小牛犢，這些流傳很廣的故事究竟是如何發生的？小重八的放牛生涯還有哪些傳奇的故事？他又為什麼能夠成為夥伴們的領袖，帶領他們與地主進行抗爭？

苦難的生活沒有消磨重八的意志，他懷有大志，心胸遠大，對於時事和人生的關注與眾不同，常有驚人的見解。有一次，他不願意下田勞作，受到父親責罵，這時，他脫口說出自己的志向，讓家人大吃一驚……

第一節 當皇帝的遊戲

一首民謠

朱重八在淮河岸邊度過貧苦卻不乏快樂的童年時光時，元王朝內部正在經歷著劇烈的、血腥的權勢之爭。從西元1321年到1333年，短短的十二年間更換了七個皇帝。權力更迭，篡位奪權者採取非常手段彼此攻擊殘害，大大削弱了本來就缺乏穩固統治的元王朝，也給廣大百姓帶來深重的影響。

說起西元1333年繼位的元順帝，他本是元明宗的長子，他的繼位經歷非常離奇曲折。元明宗是元武宗的長子，武宗死後，皇位讓弟弟仁宗繼承。仁宗不按照預先約定將皇位傳給明宗，而是傳給自己的兒子英宗。結果，明宗聯合其父武宗的舊臣和親信造反，在阿爾泰山一帶自立為王。英宗做了三年皇帝後被刺身亡，因元朝建立時間短，他們由奴隸社會直接過渡到封建社會，內部統治不夠完善，此時，追隨元朝開國皇帝忽必烈的功臣後代大有人在，勢力很大，他們擁立忽必烈的長孫後人也孫帖木兒稱帝，稱泰定帝。可是朝廷內部擁護武宗一脈的人也不少，他們打著武宗是忽必烈次子後代的稱號，堅決擁立武宗後人繼位。因此紛爭不斷。

泰定帝做了六年皇帝一命嗚呼，權臣燕帖木兒即時發動政變，迎立遠在邊陲的明宗。為了穩定人心，他首先讓明宗的弟弟文宗繼位，然後慢慢迎接明宗。可想而知，追隨明宗十餘年的大臣們不會服從燕帖木兒的安排，對他首先迎立文帝極為不滿。雙方由共同作戰的友人轉眼間成為拔刀相向的敵人，燕帖木兒一怒之下毒死明宗，帶著皇帝寶璽跑回大都，繼續擁立文宗。

泰定帝

但文宗對明宗的兩個兒子很不放心，將他八歲的大兒子妥歡帖木兒流放高麗，禁錮在一個海島上，不許與人交往，將四歲的老二伊勒哲伯留在大都嚴加看管。三年後，文宗撒手人世，臨死前對自己毒死哥哥奪取皇位的做法十分後悔，於是詔令明宗的兒子繼位。燕帖木兒無奈之下只能擁立留在大都的七歲的伊勒哲伯繼位，史稱寧宗。可惜，寧宗命薄，做了四十三天皇帝就死了。燕帖木兒有意擁立文宗的兒子，文宗皇后卻執意執行文宗的遺訓，命他迎立明宗的大兒子。就這樣，不滿十二歲的妥歡帖木兒如履薄冰般登上了皇帝寶座，他就是元朝末帝順宗。

不久，權臣燕帖木兒去世，政權落在大臣伯顏手裡，從此，經過十幾年皇位更迭的元朝得

伯顏像

到片刻安息。不過，新權臣伯顏很快暴露兇殘本性，他為了獨掌朝政，殘害燕帖木兒的兒子，製造了一起起血腥案件。同時，伯顏推行與漢人分化治理的國策，強化蒙古貴族地位和特權，進一步加深了民族矛盾，導致各地漢人時有叛亂發生。

亂紛紛的朝廷更迭和殘暴統治，直接帶給老百姓更加深重的災難，他們既要擔負沉重的賦稅徭役，還要忍受各級官吏的剝削欺壓，稍不小心就被冠以反賊罪名，誅連九族，死得很悽慘。這種膽顫心驚的狀況波及全國各地，就連在草地上放牛玩耍的重八等孩子也有所耳聞，有所察覺。這群童真少年最近聽到一首民謠，他們樂此不疲地傳唱著：「天雨線，民起怨，中原地，事必變。」傳唱聲中，他們似乎感覺到一股無形的力量在聚攏，在膨脹，在不停地召喚著他們。

村頭草地，孩子們的傳唱非常自由，一天，重八站在高處大聲吆喝著，徐達站在他身後隨聲附和。他們吆喝夠了，坐在地上休息，一群孩子圍攏過來。重八將身邊的筐簍拉過來墊在屁股底下，說：「聽說山陽鬧大水災了，淹死不少人，房子、牲畜都沖走了。」湯和說：「那人怎麼辦？還不得四處逃荒。」「當然得逃荒了，」另一個孩子接嘴，「我們家就是逃荒逃到這來的。」「是呀！」重八說，「我家也是。」他們數了數，八個孩子中竟然有四家是逃荒來此的。

孩子們議論著逃荒災難，一個個心神慌亂，似乎災荒馬上就要降臨了，頓時，往日歡樂的氣氛消失了，取而代之的是恐懼和驚慌。大家沉默許久，湯和重重地跺跺草地，低聲說：「聽說皇帝是個小孩，管不了事。」孩子們立即伸過頭來，聽他敘述遙遠的朝堂之事。

原來，湯和有一個親戚在縣城做小吏，有時候到他家與他父親喝酒聊天，湯和便有機會聽他們議論國家大事。重八忙問：「皇帝怎麼會是個小孩？他不管事誰管事？」當時，民族之間矛盾很深，元朝統治者不敢重用漢臣，許多有才華的漢人只能擔任官府小吏。

徐達恨恨地說：「韃子有什麼好東西，韃子皇帝也好不到哪裡去！」漢人們痛恨元朝統治，往往稱呼蒙古貴族為韃子。

湯和神祕地說：「我聽說韃子們搶著當皇帝，打起來了，換了好幾個小皇帝了。」重八聽到這，眼睛裡閃著光彩，不禁脫口而出：「打得好！把小皇帝打跑，我們就可以當皇帝坐天下了，中原大地本來就是我們漢人的。」

周德興笑著說：「皇帝由小孩輪流做，我們也是小孩，我們也來玩當皇帝遊戲吧！」在他看來，皇帝接二連三的更迭，就像一種遊戲。孩子們一聽，先是一愣，繼而哄笑著表示贊同。

穩坐「皇位」

聽說玩當皇帝遊戲，孩子們反應很激烈，你爭我吵都要當皇帝。湯和歲數最大，見聞也廣，他制止了大家的吵鬧，認真地說：「你們知道嗎？當皇帝要坐龍椅，誰坐穩了誰才能當皇帝。」

重八記起聽過的隋唐故事，招呼大家聚在一起，為他們講了瓦崗寨眾英雄輪流坐寶座，結果只有好漢程咬金坐穩的故事。隋朝末年，天下大亂，反王並起，瓦崗寨上聚集了一幫英雄好漢，他們攻擊官府，打算推翻隋煬帝的暴虐統治。後來，英雄好漢越來越多，大家就要推舉一位領袖，可是誰做領袖合適呢？有人想出一個辦法：準備一個華麗寶座，誰能坐上去並且坐穩了誰就當領袖。大家聽了這個故事，七嘴八舌地說：「我們也來搭個寶座，誰坐穩了誰就當皇帝。」

「好！」重八當即決定，帶著夥伴們七手八腳開始搭建寶座。他們就近取材，用隨身攜帶的筐簍搭建寶座，他們先在最低層擺放四個筐簍，然後一層層疊上去，最上面放上一個，就是龍椅。金鑾寶座建成了，為了演得逼真，幾個孩子還把草葉子撕成細細的長絲，圍在嘴邊當鬍鬚。有個孩子跑到河邊撿塊木板，頂在頭上喊：「瞧，這是皇帝的帽子。」

孩子們興奮地忙著，這個遊戲充滿了樂趣，也充滿了期待。終於，一切工作準備就緒，大家開始輪流登上寶座試驗當皇帝。湯和率先邁步跳上筐簍，很快就爬到最上層，他挪動屁股剛要坐上去，就見筐簍一晃蕩，最上面一個滾落到地上，看來湯和坐不上皇帝寶座。

接著，周德興小心放好筐簍，慢慢爬了上去，就在他快要接近最上面「寶座」時，筐簍像上次一樣坍塌在地。隨後，又有幾個孩子輪流攀爬，都沒有成功。後面只剩下徐達和重八了，徐達說：「重八哥，你先上，你一定行。」重八笑著說：「好，我試試！」

就見重八輕捷地攀爬上筐簍底層，然後輕輕一跳正好坐到最上面的「寶座」裡，不偏不倚，舒適恰當，好像這個座位是專為他設置的。孩子們發出一陣歡呼，高喊著：「重八當皇帝了，重八當皇帝了！」湯和立即招呼大家說：「重八是皇帝，我們都是大臣，我們要磕頭跪拜。」果然，一群孩子俯身磕頭，有模有樣地施禮參拜。

再看坐在「寶座」上的重八，目不斜視，容顏沉靜，接受跪拜時心平氣和，毫無戲耍之態，威風凜凜的樣子儼然皇帝氣度。重八穩穩地在「寶座」上坐著，徐達撿起地上的木板遞給他讓他當皇冠，重八比劃一下，樣子更加像皇帝了。

朱元璋徐達對弈圖

後來，徐達也試著攀爬寶座，不過照樣沒有成功。從此，這個遊戲成了這群放牛娃特別愛玩的活動。他們懷著各樣心態挑戰「寶座」，用了各種方法試圖坐穩「寶座」，奇怪的是，除了重八外，其他人無一達到目的，沒有人能夠坐上「寶座」。而重八呢？每次都能輕鬆坐上寶座，並且坐得穩穩當當，想坐多久就坐多久，接受小夥伴們叩頭參拜，一點也不含糊。小孩子們信守承諾，大家覺得重八能夠坐穩寶座，就是他們的皇帝，所以開始稱呼重八「皇帝」。在他們心裡，重八本來就是個有勇有謀、仗義豪爽的人，因此，漸漸把他當作真正的領袖，心甘情願聽從他的安排或者指揮。

自從坐穩「寶座」，重八心中也燃起說不清的火苗。他常常猜想現實中的皇帝究竟是什麼樣子，為什麼他遠在大都，天下百姓卻要聽他的命令？想來想去，他覺得不明白的地方太多了，於是暗下決心，將來有一天我也要做個真皇帝，趕走韃子，讓老百姓過上好日子。當然，這些想法在一個孩子的心中不會停留很久，不過不時萌發的念頭已經讓他超越了夥伴，超越了許多逆來順受的窮苦大眾，其中就包括他的父親朱五四。

有一天，湯和在大門外直呼重八皇帝，朱五四聽見了，大吃一驚，訓斥他們不讓他們亂來。重八頂撞說：「您怕什麼，我要是做皇帝肯定要比現在的皇帝強，我們都不用忍飢挨餓了。」朱五四拿他們沒輒，氣得吹鬍子瞪眼，叫罵著不讓他回家吃飯。

罵歸罵，朱五四對這個老來子一直十分疼愛，看著重八遠去的身影，兀自搖著頭說：「你要當皇帝，好啊，我們一家人就吃飽穿暖了。」他唸叨著這件事回家，告訴了妻子陳二娘，二娘說：「你也別小看重八，我看他聰明機靈，心胸豁達，比他的哥哥們都強，將來肯定有出息。聽說村裡的私塾又開始招生了，讓重八去讀讀書吧！要不家裡沒個識字的人，走到哪裡都要受人欺負。」

朱五四悶著頭，他不是不想讓孩子讀書，只是讀書就要花錢，他這樣的佃農哪有能力供孩子唸書？大兒子剛剛娶了媳婦，大女兒出嫁不久，二兒子和二女兒馬上就要到說親的年齡，三兒子和重八正是成長的時候，天天叫喊著吃不飽，送重八去唸書，他能擔負起書本費、學費嗎？可是六個孩子中五個一字不識，要是重八再不唸點書，自己一家就像二娘說的一樣，走到哪裡都會受人欺負瞧不起。

就在夫婦二人為重八唸書的事發愁時，一件讓他們意想不到的事又發生了。

第二節 殺牛懸尾

殺牛充飢

隔年的初夏時節，淮南大旱，鍾離縣遭受大災，四野赤赤，草枯地荒，使得本來青黃不接的時日再添新愁。災害面前，孤莊村百姓肩挑手抬，運水耕種，與乾旱抗爭，希望能夠維持今年的收成，保住家人的性命。

這時，重八等放牛娃的工作也加大了，草地乾枯，牛兒無法吃飽，他們只好趕著牛群遠離村莊，走很遠的路程放牧，經過長途啃食，牛兒才能吃飽。這就苦了幾個放牛娃，他們每天吃不飽飯，卻要趕著牛群走很遠的路，辛苦可想而知。

這天，他們趕著牛群走了一程又一程，來到離村子很遠的一座小山下才停住腳步。山上樹木稀疏，草葉枯黃，顯得十分荒涼，好在此處遠離村莊，很少有人前來放牧，不算豐茂的草木還能暫時滿足牛群的需求，一頭頭牛慌忙低頭吃草，神情十分急迫。

重八幾人看著牛兒吃草，開始跑開到樹旁或者草叢裡尋找可以吃的東西，諸如小野果、小蚱蜢等等。可惜尋覓了半天，收穫甚微。幾個孩子跑累了，仰頭躺在草地上休息，他們摸著癟癟的肚皮，誰也不肯開口說話。

日頭越升越高，陽光越來越刺眼，幾個孩子渾身疲乏無力，一個個懶洋洋的，似乎再也不想站起來了。也不知道過了多久，空中突然飄起雲朵，很快，黃色的雲朵聚集成團，變成昏黑一片，緊接著狂風驟起，呼嘯著捲起陣陣塵埃，雷聲轟鳴，閃電霹靂，似有千軍萬馬吼叫著俯衝向大地，轉瞬間豆大的雨點鋪天蓋地砸下來。孩子們措手不及，驚慌地跳起來，飛快地跑到山崖下一個山洞中避雨。

牛群「哞哞」叫著，跟隨孩子們狂奔，前後也來到山洞前。大雨不停地下著，狂風不住地肆虐，天色昏暗，躲在洞內的孩子們衣衫單薄，又冷又餓，一個個縮成一團，緊緊依偎在一起，眼巴巴等著雨停風歇。可是老天爺似乎有意跟孩子們作對，整整半年滴水未下，今天似乎要下個夠，嘩嘩的大雨一直下呀下，最後，孩子們堅持不住了，一個個吞著口水喊餓。湯和身上帶了把斧頭，他本想路上遇到小野獸可以砍殺充飢，哪會想到困在洞裡出不去，真是有力使不上。徐達從湯和背上扯下斧頭，無限嚮往地說：「前幾天我們還用它殺了隻野狸，味道真不錯。」他這一說，其他孩子都記起那隻野狸的美味，一個個肚子裡咕咕作響，餓得更厲害了。

天色完全黑下來，已經到了夜裡。重八見洞裡有不少柴草，就用火石打著火，點起柴草烤火。火光映照著一群終日難以吃飽飯的孩子的枯黃面容，讓人備覺悽惶心酸。一個最小的孩子手裡攥著一根木柴，放在火上烤了烤，張嘴就去啃，一下子扎破嘴唇，疼得哇哇叫。其他孩子見狀，皺著眉頭，有氣無力地說：「老天爺要把我們餓死在這裡了。」

重八站起來，邁步走到洞前，一群牛正濕答答地站在那裡，看起來垂頭喪氣、精神不振，一頭小牛犢歪歪斜斜擠在牛群中，似乎無力支撐住自己的身體。看著這頭小牛犢，重八心裡突然閃起一道亮光，他興奮地回到洞內，大聲對孩子們說：「有辦法了，有辦法不挨餓了。」

聽到這話，孩子們來了精神，一個個瞪起眼睛，握起拳頭，臉上閃動著希望的光彩，七嘴八舌問：「什麼辦法？」「哪裡有吃的？」「吃什麼？」

重八指著洞口的牛群，斬釘截鐵地說：「殺了那頭小牛犢，足夠我們幾人吃頓飽飯。」

徐達立即捧出斧頭交給重八，重八擺擺手說：「你們等著，我把小牛犢牽過來，然後我們動手殺牛。」說完，他拿根繩子走到小牛犢面前，輕輕套住牠的脖子，很快就把牠牽到洞內。小牛犢出生才幾個月，經過風吹雨淋已經非常虛弱，被重八牽進洞內就趴在火堆旁不起來了。湯和拿過徐達手裡的斧頭，瞅準牛頭砍下去，這一下砍得正準，小牛犢吭也沒吭就斃命了。

順利殺了小牛犢，孩子們高興地拍手叫好，接著，湯和用斧頭將小牛剁成幾塊，重八指揮著大家剝皮割肉，架起篝火，用木棍叉著牛肉烤來吃。不一會兒，洞內肉香四溢，孩子們口水都流下來了。第一塊牛肉烤熟了，大家你一口我一口狼吞虎嚥，眨眼就把肉吞到肚子裡。很快，第二塊熟了，第三塊、第四塊……不多時，一頭小牛犢就只剩下一張殘缺的牛皮，一堆骨頭，還有砸扁的牛頭和一根牛尾巴。

再看一群孩子，一個個滿嘴流油，小肚子鼓鼓的，精神煥發，興高采烈，再也沒有人愁眉苦臉、喊飢叫餓了。他們有的躺在火堆旁，有的跑到洞前看雨，有的你推我拉鬥著玩，徐達坐在重八身旁，擦擦油光的嘴唇，剛想說什麼，突然睜大眼睛呆住了，重八看他一眼，不解地問：「怎麼啦？哪裡不舒服？」徐達呆呆地看著重八，好一會兒才哭咧咧地說：「我們把劉德家的牛吃了，回去怎麼交差？」

這句話猶如晴天霹靂，震驚了洞內所有孩子，大家聚攏在重八身邊，直愣愣瞅著他，喜悅滿足的氣氛一下子消失，取而代之的是恐懼和驚慌失措。

牛頭山和牛尾山

沉默了一會兒，十歲的重八鎮定地說：「這件事情我已想好怎麼辦了。」說著，他低聲對大家說出了自己的想法。聰穎膽大的小重八瞭解劉德的貪婪吝嗇，知道告訴他幾個放牛娃餓得受不了吃了牛犢，他一定會暴跳如雷逼著他們吐出牛肉來。幾年前丟鵝事件曾經讓他吃了大虧，這次他想出個新辦法，他決定對劉德說下大雨時，電閃雷鳴，山頭被炸裂了條縫，小牛犢不小心掉進去出不來了。

畢竟都是十來歲的孩子，他們聽了重八的主意，點著頭說好，認為這樣一定可以瞞過大地主劉德，周德興還補充說：「劉德最怕山神了，有一次我看見他在我們村的山林裡磕頭。」孩子們信心大增，重八指揮大家埋好牛骨、牛皮，只留下牛頭和牛尾巴，然後倒在洞內呼呼大睡。

第二天一早，雨停風歇，重八帶著夥伴們跑出山洞，帶著牛頭和牛尾巴尋找安插的地方。他們發現山洞對面有一座小山頭，重八抱著牛頭跑過去，找到一處凹陷把牛頭放進去，上面蓋上一塊石頭；然後，他轉到山頭的背面，把牛尾巴使勁插到山縫裡，拍拍手對大夥說：「我們就說小牛掉進這座山裡了，劉德要是不信，就讓他親自來看看。」看著如此逼真的場景，孩子們放心地高聲叫好，徐達還跑過去扯扯牛尾巴，牛尾巴一動也不動，他驚喜地說：「牛尾巴長

朱元璋像

在山上了。」周德興神祕地說：「肯定是山神幫助我們。」於是重八帶著幾個孩子合掌在山前祈禱，祈求山神幫助他們逃過一劫。

隨後，他們打掃洞內現場，趕著牛群慢悠悠轉回村子。再說村裡的大人，昨日一天一夜狂風暴雨，放牛娃們身影不見，他們早就擔心死了，三番兩次跑到村口路邊打探消息。地主劉德也很擔心，他擔心自己的一群牛，要是牛群被洪水沖走了，那損失可就大了。大家在焦躁中度過了一個上午，仍然不見放牛娃們的影子，中午，有些人家開始分頭外出尋找。就在大家各懷心事，企盼放牛娃們回歸時，遠遠傳來重八幾人歡樂高亢的笑鬧聲，頓時，引頸遠眺的人們放下心來，知道這群孩子沒有遇到危險。

重八他們雨後趕路，走得比較慢，再加上牛群一路吃草飲水，到家時已是午後。劉德看到牛群回來了，望著一頭頭肚腹飽滿的牛，眉開眼笑，唸著阿彌陀佛說：「感謝老天爺，我的牛沒有被沖走，過幾天我一定去廟裡燒香磕頭。」他語無倫次感激神仙，對這群一天一夜沒有回家的孩子卻毫無表示。孩子們面面相覷，忐忑不安地等著他追問小牛犢的事。

果然，劉德細心地將牛一頭頭趕進牛欄時，發現自己的小牛犢不見了，他先是一愣，繼而面容驟變，怒視著放牛娃，從嘴裡蹦出幾個字：「小牛犢呢?哪去了?」孩子們被他喜怒無常、惡狠狠的形象和問話嚇住了，一個個直往後躲。重八挺身而出，按照事先想好的，說牛犢掉進山縫出不來了。

劉德聽了這話，先是責罵他沒有看好牛犢，接著似乎明白什麼，嘿嘿冷笑著說：「掉進山縫裡去了，世上有這種事嗎？我看你人小鬼大，說，到底怎麼回事？牛犢是不是讓你們弄丟了？還是被你們吃了？」

聽他說出「吃」字，幾個膽小的孩子不由得捂著肚子，好像害怕被劉德看穿他們偷吃牛犢的事。劉德是個狡猾的地主，多年與窮人打交道，讓他掌握了很多對付窮人的辦法，他從孩子們驚慌的眼神中發現問題，逼著他們交代牛犢的下落。重八一口咬定牛犢掉進山縫裡，並且說要是他不信，可以親自去看。這時，前來尋找孩子的家長們陸續趕到，他們聽說了事情的經過後，心疼孩子，紛紛求劉德暫時放過孩子，讓孩子們回家吃飯再說。劉德沒辦法，只好打發這群放牛娃暫時回家。

劉德丟了牛犢，似乎失了魂一樣，坐臥不寧，茶飯不思，他想來想去，決定親自去丟失牛犢的小山查看清楚，於是不顧天黑路滑，帶著王順急匆匆趕往小山。重八他們聽說劉德去了小山，商量後抄小路奔小山而去。結果，他們事先趕到小山，重八安排徐達和湯和鑽進山縫裡，兩人拉住牛尾巴，又讓兩個孩子藏到放牛頭的地方，見機行事迷惑對方。

劉德趕到小山時天色剛剛擦黑，他找來找去果然看到一座山縫裡夾著條牛尾巴，急忙跑過去往外拉。裡邊徐達和湯和使勁攥著牛尾巴呢！哪裡拉得動。而且，奇怪的是，隨著他拉動牛尾，山縫裡傳出「哞哞」叫聲，好像小牛痛苦地喊叫，唬得劉德不輕，站在山前不敢輕易行動。

這時，王順從山的另一側找到了牛頭，他撲上去就抱，哪會想到被早已埋伏在此的孩子伸腿絆倒了，咕嚕嚕滾下山坡，摔得齜牙裂嘴直叫喚。劉德和王順圍著小山轉來轉去，再也不敢下手拉牛頭、牛尾。

天色越來越黑，王順害怕地說：「老爺，這山上不安全，聽說有野獸出沒，我們回去吧！」躲在山後的重八趁機模仿狼嚎叫了一聲，嚇得劉德靠在王順身上，差點沒摔倒在地。他雖然捨不得牛犢，卻又不敢停留，只好恨恨地離去了。

這件事過後，關於小山吞食牛犢的神話就傳開了，後來，人們把那座小山親切地叫做牛頭山，把牛尾巴指向的對面小山叫做牛尾巴山。直到今天，兩座小山還矗立在重八的家鄉，似乎在印證著那段傳奇的歲月，紀念那些傳奇的人物。

第三節 人小志大

勇擔罪責

儘管重八想了很多辦法保護自己和同伴，他們殺牛充飢的事還是暴露了。這天，劉德怒氣沖沖喊來重八幾個放牛娃，嚇唬他們如果不承認吃牛的事，就要把他們捆綁起來去見官。幾個孩子嚇得面如土色，戰戰兢兢，重八再次挺身而出，從容地說：「這件事是我提出來的，也是我逼著他們做的，與他們無關，要抓你就抓我吧！」說著，他伸出雙手等待捆綁。

劉德幾次與重八打交道，知道這個孩子有些膽勢，今天見他果真帶頭偷吃了自己的牛，還如此狂妄大膽，不肯服軟，氣得圍著院子轉圈，指著重八罵道：「你放鵝吃鵝，放牛吃牛，我看你是吃了熊心豹子膽，你比天王老子還要厲害。好啊！你想把我這點家當毀壞乾淨對吧？我可跟著你這幫窮鬼倒楣了。」重八頂撞說：「我沒有偷吃鵝，鵝是別人偷吃的。」

「誰，誰，誰偷吃的？」劉德口沫橫飛，將重八逼到角落裡，目露兇光。

重八畢竟只是一個十歲的孩子，面對兇暴的劉德，一時沒有話說，心裡亂七八糟想著這些事情，不知道後果如何。劉德指著重八罵了個夠，累得一屁股坐在臺階上不動了。劉德的老婆站在他身後，給他捶背掐肩，出主意說：「既然牛已經被他們吃了，再打再罵於事無補，不如叫他們賠償損失得了。」

劉德氣哼哼地說：「當然要賠償損失，可是這幾個窮小子怎麼辦？就這麼放他們走豈不便宜了他們？妳說，以後放牛娃都跟著他們學怎麼辦？我的牛還不叫他們吃光了！我的牛啊……」他說著說著，一把鼻涕一把眼淚哭起自己的牛來，那樣子比死了老子還要心疼十倍。

重八和夥伴們站在角落裡，默默聽著劉德哭訴，從上午一直站到下午。後來劉德走了，他們依舊一動也不動站著，到了晚上，依然沒有人讓他們離開，到了深夜，蚊蟲嗡嗡飛鳴，叮咬他們稚嫩的手腳、臉頰、身體，可是劉德就是不肯放他們走。

孩子們一天一夜沒有吃飯，天快亮時，徐達一頭栽倒在地，昏了過去。重八幾人俯身呼救，好不容易才把他喊醒。看著徐達虛弱痛苦的神情，重八顧不了那麼多了，他大步走到前院，正好遇到剛剛起床的劉德，他義正嚴詞地說：「一人做事一人當，這件事是我的錯，你別再懲罰他們了。」

劉德瞇著眼說：「嗯，懲罰你？這是你說的，叫他們都走，你繼續留下來！」

重八高興地跑回去，讓夥伴們趕緊離開回家。徐達不放心地說：「重八哥，你留下來有危

險怎麼辦？」

重八說：「放心吧！不會有危險。」果然，重八猜的沒錯，劉德之所以扣住孩子不放，無非向他們家裡討回損失費，懲戒他們不要再次犯錯。不一會兒，朱五四夫婦匆匆趕來了，他們手裡捧了個小包裹，看樣子包著值錢的東西。朱五四走到重八面前，生氣地罵道：「你就不能給我省點心?!做什麼都出錯，我們家非要敗在你手裡！」陳二娘拉過丈夫勸說：「重八不是說了嗎？那天他們實在餓極了，要不是吃了那頭小牛犢，恐怕有人要餓死！」朱五四沒好氣地接話說：「餓，餓，餓，從小到大就知道餓，我看你非得餓死！」

看到父母爭吵，重八心裡十分難受，他雙手搓著破舊的衣角，頭也不敢抬起來。朱五四數落重八一通，小心地拿著包裹嘆氣說：「這是給你二姐訂親用的，先拿來賠償牛錢吧！唉！」包袱裡是一塊綢緞布料，這是全家辛苦幾年才攢下的啊！

陳二娘撫摸著重八的額頭，無可奈何地說：「孩子，以後可要小心點，我們窮人的命就像是風中的燈火，說滅就會滅啊！」說著，淚水湧上眼眶，止不住嘩嘩流下來。

重八忍不住撲在母親懷裡抽噎起來，斷斷續續地說：「母親……母親，重八記住了，重八以後要好好做事，為母親分擔憂愁。」這件事對重八影響很大，苦難和寒微的出身束縛了他活潑的本性，使得他變得早熟和沉穩。正是這些成長經歷磨練了重八，也是重八善於從中發現規律，總結經驗，才為他日後在變幻莫測的元末農民運動中脫穎而出打下了基礎。

再說這次殺牛事件，劉德收下朱五四的綢緞後，答應放重八回去，不過不讓他繼續放牛了，另外，還要扣除他家的糧租抵債。重八隨著父母離開劉德家，拐過一條胡同時，突然湯和等人一擁而上，他們圍住重八問這問那，聽說扣除他家的糧租，湯和招呼夥伴們說：「我們大夥都吃牛了，不能把所有責任都推到重八頭上。剛才他替我們受罰，現在我們也要替他交糧。」

看著這群天真義氣的孩子，朱五四夫婦淚眼婆娑，勸說他們：「你們不要操心了，趕緊回去吧！別讓父母擔心。」朱重八站在中間，對大夥說：「都回去吧！我們吃飽了睡，醒了再玩。」大夥這才記起一夜沒有睡覺，揉著眼睛打著哈欠各自回家去了。

朱重八被辭了工，家裡還要賠償牛債，這下子，日子更難過了。

驚人的志向

重八被辭工，不用去放牛了，可是他已是十歲少年，必須承擔一些家務，不能白吃飯不工作。朱五四為了培養孩子務農的本領，都是從很小就讓他們跟著下田勞作。重八最小，哥哥姐姐比較多，所以一直到如今也沒有正式下田勞作過，現在不去放牛了，正好可以跟著下田學習農務。於是，朱五四天天帶著重八在田間地頭除草、施肥、捉蟲、抹杈，每天日出而作日落而

朱元璋像

息，父子倆默默相處，似乎過得非常平靜。

重八聰明伶俐，對於父親教授的各種技巧一看就懂，一學就會。為此，朱五四沒少在人前人後誇獎他，說他比他的三個哥哥機靈，只要肯努力，一定會是莊稼田裡的好手。可是朱重八對父親的誇獎不以為意，不到半個月，他就對這項單調重複的工作失去了興趣，他不願意在田裡勞作，覺得既不好玩又沒有意義。他悄悄問自己的三個哥哥，他們為什麼喜歡在田裡辛苦勞作。大哥回答：「我們生來就是種田的。」二哥說：「好好種田才能吃飽飯。」三哥更乾脆：「不種田吃什麼？」

聽著哥哥們的回答，重八心裡有股說不出的感受，他無數次仰望著藍天反覆追問自己：我生來就是種田的嗎？我不種田就吃不飽飯嗎？追問過後，他心裡又產生另一個問題：為什麼父母兄長們辛苦勞作，拼命工作，全家依舊終年忍飢挨餓，很難吃飽喝足？為什麼劉德家不用工作，卻吃穿住行超過村子裡所有人？還有那些官兵老爺，他們來一趟就會拿走許多糧食財物，他們也不用種田？還有教書的先生……

這些問題困擾著重八，經常使他無法安心勞作。終於有一天，這個問題在他心裡憋不住了。這天，朱五四打算帶他去田裡除草，他們走到村口恰好遇到幾個官兵，官兵們敲鑼打鼓喊著奉皇帝的命令前來收取稅租。老百姓非常不滿，朝著官兵亂嚷嚷：「莊稼沒收，怎麼又要收稅租，這次收的是什麼稅租？」一個官兵手拿黃紙，搖晃著說：「別吵別吵，告訴你們，今天這個稅租叫做預定錢，什麼意思呢？就是每年莊稼豐收以前，你們都要繳納一份稅租，這樣與官府預定，到了莊稼豐收時，就可以正式繳納稅租了。」話音剛落，就傳來百姓紛紛的唾罵聲。關於元朝的苛捐雜稅，可算是古往今來最為繁雜和離奇的，明人葉子奇在《草木子》一書中記載：「元朝末年，官貪吏污。始因蒙古、色目人惘然不知廉恥之為何物。其向人討錢，各有名目：所屬始參曰拜見錢，無事白要曰撒花錢，逢節曰追節前，生辰曰生日錢，管事曰常例錢，送迎曰人情錢，勾追曰齎發錢，論訴曰公事錢。覓得錢多曰得手，除得州美曰好地分，補得職近曰好窠窟。漫不知忠君愛民為何事也。」

儘管百姓唾罵仇恨，卻無法阻擋官兵橫行霸道，稅租照樣執行下去。朱五四夾在人群中，憤怒地朝官兵方向吐口水，帶著重八向田裡走去。路上，朱重八忍不住提出了自己的疑問，並且說：「照這樣下去，不管我們怎麼努力工作，永遠也吃不飽。」

朱五四嘆口氣，半天才說：「哪又能怎麼辦？不種田靠什麼吃飯？」

朱重八心裡晃過在草地上當皇帝的遊戲，脫口而出：「我要當皇帝，當了皇帝不但可以自己吃飽飯，還能讓天下人都吃飽飯。唐太宗就是個好皇帝，他當皇帝時國家很強盛……」

聽著兒子侃侃而談，老實憨厚的朱五四驚慌地看看四周，制止他說：「你亂說什麼，沒看見官兵就在村裡嗎？小心他們把你抓走！」

重八並不害怕，他說出自己的志向，心裡反而踏實了許多，這些天來的疑慮消失了，他無限激動地擴展著自己的夢想，再也不願意埋頭在田裡勞作，不願意繼續暗無天日的生活。

看到重八不願勞作，朱五四打算強迫他工作。陳二娘卻及時提出自己的觀點，她對丈夫說：「去年我就說讓重八唸書，他腦子聰明，不是出力工作的命。你讓他工作，他也不願意做啊！不如讓他去唸兩年書吧，好歹識幾個字！對全家都有好處。」朱五四聽了，陷入了沉思。

不知朱五四同意了陳二娘的意見沒有？朱重八的生活能出現轉機嗎？

第四章

幸讀詩書　活學巧用才智高

禍兮福之所倚，重八失去放牛的工作，卻意外獲得讀書的機會，這對他來說是件非常有意義的事。他不肯錯過任何書籍，「盜」書苦讀，進步飛速，成為同學中的優異者。聰明的他不僅樂讀詩書，還善於運用書中的知識開導同伴，幫助他人。他無憂無慮地讀書求進，卻引起一人嫉妒，這人將無情地斷送掉他的讀書生涯……

第一節　幸入私塾

窗外答題

年少的朱重八下田勞作不久，發現在田裡耕作永遠無法滿足家人吃飽穿暖的夢想，他在窮苦面前抒發心志，暢想未來，不肯像父兄一樣終生埋沒在田地之間。重八的心思被母親察覺，陳二娘決定送他去讀書。

本來，孤莊村有所規模較大的私塾，私塾由一位年過花甲的于老先生創辦，村裡的孩子大多數都來接受蒙學教育，隨著年景不好，生活苦難，前來讀書的孩子越來越少。于老先生教了一輩子書，如今倒落得生活無著落，常常吃了上頓沒下頓，甚是悽慘。最近，朝廷又傳出取消科舉考試的消息，讀書的孩子更少了。

朱重八以前經常從私塾外面路過，每每聽到朗朗的讀書聲，都會駐足聆聽，產生無限嚮往之情。他很機靈，往往聽上幾次就會背誦一段詩詞文章，久而久之，他雖沒有入學，卻已經知道不少篇章。如今，他聽說母親打算讓他讀書，心情格外激動。還沒有等父母決定下來，就悄悄跑到私塾外面探聽觀看。

重八趴在私塾外面的窗子下，聽到裡面誦讀聲陣陣，心裡非常著急，恨不得自己也能立即進去坐下來讀書。突然，讀書聲停了下來，老先生輕咳幾聲，開始向學生們提問題。接連提了三個問題，學生們都對答如流。老先生很高興，撚著鬍鬚提出第四個問題：「子貢問政，孔聖人的回答是什麼？」學堂裡半天無人回應。

原來，我國古代的教育分為蒙學和大學兩種，蒙學又稱為小學，古籍記兒童「八歲入小學」、「十五入大學」，小學學習「六甲五方會計之事，始知室家長幼之節」，大學學習「顯聖禮樂，而知朝廷君臣之禮」。簡單地說，就是對少年兒童首先進行蒙學教育，從識字開始，逐漸瞭解各種社會知識、自然知識，並為進一步深入學習儒家思想打下基礎。但由於教育條件簡陋，大多數鄉村之中的學堂採取混齡學制，學生不論年齡大小都在同一間教師上課受教育。所以，剛才于老先生提問的前三個問題就是小學知識，都是《千字文》、《千家詩》、《百家姓》裡面的內容，而第四個問題就不同了，是《論語》之中的知識，屬於大學範疇。

私塾外的朱重八聽到裡面靜悄悄的，無人回答先生問題，心想，我以前聽他們背誦過這一段，不就是「子貢問政。子曰：『足食，足兵，民信之矣。』」嗎？想到這裡，他衝著窗子大聲讀出這句話。

于老先生聽到回答，驚奇地看看學堂內，問道：「誰？誰回答先生的問題了？」

學生們紛紛轉向窗子，指著那裡說：「窗外有人。」

于老先生慌忙來到窗下，打開窗子喊道：「是誰啊？怎麼不進來？」

朱重八仰面看著先生，一臉渴望地說：「是我，我叫朱重八。」

于老先生看看重八，見是個十來歲的孩子，好奇地問：「你在哪裡讀書？怎麼跑到這裡來玩？」

重八回答：「我母親打算讓我到先生這裡來讀書。」

于老先生仔細打量重八，見他黝黑的臉龐，大大的眼睛透著機警靈氣，高興地說：「記起來了，你是村東頭老朱家的小子。怎麼，你父親同意你讀書？快進來。」

重八高興地轉過院牆，一溜小跑進了私塾。他第一次跨進私塾大門，看著條理整齊的桌椅，一本本發黃的書籍，還有掛在牆上的字幅，當真覺得進入了另一個天地，他的心怦怦跳個不停，手心都冒出汗來。這個在草地山林間打鬥玩耍、殺牛掏鳥，無所畏懼的孩子轉瞬間像變了個人一樣，拘謹而安穩。

于老先生奇怪地問重八：「你以前不是在放牛嗎？剛才怎麼會回答我提出的問題？」

重八靦腆地說：「我放牛時常常路過這裡，聽到大家誦讀就記下了。」

原來是這樣，于老先生點著頭低聲說：「我說嘛，你家也沒人識字，你怎麼知道這麼深奧的道理。」他嘟囔幾句，隨而問重八：「你還記住什麼了？背背我聽聽。」

重八抓抓腦袋，把平日裡聽過的唐詩背了幾首。于老先生非常激動，他來回轉了幾圈後，站在重八面前說：「太好了，重八，你很聰明，還沒有入學就記住這麼多內容，要是跟我讀兩年書，以後肯定有所作為。」

聽到先生誇獎，重八十分開心，更加渴望立即入學就讀。想到這裡，他轉身跑回家去告訴父母這個消息。朱五四夫婦還在為重八要不要讀書各持己見，互不服氣呢，聽說重八已經跑到學堂去了，還回答了先生的問題，得到先生誇獎，真是出乎他們意料！陳二娘藉機說：「我說重八是塊唸書的料，你還不讓他去。」朱五四說：「不是我不讓他去，去了不是得花錢？」停了一下，他悶著頭繼續說：「既然他想去，就想辦法讓他去。」

重八聽到這句話，高興地跳起來，圍著父母跑了一圈，俯身問：「當真叫我去唸書，不用我下田工作了？」

朱五四沉沉地說：「唸書就是一兩年的事，認識幾個字以後還要下田工作。」

陳二娘看了丈夫一眼，撲打撲打重八衣服上的灰塵，輕聲說：「去，叫你二姐幫你洗洗衣服，我們明天就去學堂。」

這天傍晚，朱五四全家正坐在院子裡吃飯，一人捧著一碗稀麵糊，裡面漂著幾根菜葉子，大家正吸吸溜溜喝著，門外走進來于老先生。于老先生是村裡最有學問的人，很少去一般人家串門，今天破天荒踏進朱家，真令全家人驚喜。陳二娘眼明手快，搬來家裡唯一的木製椅子請先生落座。朱五四老實，非常拘謹地坐在于老先生旁邊一塊石凳上，與他搭話著。于老先生也不客氣，看著朱五四說：「重八是個聰明孩子，還沒有入學就懂得『子貢問政』這樣深奧的問題，他要是讀兩年書，以後肯定有出息。」朱五四囁嚅兩聲，好像不知道如何與先生對話。陳二娘過來說：「重八今天回來對我們說了，我和他父親商量好了，明天就叫他入學唸書。先生，以後您可要多管教他。」

于老先生點著頭說：「好，下決心讓孩子唸書不容易啊！」停頓一下，他嘆口氣說：「雖然現在朝廷不鼓勵讀書，可是讀書是我們祖祖輩輩流傳下來的傳統，對不對？『學而優則仕』，這樣的時代肯定會回來的。」朱五四夫婦恭敬地站立一側，聽著先生說話。于老先生為了鼓勵朱五四家人支持重

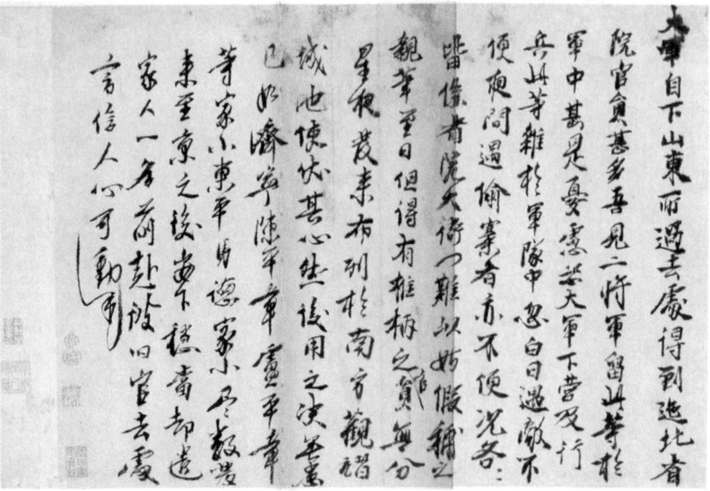

朱元璋手跡

八讀書，還特意為他取了字，興宗，意思是長大了光宗耀祖，興盛門第。朱五四欣喜地聽著，默默唸叨著興宗二字。

重八雖然不明白「學而優則仕」是什麼意思，但他看出大家對讀書這件事很尊重，這讓他對讀書更加充滿了渴望。這天夜裡，他翻來覆去難以入眠，害得他三哥一個勁嚷他：「你折騰什麼？你明天不工作我還要工作呢！唸書，唸書，看你唸書當吃當喝?!」

重八也不反駁，心裡美孜孜地等待著黎明到來。

「盜」書苦讀

朱重八終於進了學堂，開始了捧著書本誦讀的歲月。對他來說，這可是個難得的機會，畢竟家裡用了兩年時間才同意他讀書。讀書既新奇又富有吸引力，他很快就學會《百家姓》、《千字文》、《千家詩》等蒙學知識，開始迷戀上了四書五經。于老先生看著重八進步飛速，當然很得意，經常與他討論問題，每每聽到他說出準確的答案，都會對他誇獎一番。進而可見，重八幸讀詩書的日子非常快樂，他吸收的知識也相當豐富。

這天，于老先生問重八：「你沒有入學就知道『子貢問政』，那麼你知道聖人的回答是什麼意思嗎？」

重八平靜回答：「聖人說『足食，足兵，民信之矣』，意思就是充足的糧食，充足的軍隊，再加上老百姓對官府朝廷的信任，就能保證政權順利穩固。」

于老先生點著頭，欣喜地說：「嗯，解釋得非常好。」他對這個只有十歲的農家孩子能夠如此輕易地參透政事要領深感驚奇。確實，重八出生成長在村野農家，接觸的是農人土地，怎麼會對國家政事如此敏感呢？

其實，好男兒志在四方，關心國家天下是大多數少年男子的情懷，這種壯志將伴隨他們度過美好的少年時光。在成年以後，有些人會慢慢埋沒在日常瑣事中，有些人會滿足些微的成就停止探索，有些人則始終不忘少年時的夢想，不住探索追求，最終實現理想。所以，我們在教育孩子過程中，常常會有意無意損傷孩子的夢想，挫傷他們進取的勇氣，這都是非常不對的。而我們需要做的，就是保持孩子的好奇心和進取心，鼓勵他們勇往直前去實現自己的理想。由此可見，出身微末卻能登上九五至尊寶座的重八，如果缺乏少年時代的夢想，甘於平庸生活，恐怕也就喪失了他的致勝法寶。

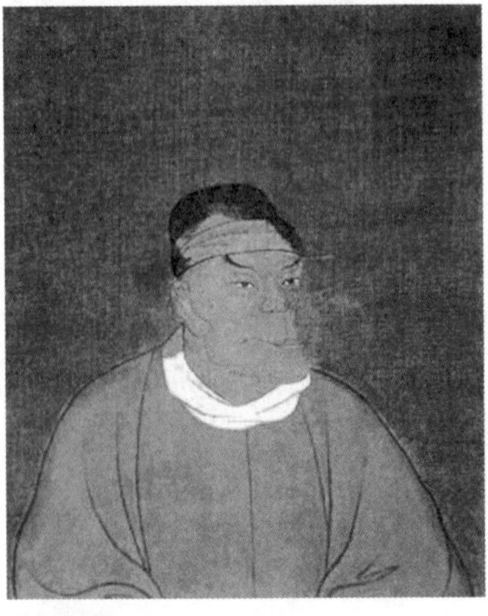

朱元璋像

重八心氣極高，人又聰明，善於思索問題，對於四書五經裡的內容當然充滿探索的欲望。在我國，從漢朝以來一直把四書五經當作儒學經典，其中包括《論語》、《大學》、《中庸》、《詩經》等著作。到了兩宋時期，經過程頤、朱熹等儒學家編撰提升，進行深入理論研究，儒學經典的地位和作用更顯突出。所以，重八接受的儒學教育已經相當完善。而他，對這種正規的儒學教育非常喜歡，尤其是其中關於議論治國、學習的內容最為著迷。

不僅著迷地讀，重八還常常把書裡的內容與現實做比較，比如，他瞭解「苛政猛於虎」後就想，聖人先哲們教育當權者不要採取苛政，為什麼現在他們還施行苛政呢？這樣下去，國家不就面臨滅亡的危險？當然，這樣的問題他想歸想，很少與人討論，偶爾與先生討論一下，先生總是以「我們讀書，不關心政事」打發他。

讀的書越來越多，重八的思想境界提高得越來越快，他漸漸不滿足先生平時講授的內容，也不滿足於天天翻來覆去讀那幾本書，他希望讀更多的書。可是，在孤莊這個村子裡，到哪裡去找更多的書讀呢？

重八經過觀察，發現于老先生有個書櫃，裡面裝滿了書籍，可是老先生從不拿出裡面的書給外人讀，這是為什麼呢？有幾次，重八鼓起勇氣向先生借書，可是先生都沒有借給他。這件事一直纏繞在重八的心頭，讓他時刻都想打開書櫃閱讀其中的書籍。

終於有一天傍晚，重八有機會翻閱先生的書櫃了。這天，學生們陸續離開私塾後，重八發現先生的書櫃敞開著，他悄悄走過去翻閱裡面的書籍，其中都是些顏色深暗、看起來年代久遠的書籍。重八抽出一本，看到上面寫著《孫子兵法》字樣，他奇怪地想，兵法是什麼東西？好奇心促使他很快翻閱下去。讀了一段重八才知道，這是一本講述行軍作戰的書籍。他激動地想，原來打仗還有專門的書籍，真是太神奇了。

這時，門外傳來先生的腳步聲，重八慌忙把《孫子兵法》藏到書包裡，倉促地跟先生道別回家了。回到家中，重八來不及吃飯，坐在門前埋頭閱讀《兵法》。朱五四看他讀書認真，高興地問：「重八，今天學會什麼字了？」重八頭也不抬回道：「兵法。」朱五四一愣，心想兵法是什麼？有什麼用處？還想再問幾句，看重八看得認真也就不去管他。

晚餐過後，月亮升上天空，藍盈盈地照耀著村廓田野，靜謐而安詳。朱家的東窗下，少年重八正捧著《孫子兵法》苦讀，他看得十分入迷，就連蚊蟲叮咬也毫不在乎。重八的三哥迷迷糊糊起來看到重八讀書，低聲喝斥他：「白天一整天都幹什麼了，還不睡覺去，幹嘛在這裡餵蚊子？」重八似乎沒有聽見喝斥，依舊埋頭讀書，毫不在乎。三哥生氣地過來推他說：「睡覺去，明天再看。」重八這才注意到三哥，輕聲說：「別說話，這是我偷偷拿了先生的書，明天還要還回去。」三哥聽了，吃驚地指著重八說：「你……你偷書？」重八忙說：「沒有，我明天就還給先生。」說著，不理三哥繼續讀書。

第二天早上，三哥醒來時發現重八依舊坐在窗下讀書，驚訝地問：「重八，你一夜沒睡？」

重八笑笑說：「我哪有那本事，我這不是剛剛起來嘛。我要早早地趕到學堂還書，去晚了會被先生發現。」說著，他匆匆洗臉，飯也不吃就趕往學堂。

每天早晨，于老先生打開大門後就出去散步，今天也不例外。重八瞅著先生出去了，急忙跑進學堂放好《孫子兵法》，然後坐下來閱讀先生昨天教過的文章。

就這樣，重八用這種辦法偷偷地苦讀了不少書籍，大大開闊了他的視野，增長了他的知識，對於他的成長產生了深遠影響。

第二節 活學巧用

智勸湯和

重八不但刻苦讀書，還善於為大家講解故事，分析書中知識，他讀書長進，在同窗好友之中的名聲越來越響亮。每每不在學堂時，總看見他身後跟著一群大大小小的孩子，大家在纏著他講故事呢！

半年過後，恰是隆冬臘月，湯和、徐達、周德興幾人也陸續進入學堂，與重八一起讀書學習。這下熱鬧了，他們幾人喜歡打鬧，時常鬧得學堂裡不再安靜，為此，于老先生常批評他們。可是湯和是個鬧事的祖宗，哪肯聽從管教，整日裡盤上爬下，打東鬧西，弄得大家無

湯和

法好好讀書。一開始，重八覺得好玩有趣，漸漸地他發現這樣下去耽誤學習，對先生也不尊重，就想了個辦法勸說湯和。

一天，重八約湯和上學。路上，他們看到旭日東升，又大又紅的太陽像個車輪子懸掛天邊，看起來暖烘烘的，使人感到一絲絲暖意，好像冬日不再寒冷。重八指著太陽說了句：「湯和，你說早晨的太陽離我們遠還是中午的太陽離我們遠？」

湯和被問得莫名其妙，想了一會兒才說：「這有什麼區別？太陽離我們還分遠近嗎？」

重八裝作困惑地說：「你看，太陽剛出來時，大的像個車輪子，一到了中午，就小的像個盤子。我們知道一件東西離我們近時就顯得大，離我們遠時就顯得小，照這樣看來應該是早晨的太陽離我們近。」

湯和認真地點點頭說：「對啊！這麼說早晨的太陽比中午的離我們近。」

「可是，」重八接著說：「太陽剛出來時，光線並不強烈，我們也感覺不出多麼暖和。等到中午呢？就非常熱了，大家都會擠到村頭曬太陽。我們燒火做飯時都有這樣的經驗，靠得近就覺得熱，離得遠就覺得涼。要是這麼看，中午的太陽應該離我們近才對。」

聽他這麼說，湯和也覺得很有道理，急的抓抓腦袋說：「到底哪個太陽離我們更近？」

重八搖搖頭，拍拍書包說：「這可是我們書上的內容，你到學堂好好看吧！」

湯和以前幾次入學，只知道書本上講些詩詞文章，枯燥無味，所以幾次輟學。這次貪戀和重八幾人玩耍，再次入學，依舊不愛那些詩詞文章，也就只顧玩耍取鬧，今日聽重八講出這麼有意思的問題，當然非常好奇，立即跑到學堂翻閱書本，尋找答案。

看到湯和主動翻閱書本，徐達不解地說：「怪了，今天太陽從西邊出來了。」

重八笑瞇瞇地說：「要是太陽果真從西邊出來，恐怕湯和會更喜歡讀書了。」

這件事過後不久，重八又從書本中發現一個有趣的問題：孔子年輕時到齊國去，當地宮殿前飛來一隻鳥，這隻鳥只有一條腿，在那裡舒展著翅膀跳來跳去。大家都很奇怪，齊國王就派人去請孔子，問他是不是認識這種鳥。孔子博學廣聞，看到鳥就說：「這隻鳥叫商羊，主有水的徵兆。從前有些小孩子喜歡三兩人牽著手，每人抬起一隻腳，邊跳邊唱：『天將大雨，商羊鼓舞。』現在發現了商羊舞蹈，不久就要下大雨了。請國主趕快帶領百姓們，治理河道溝渠，修堤防洪，防止大雨造成災難。」齊國王聽了孔子的話，就命令全國人們趕緊疏通河道，修築堤壩，做好各種防止水災的準備。果然，不久下起傾盆大雨，經月不息，好在齊國有備無患，所以沒有受災。齊國人們感激孔子，紛紛傳言說：「聖人的話可信。」

重八讀完這個故事，一方面感嘆孔聖人知識淵博，一方面想到商羊舞的遊戲，心想，幾個人手拉手蹦跳，湯和一定喜歡這樣的遊戲。於是，他找到湯和和徐達，拉著他們模仿故事中講的樣子，圍成圈單腿蹦跳。跳來跳去，果然很好玩，湯和高興地說：「重八，你從哪裡學來這麼好玩的遊戲？」重八趁機遞給他書本說：「瞧，就是這上面的。」

湯和吃驚地接過書本，低聲嘟囔著說：「書上還有遊戲？我怎麼從來不知道。」

「書上的知識多著呢！」重八說，「你要是好好讀書，會發現很多神奇的事情。我從書中瞭解了古往今來許多帝王將相的故事，真是令人感嘆啊！你知道嗎？有本書專門講述行軍作戰，叫《孫子兵法》；還有本書專門介紹計謀篇，叫《三十六計》。可多了，數都數不清。」

湯和驚訝地聽著重八說著從沒有聽過的事情，既感到好奇又覺得佩服，不由得說：「我以後也要用心讀書，親身體驗一下書中的樂趣。」

從此，調皮的湯和安靜了不少，他和重八、徐達一起刻苦用功，進步很快。可以說，這段時間的讀書學習對他們影響很大，為他們日後由一介赤貧布衣，最終登上人生至貴巔峰打下了基礎。

巧填春聯

新年馬上就要來到了，于老先生給學生們放了假，讓他們回家好好過年。這下學生們開心極了，一個個眉飛色舞，高談闊論，預想著假期的快樂，新年的美好。臨行前，重八悄悄來到于老先生書櫃前，看著許多還沒有來得及閱讀的書，低低地唸叨：「明年春天，我再來讀你們。」這時，于老先生慢步走過來，看著重八問：「重八，怎麼還沒有回家？」重八嚇了一

跳，慌亂地說：「先生，我這就走，這就走。」說完，背著書包一陣風跑走了。

于老先生望著重八遠去的身影，搖著頭微微笑著。原來他早就留意重八偷拿書看的事情，他知道重八聰明，讀這些書對他有益，所以不去制止。但他為什麼不直接把書借給重八看呢？原因有二，一這是祖輩藏書，父祖們叮囑他不要輕易示人，以免弄丟弄壞。借給重八看沒關係，可是要是引起其他人注意，其他人也要藉著看，久而久之這些藏書還能不毀壞？二呢？于老先生教書多年，從來沒有遇到重八這麼聰明的孩子，對他十分偏愛，有意讓他多看些書，他發現讓他偷著看效果更好，更能激發重八讀書求進的能量，也就有意這麼去做。

再說重八，放假後與夥伴們像出籠的小鳥，又一起開始奔跑在村頭野外，儘管天氣嚴寒，依然無法阻擋他們玩耍的熱情。重八除了帶著夥伴們玩以外，還常常蹲在村頭曬太陽的人群中為大家講故事。隨著重八讀書增多，見聞廣博，喜歡聽他講故事的不光是孩子了，就連老人壯年也愛聽他講。看吧！今天圍著村頭草垛聽故事的人就不少。重八正在神采飛揚地講述漢高祖劉邦斬蛇起義的故事，看神情，他對出身寒微、勇奪天下的漢高祖充滿敬佩之意。

轉眼間，日頭偏西，人群漸漸散去，大人們思慮著準備過年諸事，小孩們商量著天黑去抓鳥玩。重八帶著一群孩子剛要跑走，就見鄰居汪大媽急急忙忙走過來，老遠喊住重八說：「重八，過年了，你幫大娘寫副對聯，省得我請人寫還要花錢。」

汪大媽是重八家的鄰居，為人本分善良，與重八家關係不錯。她只有一個兒子，今年外出謀生，至今未歸，所以平日裡重八常去她家幫她劈柴、挑水，幫了她不少忙。汪大媽是個熱心人，常在人前人後誇獎重八，說這個孩子懂事有出息。

今天，汪大媽託人到集上買了張紅紙，打算找人寫副春聯，她突然記起重八已經讀書了，許多人都誇他書讀得好，心想何不叫他幫我寫春聯？這才尋著找到了重八。

重八聽說寫春聯，當即答應著跟汪大媽跑回家。他拿出筆墨紙硯，興高采烈地準備書寫春聯。朱五四正在院子裡磨豆腐，聽說重八要寫春聯，擔心地說：「你行嗎？大過年的，你寫的春聯能貼出來嗎？」

重八銜著父親說：「您放心吧！沒問題的，先生都誇我寫得好。」

汪大媽打趣說：「老朱，人家都說重八寫字寫得好，你偏說他寫得無法貼，我看你是不是心疼兒子，怕他寫幾個字受累？」這番話逗得眾人開懷大笑，貧寒農家小院裡飛揚出陣陣笑聲，這是身處窮困之中的人們真心的歡樂之聲。

重八裁好紙，研墨，手握毛筆，回過頭來問：「大娘，寫什麼字？」

汪大媽一直看著重八工作，聽到問話這才回過神來，想了想說：「寫

朱元璋像

什麼呢？我也不識字，以前都是我兒子找人寫，也不知道寫了些什麼。」她著急地搓搓手，突然拍著重八的肩膀說：「今年我們自己寫，不用求人了，就按大娘的意思去寫。就寫個『平安富貴，招財進寶』。我們明年也過上好日子，你看怎麼樣？」

重八對於春聯不甚瞭解，想了想說：「可以吧！我聽著挺吉祥的。」既然如此，汪大媽就決定了，於是重八揮動毛筆，很快書寫完了這副春聯。字體雖說稚嫩，但是工整勻稱，還算不錯。墨跡一乾，娘倆就把春聯貼到大門上。大紅的紙張，墨黑的文字，貼上去果然顯示出莊重和喜慶之氣，汪大媽和重八都很高興。他們哪會想到，這副普通春聯很快就招惹來了麻煩。

第二天，劉德恰巧路過汪大娘門前，他看著「平安富貴，招財進寶」幾個字，氣不打一處來，喊出汪大媽訓斥說：「妳家貼的是什麼春聯？妳家配貼這樣的春聯嗎？窮得叮噹響還硬充什麼富貴人家！去，趕緊揭下來重新寫。」

汪大媽莫名其妙，心想自己一輩子第一次作主寫春聯，難道有什麼不對？到底錯在哪裡？有人悄悄對她說：「劉德看妳貼這樣的春聯，嫉妒妳，害怕妳家明年真的發達了，把他家比下去了。」汪大媽這才有所領悟，明白劉德是忌恨自己家春聯上寫的幾個字，與他家搶風頭，嘆口氣說：「唉，這人窮了哪都不如人啊！」說著，她又去了一趟重八家，打算讓重八為自己重新寫副春聯。

重八聽了事情的經過，憤憤不平地說：「就他家富貴，就他家能招財進寶，別人家寫副春聯都礙到他了。」汪大媽小聲說：「唉，這世道你上哪講理去！」陳二娘安慰說：「算了，快過年了，讓重八再給妳寫一副。」汪大媽淚眼汪汪地說：「家裡剩的紅紙不多了，一會兒我託人捎回來了再讓重八寫。」

重八靈機一動，對汪大媽說：「大娘，妳把剩下的紅紙拿來，我有辦法了。」

汪大媽半信半疑拿來紅紙，問重八：「這一點紙能幹什麼？」

只見重八將剩下的紅紙裁成兩份，很快研墨拿筆，在一張上寫上「家家盼」，另一張上寫上「戶戶願」，然後對汪大媽說：「一會兒我把這兩張貼到昨天貼的春聯下面，就萬事大吉了。」

汪大媽和陳二娘面面相覷，不知道重八葫蘆裡賣什麼藥，只好隨他去。過了一會兒墨跡乾後，重八拿著新寫的兩副字，來到汪大媽家門前，認認真真把它們貼到原先對聯的下面，而後高興地唸道：「平安富貴家家盼，招財進寶戶戶願。」

跟在後面的汪大媽和陳二娘聽到這兩句話，圍上來喜悅地說：「好，這兩句好。」她們撫摸著重八的腦袋，說不出的激動和企盼之情。

下午，劉德溜到汪大娘家門前，發現春聯變了，細一琢磨，雖說仍不合己意，可是也找不到刁難之處。上面寫得清清楚楚，平安富貴是每家人都企盼的事情，招財進寶也是人人的心願，這沒有什麼不對，也不能說汪大媽在顯擺什麼。他正在琢磨，重八帶著一群孩子從這裡跑過，他們高聲吆喝著「平安富貴家家盼，招財進寶戶戶願」，好像故意在氣他。劉德喊住重八問：「這是你寫的春聯？」

「是，」重八答道，「全村人都說這副春聯好，代表了大家的心聲，我想你也一定盼望平安富貴，希望招財進寶吧！」

劉德含糊答應一聲，嗯嗯啊啊地走了。

第三節　被迫輟學

風箏比賽

又是一年春暖花開時，孤莊村的孩子們趁著午後黃昏紛紛跑出家門，來到野外草地上放風箏玩。這群孩子中少不了重八，他已是十一歲的小小少年，是他們之中放風箏的高手，每次都能把風箏放得最高最遠。重八家貧，買不起風箏，但因為他放得好，大家都願意把風箏借給他。

這天，他們放學後又在草地上放風箏，大家玩得正高興，劉小德在王順陪同下也來放風箏。劉小德的風箏是一隻飛鷹，又大又威風，他看到窮孩子們破舊不堪的風箏，不屑地撇撇嘴，嘲笑地說：「那麼破的風箏還能飛？」重八幾人聽到他的嘲弄，忍氣吞聲沒有說話，而是埋頭修理風箏，不去理睬他。

過了一會兒，劉小德的風箏飛起來了，很快就飛上高空，只見風箏上的鷹圓睜雙眼，一對

翅膀迎著風呼呼作響，威風凜凜，當真如一隻雄鷹展翅雲中，給人不可一世之感。劉小德得意地拍著手又叫又跳，生怕他人不知道自己的風箏飛得高。可是不管他如何喊叫助威，草地上的孩子們就是不領他的情，無人過來為他喝采加油。

劉小德喊叫半天，見那群窮孩子不理自己，生氣地叫嚷著：「哼，你們為什麼不給我叫好？沒看見我的風箏飛上天了嗎？」

周圍的孩子們一陣竊笑，低聲議論著：「才不給你叫好呢！」「有什麼本事？不就是風箏比別人好嗎？」他們說笑一會兒，拿著風箏準備到遠處去放。

劉小德見他們要走，更生氣了，不甘心受到冷落，故意叫道：「破風箏嚇跑嘍，破風箏嚇跑嘍。我第一啦，我第一啦。」

聽到他狂妄的叫喊，孩子們憤怒地轉過頭來，湯和指著他說：「你別得意，我們的破風箏照樣可以贏你的新風箏！」

「那你們怎麼不敢放？」劉小德斜眉橫目地說。

徐達站出來說：「誰說不敢放，現在就放給你看看。」說著，他轉身看著重八說：「重八哥，放給他瞧瞧，讓他知道知道我們的厲害。」

重八站在大夥中間，他對劉小德囂張的表現早就不耐煩了，不過幾次與劉德家產生摩擦後，父母曾一再叮嚀他：「不要招惹是非，遇事惹不起還躲不起嗎？我們人窮家貧，哪能跟他們鬥？」這些話在重八的心裡留下印象，為了不讓父母操心，他確實非常隱忍自己的個性。今天，在劉小德挑釁和夥伴們鼓動下，小重八終於無法控制自己，他伸手接過風箏，走出來面對劉小德，從容不迫地將風箏放上空中。

重八放的是一隻形似飛燕的風箏，小巧玲瓏、行動敏捷，在春風吹拂下扶搖直上，直追劉小德飛鷹的高度。劉小德眼看飛燕要追上飛鷹，忙拉著線急跑，打算讓飛鷹飛得更高，但飛燕毫不示弱，舒展著輕快的翅膀一路緊逼，在藍天白雲下，宛如一隻北歸的小燕子，正在放鬆地瀏覽著山川大地。猛然間，飛燕一個旋飛，越過飛鷹直衝雲霄而去。

飛燕超越了飛鷹，草地上的孩子們手舞足蹈，開懷大笑，高聲叫喊著：「飛燕打敗了飛鷹，飛燕贏了，飛燕贏了。」

劉小德急了，緊跑慢走抖落手中線繩，希望飛鷹追上飛燕。可是他太著急，線繩放得過快，飛鷹在空中搖搖晃晃就像喝醉了酒一樣，根本飛不動。劉小德眼看比不過重八，惱羞成怒，不小心摔倒在地上，線軸摔出去老遠，就見空中的飛鷹像被射中了，歪歪扭扭翻著跟斗，向著地面栽下來。孩子們看到這個場面，哄然大笑，指著落地的飛鷹說：「好一隻飛鷹，不在天上待著，摔到地上來幹什麼？地上可沒有兔子吃啊！」

在孩子們的奚落聲中，劉小德爬起來惡狠狠地說：「你們等著，我還有更好的風箏跟你們比。」說完，他拖著風箏跑走了。

草地上，重八他們依舊玩耍嬉鬧，卻沒有想到劉小德記恨在心，竟然採取報復手段。

失學

後來，劉小德幾次與重八比賽放風箏，每次都失敗。他非常惱火，在家裡又哭又鬧，逼著父親劉德為他出氣。

自從殺牛事件後，劉德對朱重八一直懷有敵意。好在重八入學堂讀書，不再帶著一幫孩子在村裡瞎鬧亂來，他落得眼不見心不煩，才不去理會那個窮小子。今天聽兒子說朱重八放風箏放得好，在村裡無人比得上，幾次打敗兒子，不由得火往上竄，心想，這個窮小子惡習不改，專門與我家作對，真是氣人。怎麼樣治治他呢？他眼珠一轉，計上心頭。

劉德記起一件事，重八非常喜歡讀書，而且在村裡有些名聲，去年春節汪家老太太請他寫對聯，還與自己鬧得不愉快。看來，要想制伏重八必須從讀書這件事上下手。一開始，劉德打算去學堂讓于老先生攆走重八，又一想覺得這樣做太露骨，于老先生未必聽自己的話。他經過仔細盤算，決定從于老先生的一書櫃藏書入手，騙重八上當失學。

劉德首先派人跟于老先生交涉，出高價買他的藏書。于老先生不肯賣，說這是家傳幾世的藏書，再窮也不能賣。劉德不客氣地上門問罪：「你肯給窮小子朱重八看，卻不肯賣給我，這不是欺負人嗎？再說了，你當初辦學堂要不是我父親支持，你能辦起來嗎？」孤莊村的學堂正是劉德的父親劉學老一手扶持創建的，當初，他回鄉不久就出資辦了學堂，意在培養本村孩子讀書學習，增長知識和文化。

于老先生心想，我害怕外人知道藏書的事，刻意讓重八「偷」書看，怎麼讓劉德知道了？想了想含糊地說：「一般人看不懂那些書，重八聰明機靈，所以才讓他看了幾本。」劉德更不高興了，拍著桌子說：「朱重八聰明，我們都是笨蛋，你也太瞧不起人了。你說吧！你那些書賣還是不賣？」

跟著劉德前來的人勸說于老先生：「你看你窮得叮噹響，藏著一櫃子書有啥用，不如賣給劉老爺，你也換點錢花，再說了，書放在你這裡也是放，放在劉老爺家不也一樣嗎？這是兩全其美的事。別太固執了，鄉里鄉親的，不好看。」可是于老先生低著頭，依舊不同意賣書。

劉德見硬的不行，就來軟的，輕聲細語地誇獎于老先生學問高深，見識淵博，官府最近招攬人才，他已經向官府推薦了于老先生。于老先生雖然滿腹才學，卻相當迂腐，一生就想著學而優則仕，盼望著學有所用，常常喟嘆生不逢時，認為自己要是出生在宋朝，肯定能夠考取功名，報效朝廷，可是元人統治下，根本不理會科舉這一套東西，完全依靠武力和金錢選拔官員，可憐他一介書生派不上用場。今天猛然聽說官府招攬人才，難免有種久旱逢甘露的感覺，再想想村裡只有劉德與官府走得近，自己也只有透過他才有晉升的機會，不免心有所動。

最終，劉德軟硬兼施，騙取了于老先生信任，搬走了一櫃子藏書。很快，他就喊來朱

五四，對他說自己有很多書，儘管拿回去讓重八看，並且誇重八聰明，將來有出息了不要忘記自己等等。朱五四信以為真，不時從劉德家帶書回去給重八，重八雖覺奇怪，但有好書吸引也就顧不了那麼多。久而久之，重八讀了十幾本書的時候，劉德翻臉不認人了，對朱五四說：「這些書都是我從于先生那裡買來的，你看看，花了不少錢，你家重八看了那麼多書，也該交點租金吧！」

朱五四嚇了一跳，爭辯說：「老爺你怎麼不早說，你要早說要錢我就不帶回去了。」「你這是什麼話！」劉德怒氣沖沖，「你孩子入學花錢，看書當然也要花錢！」說完，算盤一打，逼著朱五四交錢。

朱五四沒辦法，把為重八準備的下一年學費交給了劉德。

這件事重重地打擊了朱五四，他下決心不再讓重八入學讀書。就在重八努力爭取之時，不幸的消息傳來，于老先生因為失去藏書，又沒有得到官府重用的資訊，知道被劉德騙了，羞憤難當，重病臥床，不能教書了。村裡沒有其他先生，在這種境況下，入學只有一年多的重八被迫輟學，並永遠失去了上學的機會。

第五章

火燒元兵　小小少年威名揚

失學後的重八去二姐家幫忙捕魚，這時，在蒙古貴族統治下，民族矛盾加劇，丞相伯顏竟然提議誅殺天下五姓漢人，因此元軍開始肆無忌憚地鎮壓各地百姓，造成一起起血腥慘案。一次，重八在鍾離縣城眼見元軍欺壓良民，手段慘烈，非常痛恨，他大膽地放火燒了元軍後營，招致追捕，踏上了逃亡的不歸路……

第一節　首次離家

得罪惡少

朱重八失學之後，家裡發生了幾件事情，他大哥添了兒子，二姐出嫁他鄉，而早已出嫁的大姐染病身亡，不久他大姐夫也去世了，從此一門絕戶。接二連三的大事，讓年近六十歲的朱五四應接不暇，身體日漸虛弱，冬天時竟然病了一場。每年冬天，村裡都要舉行頗具規模的社火，以往，朱五四勤勞肯幹，每次社火都跟著跑前跑後，做些零雜的工作，因此不用捐錢，為家裡節省些開支。今年，社火按期舉辦，朱五四有病不能前去勞動幫忙，就囑託大兒子重四和二兒子重六代替自己，前去做些跑腿打雜的工作。

所謂社火，就是冬季農閒時村民們自發舉辦的活動，各村各寨的人們推選出一定的演員，扮成春姑、春神，簇擁著到土地廟前舞蹈宣唱，祭拜神仙祈福，是一種規模較大的祭祀活動，同時，這種活動因為波及面廣，參與人多，也是很有意思的娛樂項目，所以很受百姓和孩子們喜歡，畢竟那個時代娛樂活動極少，人們終年為了生存苦苦掙扎，一年到頭好不容易盼個社火，男女老少自然十分踴躍參與，十里八村前來玩耍的人也不少。尤其十來歲的孩子們，竄前跑後，擠來擠去，忙得不亦樂乎。

重八帶著徐達等人一會兒擠到唱戲的棚前，一會兒跑到玩雜耍的攤前，一會兒又駐足觀看挑擔賣貨的，從中尋找自己喜愛的玩物或者食品。對他們來說，這是一年當中最快樂、最隆重的時光，也是他們得以接觸外界，認識世界的一條途徑。

這天，重八他們正在人群中亂跑，看見前面牆角下站滿了人。他們滿懷好奇擠過去看個究竟，原來是位年過花甲的算命先生在為人相面算卦。圍在算命先生周圍的男男女女、老老少少一個個態度虔誠、洗耳恭聽，似乎從算命先生身上能夠尋求到未來的希望。

重八和徐達站在人群後面，悄悄說著話。重八說：「聽我母親說，我外公也會算卦。」「是嗎？」徐達懷著欣羨之情說，「他給你算過嗎？」「沒有，」重八說，「我出生不久他就去世了。」他當然不知道，在他出生時外公陳大對他所懷有的莫大期望。就在這時，突然人群

朱元璋像

一陣騷動，劉小德橫衝直撞地來到最裡面，頤指氣使地對算命先生說：「唉，你會算卦嗎？給我算算，看看我什麼時候做大官？」

人群中傳出嗤嗤笑聲，對劉小德這種傲慢無禮、不知羞恥的做法深表反感。徐達拉了拉重八，低聲說：「看他驕橫的樣子！」重八皺皺眉頭，沒說什麼。

算命先生打量著劉小德，見他穿著綢緞服裝，身體微胖，一臉驕橫神色，料定是個有錢有勢人家的孩子，自然不敢得罪，忙和顏悅色地為他相面算卦，並且奉承他說：「少年一表人才，將來一定大富大貴。」

劉小德聽慣了逢迎話，不以為意地說：「不用你說，我也會大富大貴。我要看看我的運氣，把你算卦的杯玟拿來。」杯玟，是當時一種求神問卜的器具，用蚌殼、竹片或木片製成。算命先生不敢怠慢，忙把竹玟遞上去。劉小德拿著竹玟，口中唸唸有詞，隨後將竹玟扔在地下，結果顯示不吉。他生氣地第二次扔下竹玟，依然顯示不吉。周圍人開始竊竊議論，大有取笑劉小德之意。劉小德惱火了，一連四、五次投出竹玟，次次不盡人意，他看到人們都在取笑他，惱怒地將竹玟踩在腳下，劈哩啪啦踩得稀爛。

算命先生趕忙阻攔，卻沒能搶救下自己的竹玟，心疼地說：「少年，你踩碎了我的竹玟，我靠什麼給人算卦啊？」

劉小德盛氣凌人地說：「這是我家出錢辦的社火，你憑什麼在這裡看卦掙錢？沒趕你走就便宜你了，幾個竹珓算什麼！」

周圍人群聽他這麼說，更加不滿了，有人大聲說：「這是大夥共同出錢出力辦的社火，怎麼成了你家的了？」

劉小德臉紅脖子粗，爭辯說：「反正我家出錢最多！」說著，他把氣出在算命先生身上，踢打著趕他走。算命先生一個外地人，年齡又大，本來想掙點錢養家糊口，哪會想到遇到惡少砸攤子，忍氣吞聲收拾東西就要離開。

眾人不高興了，吵鬧聲越來越響亮。劉小德又蹦又跳，完全不把他人放在眼裡。這時，重八站出來阻攔他說：「這是大家共同辦的社火，你沒有權力在這裡鬧事。」

劉小德斜著眼睛瞅瞅重八，蠻橫地說：「你算老幾？你沒有權力管我！」

重八認真地說：「你在這裡胡鬧，欺負別人，誰都可以管你！」周圍人群紛紛附和。

劉小德惱羞成怒，揮舞拳頭直撲重八。重八閃身躲開，劉小德用力過猛，無法站住腳，撲通一下趴在地上，摔了個滿嘴泥。周圍人哄然大笑。劉小德費力爬起來，看到重八和徐達並排而立，怒目注視著自己，先自膽怯三分，來不及細想，掉頭就跑，邊跑邊喊：「你等著，一會兒有人來收拾你。」

重八和徐達不理他，對算命先生說：「你只管在這裡看卦，這是我們村裡人共同辦的社火，他說了不算。」

算命先生謝過兩位小義士，再次擺好攤子為大家看卦。很快，周圍又圍上一群人，大家喊喊喳喳，恢復了剛才熱鬧有序的場面。

重八和徐達看了一會兒，剛想離開，就見重八的二哥慌忙跑來，拉住重八劈頭就問：「你剛才幹什麼了？是不是打了劉小德？」

「我沒打他。」重八說，「他砸人家的卦攤，我制止了他。他不高興想來打我，結果自己摔倒在地，怎麼能賴我呢？」

重六著急地說：「大哥讓我跟你說，劉小德哭著回家，說你打他了，讓他父親找你算帳呢！大哥說，父親病了，經不起折騰，你最近先別回家裡了，跟二姐去住幾天，躲過這件事再說。」

重八憤憤地說：「我又沒做錯什麼，憑什麼要我躲！」說著，頭也不回轉身離去。

被迫離家

朱重八得罪了仗勢欺人的劉小德，他大哥擔心劉德報復他家，所以攆他去二姐家躲幾天。

重八回到家後，恰好前來趕社火的二姐要回自己家中。她出嫁到東鄉李家，丈夫名叫李貞，靠打漁為生。二姐攔住他說：「重八，你姐夫天天外出打漁，需要人手幫忙，你在家也做不了農

活，跟我去吧。」

重八的母親陳二娘也說：「剛才你二哥家說了，你大哥也想讓你去你二姐家住幾天。咱家裡人口多，你二姐家人少，你去了也好跟他們做個伴。」她雖然心疼小兒子，可是也不願意他整天無所事事，更擔心他招惹是非，所以想為他謀個出路。

聽了母親和二姐的話，重八想了想，知道她們擔心自己在家遭到報復，看著她們一臉擔憂的神色，點頭說：「嗯，我去。」

陳二娘這才鬆了口氣，忙回屋拿出一個小包裹，遞給二女兒說：「這裡面是秋天妳父親存留的幾個乾棗，拿回去留著過年用。妳剛過門不久，凡事勤快點，不要讓公公婆婆操心生氣。李貞天天出門，妳要好好照顧他，別讓他受屈。」她絮絮叨叨叮嚀了女兒半天，這才回頭拉著重八的手說：「去了要聽話，別讓你二姐為難。」

日頭偏西時，重八趕著一頭毛驢，護送著二姐踏上東去的路。姐弟倆邊走邊聊，穿村過巷，走過地頭壟間，官道小路，天將黑了才趕到東鄉李莊。一路走來十幾里路，重八額頭微微冒著熱氣，走得相當辛苦。路上，二姐幾次提議讓他騎會兒毛驢，可是重八搖著頭說：「不用，我腳板大，跑得動。」當時已經實行女子裹腳，走路很不方便，所以女子回娘家就要乘坐轎子或者乘坐馬車，當然，貧窮農家女子只好騎毛驢。

二姐家裡也不富裕，簡陋的院落裡堆放著破舊的漁網，土坯屋子低矮潮濕，重八在門口徘徊一會兒，終於低著頭走了進去。李貞倒是個爽快人，有說有笑地迎接著妻子和重八，並答應說明天就帶重八去捕魚。

二姐笑著說：「天寒地凍的，哪裡有魚？」

李貞說：「這妳就不懂了，越是這樣的天氣越容易捕魚。」

第二天，李貞果然帶著重八來到河邊，這條河通往淮河，在拐彎處形成一道水窪，像個小湖泊，這裡就是李貞平日裡捕魚的地方。重八很少見過這麼寬闊的河面，看到上面竟然有一層微微封凍的冰，不由得興奮地拿起石頭扔過去，只聽一聲脆響，河面上嘩啦一下，漣漪一圈圈蕩漾開，煞是好看。李貞笑呵呵地說：「重八，今年天氣冷，河面結了層薄冰，不過這樣更好，因為魚都躲在冰層下面呢。」說著，他拿出一根綁著網子的長竹竿，悄悄從冰層下面伸進去，停留片刻，猛然往上一兜，果然網上來幾條小魚。重八開心地將魚一條條裝進魚簍裡，對李貞說：「姐夫，讓我也來試試。」李貞把竹竿交給他，交代了幾點注意事項。重八認真地聽著，經過幾次試驗，很快就掌握了要領，也網上來不少魚。

中午，兩個人背著魚簍快活地回到家，二姐看著他們滿載而歸，喜悅地殺魚生火，為大家準備了一頓豐盛的午餐。

從此，重八幾乎天天去河邊網魚，技巧越來越高超。這天黃昏，他背著魚簍回家，走到村頭時，卻看見有人在草垛前哭泣，仔細一看，原來是個和自己差不多大小的少年。重八想了想上前問：「你怎麼啦？為什麼在這裡哭？」

少年停止哭泣，看著重八問：「你是誰？」

重八回答說自己是李貞家的親戚，並把魚簍給他看了看。

少年這才抽噎著告訴重八，他叫鄧廣，家就在本村，自己給地主家放牛，前幾天他在村外放牛，一幫官兵突然路過，趕著其中一頭牛就走了。他拼命追趕，被揍了一頓，趕緊回村告訴地主，結果地主不敢向官兵催討，反而扣罰他家的稅租抵債。鄧廣的父母有病，家裡還有兩個弟弟妹妹，聽到這個消息猶如晴天霹靂，全家人都嚇呆了。鄧廣知道自己犯下大錯，所以偷偷在此哭泣。

重八聽了，滿腹氣憤地說：「官兵仗勢欺人，就知道欺壓我們老百姓！有朝一日趕走了韃子，我們才能過上好日子！」鄧廣第一次聽到這樣的言論，吃驚地看著重八，彷彿看著天上來客一般。

兩個少年邊說邊走，很快熟識起來。走到鄧廣家門前時，重八解下魚簍，挑了幾條大魚送給他，讓他拿回家給家裡人吃。鄧廣感激地謝過重八，飛快跑回家中。

重八回到二姐家，告訴她遇到鄧廣的事。二姐嘆著氣說：「現在這世道，除了天災就是人禍，要想活下去不容易啊！我聽說鄧廣家以前家境不錯，有幾畝田，可是這幾年收成不好，官府卻一年年換著花樣收錢，不得不窮困下去。」

姐弟倆從小關係最好，說話投機，重八什麼心事也不避諱二姐，聊了一會兒他眼睛亮閃閃地說：「二姐，將來有一天我們一定能過富裕日子的。」

二姐摸著他的頭說：「那就看你的本事了，你要是有出息，大家都跟著你沾光。」

這本是姐弟倆一番憧憬，誰曾想到未來卻也算成了真。重八參加義軍後，李貞帶著兒子李文忠前去投靠他，重八驚喜交加，親自為李文忠取名，並請老師教導他，將李文忠培育成為一位將帥之才，成為大明開國功臣之一。

第二節 勇鬥官兵

誅殺五姓

朱重八在二姐家住的日子久了，前來找他玩耍的朋友逐漸增多，鄧廣又帶來了本村好幾個十來歲的少年，他們一同捕魚或撿柴，有時候還去附近寺廟玩耍。

村子附近有座寺廟，雖說不大，卻有些年頭，逢上好年景前去燒香拜佛的大有人在，香火很旺。這幾年村民生活一年不如一年，寺廟裡的香火也有些蕭條。寺廟周圍滿是山林，倒也無人看管，隨便人們前去撿柴。重八加入到撿柴行列中，想起幾年前為劉德家撿柴受的窩囊氣，不免心生感嘆。

有一天他和鄧廣在寺廟外撿柴，撿拾一會兒，兩人有些渴了，打算到廟內討口水喝。鄧廣膽小，望著威嚴肅穆的廟門左顧右盼，不敢進去。重八不管那麼多，徑直入內，找到水缸舀水就喝，隨後端出水來給鄧廣。鄧廣伸手接水的時候，就聽廟內傳來撕打吵鬧聲，他們慌忙躲到

牆下，傾聽裡面的動靜。

不一會兒，一位元兵大步走出寺廟，嘴裡嘰哩咕嚕說著什麼。重八看看鄧廣，意思是問他聽明白元兵說什麼了嗎？鄧廣搖搖頭，表示不懂。他們看著元兵遠去了，這才慢慢站起來向寺內觀望，只見寺內柱廊下躺著兩位僧人，正在痛苦掙扎著，看樣子剛剛被人揍了。重八急忙拉著鄧廣跑進去，一面扶起地下的僧人，一面問道：「是不是剛才那個韃子兵打你們啦？」

兩位僧人一老一少，年齡大的六十歲左右，小的不過十五、六歲，看起來面黃肌瘦，身體都很瘦弱，老僧人坐在地上痛苦地說：「正是，那個兵進來後就要我們給他做飯，我不敢惹他，就給他做了碗豆腐。可是他一巴掌就把豆腐打翻在地，吵著要吃肉。我們佛門淨地，從來沒有葷腥，上哪給他弄肉去。沒等我爭辯兩句，他大打出手，把我師徒二人揍成這樣。」說著，老淚縱橫，泣不成聲。

重八握著拳頭，義憤填膺地說：「這夥韃子，越來越不像話了！」

鄧廣小聲說：「我看最近官兵出沒頻繁，聽說南方有人謀反了。」

重八忙問：「真有這樣的事？」

老僧人招呼他們扶著自己走進禪房，命令小僧人如悟關門閉窗，然後謹慎地說：「你們年紀小，不要在外面亂說話，小心招惹殺身大禍。」隨後，拿出經卷為他們誦讀祈福。

重八望著膽小怕事的老僧人，搖搖頭說：「關起門來過日子難道就沒有禍事了？剛才還不是韃子找上門來惹事？」

鄧廣和小僧人如悟緊跟著說：「就是，我們越膽小，他們就越來欺負我們。」

不管孩子們怎麼議論，老僧人始終沒有插話，也沒有打斷他們。

事隔不久，重八斷斷續續瞭解到一些時事，原來自從至元元年（西元1335年）開始，西番發生叛亂，隨後，山東又有流民聚集山林，打家劫舍，殺富濟貧，與官府對抗。朝廷派兵鎮壓才暫時穩定局勢。至元三年，廣州增城縣民朱光卿與石昆山、鐘大明率領民眾謀反，建立大金國，並且改年號赤符。此事震驚朝野，權臣伯顏上奏元順帝，派兵鎮壓。但從此，各地起義謀反事件時有發生，四川合州大足縣韓法師率眾起義，號稱備南朝趙王，攻城掠地，震驚四方，元朝廷派兵遣將，好不容易鎮壓了這次起義活動。當戰報呈送到朝野時，戰報上面寫著叛民以張、王、劉、李、趙五姓最多，這個資訊被伯顏獲知，他竟然想出一條毒計，密奏元順帝，要求把這五姓漢人全部誅殺，一個不留，將大片田地當作牧場，讓蒙古人放牧牛馬，他認為這樣就能杜絕天下禍亂，不失為一石兩鳥之妙計。當然，這個建議沒有得到許可，不過，權傾一時的伯顏既然有了這個打算，追隨他的官員和兵將們自然全力迎合。所以，即便沒有正式誅殺五姓的皇命，各地鎮壓起義的官兵依然大開殺戒，不論良民還是叛軍，一律殺無赦。可以說他們藉著平叛之名橫行世間，做著比強盜還要令人髮指的事情。

朝廷為了穩固統治，加強了各地駐防工作，濠州一帶兵馬增多，重八二姐家臨近濠州城駐地鍾離，駐紮的元兵就離他們村子不遠。前次去寺廟打人鬧事的正是其中一個士兵。這夥元兵很快就成為當地一害，欺男霸女，強搶財物，嚴重擾亂了百姓們的生活。深受其害的百姓們只能忍氣吞聲，在天災人禍面前艱難度日。

火燒元兵

隔年，重八早早來到二姐家幫忙。夏天到了，他和二姐夫李貞駕船打漁，然後挑著擔子到鍾離（朱重八稱帝後，改為鳳陽，今安徽鳳陽）城下賣魚。說起鍾離，是一座歷史悠久的城市，古代是淮夷之地，春秋時，少吳之後在此建鍾離國，並且修築鍾離城，從此有了鍾離這個城市。東周簡王十年（西元前576年）吳王壽夢在此大會諸侯，鍾離屬於吳國，越王勾踐滅吳後，此地又屬於越國。幾經變遷，鍾離始終是淮河岸邊的重要城鎮，文化底蘊深厚，風光秀麗多姿，蘊育著世世代代的淮河人們。唐朝張祜遊覽鍾離時，曾作詩盛讚曰：

遙遙東郭寺，數里占原田。
遠岫碧光合，暢懷清派連。
院藏歸鳥樹，鐘到落帆船。
唯羨空門叟，棲心盡百年。

從詩作中可見鍾離一派田園風光，百姓安居樂業的安寧境況。但是到了元朝末年，鍾離備受苛政蹂躪、天災摧殘，早已失去原來的景色和風貌，百姓生活十分悽慘。

到了鍾離的一天下午，兩個人來到城下以前賣魚的老地方，剛剛放下擔子，就聽遠處傳來馬鳴人叫，接著，大街兩邊擺攤賣貨的人一哄而散，紛紛逃走。李貞來不及細想，挑起擔子拉著重八躲進附近一家燒餅鋪子，這才喘著氣略微定定心神，囑咐重八：「千萬別出去。」

重八知道這是官兵前來搜颳生意人錢財，氣憤地望著外面，什麼話也不說。賣燒餅的名叫牛三，是李貞的朋友，他拿著兩個燒餅遞給重八說：「吃吧！還熱著呢！」重八慌忙推辭，說自己剛吃過午餐。

牛三轉過頭去與李貞說話，大意就是咒罵官兵無道，欺壓百姓。牛三神祕地對李貞說：「前天西街五家人被砍頭了，慘哪！」重八忙問：「為什麼？」牛三搖著頭說：「現在殺人誰還管為什麼？他們有刀有槍，想殺誰不行！他們恨不得漢人全死光了，把中原大地變成他們的牧場呢！」李貞忙提醒他們小聲說話。

突然，外面傳來雞飛狗跳的聲音，三個人趴在

朱元璋像

窗子上往外觀望，見進來三個元兵，手拿刀劍，見雞抓雞，見鴨逮鴨，就連牛三平日裡養的一條小狗也不放過，手起刀落，一下子就殺死了。

牛三是個單身漢，平日最疼愛這條小狗，與牠相依為命。看到眨眼間小狗無緣無故被砍殺，顧不了許多，衝出去與元兵理論。元兵一見他，三人圍著就是一頓毒打，臨走還搶走他的燒餅和幾袋麵粉，簡直比強盜還要兇殘。

重八和李貞親眼目睹整個過程，怒火燃燒，恨不能與三個元兵拼了。可是他們手無寸鐵，如何對抗握有武器的元兵呢？只好眼睜睜看他們揚長而去。隨後，兩人才跑出來攙扶牛三進屋裡好生勸慰，李貞還為他燉魚湯養傷。牛三淚眼模糊地說：「這群強盜今天沒有從大街上搜颳到財物，直接跑進家裡來搶了，這還有沒有王法了?!」

安頓好牛三，李貞帶著重八悄悄回家。他們挑著魚，不敢走大路，專挑僻靜的小路匆匆而行。說來也巧，正好遇到駐紮在附近的元兵外出操練，他們聞到腥味，哪肯放過李貞二人。帶頭的元兵二話不說，命令李貞將魚挑進營帳，犒賞軍士。

李貞不敢反抗，乖乖把魚挑了進去。重八跟在他身後，心中燃燒著熊熊烈火，不過他非常聰明機靈，絲毫沒有流露出憤恨之情，而是仔細觀察軍營中的陳設裝備。這是他第一次走進軍營，其中刀槍劍戟、戰馬軍旗，處處顯示出威懾神氣，令他很著迷。一路走進廚房，重八看著伙頭軍正在忙著燒水做飯，他望著燃燒的烈火，心裡突然產生一個強烈的念頭。

第二天中午，重八吃過午餐，悄悄找了鄧廣，兩個少年穿過田地村舍很快來到兵營附近。只見他們彎腰撿柴，很快就堆起一大堆。重八和鄧廣背著柴草小心地來到兵營的後方，這裡正是廚房駐地。重八蹲下身子，用火石打著火，點著柴堆，隨後他們每人拿起一根燃燒的柴禾，嗖嗖扔進裡面。

元兵剛剛做完了飯，鍋底的火還沒有熄滅，周圍堆著亂七八糟的柴草，燃燒著的柴禾落到柴草上，呼地燃燒起來，很快就點燃了整個廚房。此時，兵營外的柴草也越燒越旺，突然颳起一陣旋風，火苗順勢呼呼地燒進兵營之內。看到大火蔓延，重八高興地說：「大旋風，小旋風，都把大火燒進兵營。」話音剛落，就聽風聲呼嘯，大風颳得更起勁了。

重八和鄧廣見大事已成，不敢停留，轉身就跑。鄧廣想跑回村子，重八一把抓住他說：「回村子太危險了，我們趕緊跑到縣城裡去。」他知道縣城人多地廣，不易被元兵發現。

兩個少年拔腿跑往縣城的時候，元兵營內亂成熱鍋上的螞蟻，他們急忙四處找水救火，費了好大周折才算把火撲滅，再看營內，馬驚人疲，遍地狼籍。這時，負責巡邏的兵士回來報告說沒看見什麼人從此處路過，大概是廚房內沒有收拾好，所以引起火災。伙頭軍聽了，立即爭辯說不是他們的過錯，肯定是有人放火，巡邏兵怕擔責任所以才誣陷他們。雙方爭執不休，元兵隊長喝斥說：「先別吵了，快去請軍師，讓他算一算到底怎麼回事？」一聲令下，立即有兵士騎馬趕往縣城去請軍師。

第三節 躲避追殺

蜘蛛網救主

朱重八和鄧廣拼命逃往縣城，很快從東門進了城內，混跡在來來往往的人群當中。他們商量後，決定分頭藏進城內寺廟躲避元兵抓捕。遇到第一座寺廟時，重八讓鄧廣躲了進去，鄧廣說：「我們一起進去吧！」重八說：「咱倆在一起目標太大，你先進去，我另尋一處躲避。」說著，頭也不回又鑽進人群中。

再說負責請軍師的元兵，趕往城內後很快請出軍師。軍師五十來歲，是個蒙古薩滿教人，是朝廷派來為當地官兵出謀劃策的，據說能掐會算，呼風喚雨，樣樣在行。他聽了事情經過後，屈指細算，高聲叫道：「不好，縱火者正要穿過南門，你們快去堵截。」兵士聽了，忙問：「縱火的人什麼樣？」軍師又掐指算了算，搖頭晃腦地說：「此人身穿紅衣，腳蹬黑鞋，頭頂青羅傘，跨下一匹大青馬。」

聽他說得如此細緻，兵士忙騎馬趕往南門，通知守城官兵嚴加看守。

此時，朱重八轉遍大半個城內，卻沒有發現可以藏身處所，眼看天色漸晚，口乾舌燥，他隨手折斷一根甘蔗，邊吃邊走，留意身邊敵情。快到南門時，他想，天黑了我無處可去，不如先出城觀察情況，明天要是萬事大吉，我隨時可以來通知鄧廣。想到這裡，他撿起一片荷葉頂在頭上，一手拖著甘蔗朝南門走去。

重八膽勢過人，竟然沒有把守城官兵放在心上，大模大樣走過南門。這時，得到軍令的守城官兵正大瞪著眼睛觀看過往行人，只見一個個身穿粗布草鞋，破衣爛衫，面黃肌瘦，哪有什麼穿紅衣，打青傘的人？他們或者挑擔推車，哪有騎馬的？官兵正在焦急，看見朱重八走了過來，細一打量，見他光著身子，脊背曬得通紅，頭頂荷葉，滿腳污泥，拖著一根青甘蔗，年齡不過十二、三歲，一副討飯孩子打扮，與軍師描述相差何止千萬倍！隨擺擺手，毫不介意地放他過去。

朱重八出了南城門，疾步如飛，匆忙向東趕回二姐家中。

臨近黃昏，城門馬上就要關閉了，軍師前來詢問抓捕情況，官兵們彙報說仔細觀察了，沒有發現他描述的人物。有位兵士還笑著說：「過往此門的全是些窮人，哪有幾個穿戴整齊的。剛才出去的那個孩子，連衣服都沒穿，雙腳污泥，一看就是個討飯的。」

軍師聽了，忙詢問詳細情況，隨後閉目細算，驚嘆說：「剛才那個孩子就是縱火者，你們都被騙了。」官兵們不解地互相觀望。軍師解釋說：「你們說那個孩子光著身子，曬得通紅，這不正是身穿紅衣嗎？他滿腳污泥，就是穿著黑鞋；頭頂荷葉，恰如打著青羅傘；拖著不熟的甘蔗，可不就是騎著大青馬？」聽完這番解釋，官兵們才恍然大悟，心裡卻對軍師的算術很不滿，覺得他有意耍弄大夥。其實，軍師哪有什麼高深算術，他不過聽了失火經過，猜想敢去縱火的人肯定是個有武藝的強人，所以才胡亂編了一套。想著哪怕有一兩處相似之處，隨便抓個人不就交差了。怎知他身處富貴，不瞭解民間百姓疾苦，並不知道過往行人都是窮苦百姓，這些人的穿著打扮自然與他描述的相去甚遠。軍師害怕被人取笑，於是硬生生把重八的相貌打扮與自己的推算聯繫到一塊，並命令官兵趕緊追趕。

朱元璋像

官兵們騎馬順著重八遠去的方向追了下去。重八走了一段路程，聽到身後馬蹄聲聲，擔心官兵追趕，四下裡望望看到有間廢棄的土坯屋子，便閃身躲了進去。這間土屋年久失修，屋頂上的茅草都快要掉光了，裡面結滿蜘蛛網。重八躲到牆角，立刻爬過來許多蜘蛛，牠們不停地吐絲結網，很快就結成一張密密實實的網路，把重八遮藏得嚴嚴實實，從外面根本看不到他。

官兵們追趕一陣，依然不見重八的身影，他們停下來商量，有人說：「那個小孩怎麼跑得這麼快？一眨眼就不見了。」有人說：「我看軍師胡亂編造，一個小孩怎麼成了縱火者？」也有人說：「對，軍師害怕將軍怪罪，就把責任推到我們身上。」他們議論紛紛，聽起來對軍師深感不滿，認為他是個依靠巧言令色獲取將軍信任的騙子。這時，帶頭的兵士說：「不要繼續爭吵了，我看前面有間屋子，我們過去看看，那個孩子是不是躲到裡面去了。」

他們打馬來到土屋前，從門口向裡望了望，看到蜘蛛網滿屋，根本沒有人影，隨之洩氣地說：「沒有，裡面全是蜘蛛網，哪有人影？」

帶頭的兵士不死心，探頭看了一會兒，看到蜘蛛忙碌地爬來爬去，整個屋子裡陰森恐怖，哆嗦著說：「算了，那個孩子肯定沒在裡面，說不定早就跑遠了，我們繼續追。」

其他兵士懶洋洋地說：「要是追不上，找不到怎麼辦？」

帶頭兵士是個老兵油子，嘻笑著說：「聽說前面有處水灣，那個孩子也許掉進去淹死了……」沒等他說完，其他兵士哄然大笑，高高興興地說：「對，肯定掉進去了，這樣我們就沒責任了。」

他們說說笑笑走了，朱重八費力地爬出蜘蛛網，望著他們遠去的背影啐道：「呸，你們才掉進河裡淹死了呢！」他說著拂去身上的蜘蛛網，回身對著上下忙碌的蜘蛛說：「感謝你們搭救重八，日後定當厚謝。」說完，朝著滿屋的蜘蛛網拜了三拜，這才離開土屋，抄小路朝二姐家奔去。

據說，朱重八感激蜘蛛搭救之恩，他做了皇帝後沒忘當初誓言，竟然允許宮內蜘蛛自由結網覓食，不讓宮女和太監們清掃。

臨明一陣黑

重八回到二姐家，不敢對她說火燒元兵的事，含含糊糊地說跟朋友玩去了。二姐心疼地看著他說：「以後要早點回家，回來晚了全家掛念。我今日剛給你做了雙鞋，以後出門就穿著，如今長大了，不能跟小孩一樣了。」重八答應著，吃過晚餐就去睡了。

半夜剛過，重八悄悄起床，穿好衣服坐在床前，他要趁天未亮進城，帶著鄧廣離開是非之地。

半夜行路，對於十二、三歲的孩子是個挑戰。朱重八坐在窗前呆望著月亮，聽到雞啼，才穿好二姐新做的布鞋。重八長這麼大第一次穿新鞋，以往不是光腳就是撿拾哥哥們的舊鞋穿，今日穿上新鞋，感覺就是不一樣。他來回走了幾步，心裡特別激動，腳下備覺舒爽。

重八趁著夜色出門了，輕車熟路很快來到東城門。他在門外站了片刻，城門這才吱吱呀呀打開。重八忙躲到一棵樹後，心裡盤算著，要是被他們認出來就麻煩了。唉，天色越來越亮，老天爺怎麼不能再黑一會兒？他剛剛唸叨完，放亮的天空果真又暗了下來。重八驚喜交加，以為這是老天爺在幫助自己。其實，天亮之前總有一段最為黑暗的時刻，這是自然規律，俗稱「臨明一陣黑」，不過重八年紀還小，資歷淺，還沒有這方面的常識，所以誤認為這是老天爺聽了自己的祈禱，有意給自己幫忙。

再看重八，哪肯錯過這大好時機，忙從樹後跳出來，趁著黑暗三兩步就進了城門。守城官兵們剛剛睡醒，一個個打著哈欠，伸著懶腰，那顧得了進出城門的人。重八順著街道飛快趕到鄧廣藏身的寺廟。廟門剛剛打開，僧人們揉著惺忪睡眼準備上早課。重八悄無聲息找到後院門口，這裡有幾間空著的房子，這是他們昨天約定的藏身之處。重八推開其中一扇房門，低聲喊：「鄧廣，鄧廣。」恰好鄧廣就藏在這裡，他聽到喊叫聲，這才露出腦袋痛苦地說：「重八，餓死我了。」

重八忙過來扶住鄧廣，從懷裡掏出菜窩窩遞給他，說：「快吃吧！吃完了我們好趕路。」鄧廣接過菜窩窩，狼吞虎嚥吃了三、四個，噎得直翻白眼，說道：「渴死我了，我渴，重八，

你去給我弄點水喝。」

重八悄悄走向前院，偵察一番，發現僧人們都在殿內誦讀功課，急忙跑到廚房，舀著滿滿一瓢水跑回來。鄧廣吃飽喝足，精神大增，連忙詢問官兵追查情況。重八將昨天經過詳細敘述，鄧廣聽了，思慮著說：「這麼說，他們不會認真追查下去？」

重八說：「嗯，我看他們也是應付公事，不過我們不要大意。我們先在城內轉轉，看準時機會再出城回家。」

兩個少年商量躲避追殺大事，卻未發現有人來到房外發現了他們。來者是位六十歲左右的老僧人，穿著粗布侶衣，看樣子是本寺的下等僧人，他笑微微地伸手拿過水瓢，不言不語離去了，似乎對重八二人視而不見。重八奇怪地看著他離去的背影，突然上前攔住他說：「老師父請留步。」

老僧人停下腳步，輕聲細語地問：「有什麼事嗎？」

重八虔敬地說：「我們冒昧躲在這裡，多有打擾。老師父為什麼不怪罪我們？」

老僧人說：「習以為常。在此處躲藏的何止你們兩位，能夠救人一命也是佛祖顯聖，哪裡談得上怪罪二字。」原來，老僧人是這座寺廟內負責做飯的僧人，只有他經常光顧後院，許多年來，他深知處於天災人禍中的百姓們的災難，所以每每見到有人前來避難，不但不舉報怪罪，反而常常接濟他們。

聽了他的話，重八如釋重負，感激地說：「多謝老師父。」

老僧人頭也沒回，口裡說著：「明早離去，確保安全。」就走了。

重八琢磨著，與鄧廣商量說：「聽老僧人的意思，是要我們明天早上離去，我們索性在這裡躲上一天一夜，你看如何？」

鄧廣膽子小，覺得躲在這裡安全，滿口答應說：「好，我們再在這裡躲躲。」隨即他想起什麼，接著問：「可是我們怎麼吃飯？沒有吃的還不餓暈了？」

重八拍著他的肩膀說：「放心吧！老師父準會給我們送吃的來。」

果不其然，老僧人很快給他們捎來兩個白饅頭。除了年節喜慶之日，重八和鄧廣很少吃白饅頭，今日一見，口水直流，拿過來三兩口就吞進肚裡。鄧廣拍著肚子不解地問：「重八，避難真好，還有白饅頭吃。對了，你怎麼知道老師父會給我們送吃的？你不怕他把我們出賣了？」

重八輕鬆地說：「放心吧！我有法術，知道他是個好人。」不知為什麼，早上祈求天色轉黑之事給了重八極大的信心，他覺得自己很靈驗，何況，他膽大心細，善於觀察，能夠從對方言行舉止中揣摩出很多東西，這也是他在艱難求生的苦難歲月裡養成的一種本領，也可以說是人的本能。若不是這項本事，恐怕他日後也無法從錯綜複雜的爭鬥中脫穎而出，以低微之身榮登帝位。

第二天，兩個少年天未亮就溜出寺廟，悄悄來到東城門。重八悄聲說：「等一會兒城門開了，我們祈求老天爺，天色轉黑時我們趕緊出城。」

透過昨天之事，鄧廣對重八非常佩服，他聽從吩咐合掌祈禱，果然天色轉黑，於是，兩個人匆匆跑出城門，飛速奔回家去。

第十八章

挑擔買賣　俠義救人惹禍根

兩個少年滿心以為虎口脫險，沒有想到元兵不依不饒，竟然找上門來，不知道他們最終如何逃脫了厄運？

為了生計，重八跟隨父親挑擔買賣豆腐，有一次，他在路上好心救人，卻不料此人竟是附近一夥山賊的頭目，重八敬佩他們行俠仗義，為之解圍。而他兩次救人，卻被人舉報到了官府，因此惹來天大的災禍……

第一節　賣豆腐的少年

時局新變

朱重八逃回二姐家中不久，元兵帶人找到村裡。原來他們沒有抓住縱火者，心有不甘，決定從附近村子入手，一是徹查此事，二是藉機搜颳錢財。前面多次提起，元朝官吏腐敗貪污的程度極其可怕，更何況他們現在手裡握有王牌——捉拿縱火者，因此大開斂財之門，擴充私人腰包。老百姓們聽說元兵被燒，非常高興，寧可多交錢財，無人主動提供縱火者線索。

李貞夫婦從重八兩次離家外出的事上察覺出蹊蹺，為了保護重八決定把他送回孤莊村。臨行前，二姐流著淚說：「重八，你回去後不要惹事，好好跟著父親學做豆腐，長大了也有個手藝養家糊口。」重八心有不平，憤懣地說：「窮苦百姓一年到頭苦幹死幹，可是就是吃不飽穿不暖，那些官兵老爺們遊手好閒，卻不愁吃穿，欺壓四方，這到底是什麼原因？」在他心裡，對社會和人生的不公平提出了強烈抗議，鑑於這些想法，創建帝業以後的朱重八嚴厲打擊貪官污吏，成為有史以來最為堅決的反貪帝王，曾經誅殺很多貪污受賄的官員，影響深遠。

二姐當然無法回答重八的問題，她簡單地收拾包裹，囑咐李貞早早把重八送回家去。大半年了，重八踏上回鄉之路，不免有些感慨思緒。走到村西莊稼田時，鄧廣忽然竄了出來，他拉著重八的手說：「你什麼時候再回來？」重八看著鄧廣，頗有些不捨：「過些日子我還會回來。」兩人依依不捨話別，後來兩人再次相見，已經是朱重八參加義軍後回鄉募兵的時候了，而鄧廣正是第一批響應參軍的人之一。

再說火燒元兵一事，就在元兵藉機搜颳錢財欺壓百姓之際，他們突然接到軍令撤走了，從此，這件事情再也無人提及。元兵為什麼放棄斂財時機突然撤走呢？原來元王朝內部又發生了驚天動地的大事，權臣伯顏突然被貶江南，困頓而亡。

伯顏幫助順帝肅清燕帖木兒餘黨，得到順帝寵信，權傾一時，但他居功自傲，目中無人，不斷強化個人的勢力和威望，導致朝廷內出現人知伯顏，但不知順帝的局面，最終觸怒了年輕的順帝；而且，伯顏不斷打擊異己分子，控制朝局，也造成大臣們對他不滿；更為嚴重的是，他執政期間，廢止

朱元璋像

科舉制度，傷害天下士人的心，動搖封建王朝統治根基；他密奏誅殺五姓，引起天下人惶恐。

面對伯顏幾近瘋狂的暴虐政策，他的侄子脫脫深感不安。脫脫是伯顏弟弟的兒子，自幼聰慧，文武雙全，拜漢人吳直方為師，頗懂治國安邦之道。伯顏十分看重脫脫，命他進宮宿衛，監視順帝起居。一開始，脫脫謹奉伯顏的命令，知無不報，隨著伯顏驕奢日甚，恣意妄為，脫脫產生了深深的憂慮，曾經對父親滿濟勒葛台表示了自己的憂心：「伯父驕縱已甚，萬一天子震怒，我家恐怕要面臨滅族的危險，不如提前做好預防準備。」他父親無奈地說：「我多次勸說他，他就是不聽，有什麼辦法？」脫脫很有心計，不動聲色地說：「我另有主意，不會被他牽連進去。」

脫脫開始注意尋找良計，他請教老師吳直方。吳直方對他說：「古人說，大義滅親。你要是想為國盡忠，就不要顧及什麼親族！」一語點破夢中人，脫脫茅塞頓開，下定了大義滅親的決心。

很快，脫脫利用職務之便，向順帝言明心志。順帝經過仔細考察，確信脫脫忠於自己，就放手讓他去翦除伯顏。

伯顏勢力強大，廣植黨羽，要想除掉他並不容易。但脫脫很有耐心和應變能力，有一天，伯顏打算帶順帝外出行獵，脫脫得知消息後，急忙阻止順帝外出，請他委派太子跟隨出獵。太子並非順帝的兒子，而是文宗皇帝的兒子，當初文宗皇后執意遵從夫命立順帝，而他的兒子同時被立為太子。精於權變的伯顏對脫脫和順帝有所懷疑，所以才提議出獵，當他聽說順帝不能外出，改派太子出行時，心想，太子在我手中，也可號令天下，到時候我可以廢除皇帝，另立新君。於是，他帶著太子在大隊護衛簇擁下奔向狩獵之地——柳林。

脫脫見伯顏離去，緊鑼密鼓行動起來。他首先派親信駐守各個城門，嚴令不得放伯顏入內。接著，他請順帝召集文武百官，齊聚殿外等候命令。夜裡二更時分，他祕密派遣都指揮率領三十騎兵去柳林接回太子。同時，他請順帝召見翰林院學士，起草詔書，歷數伯顏罪狀，將他貶為河南行省左丞相。詔書寫好後，順帝親自蓋上御璽，派遣平章政事前去柳林宣讀詔書。

一切準備就緒，脫脫披褂整齊，排兵佈陣，嚴防京城安危。為防萬一，他率領將士們連夜巡城，不敢有絲毫疏忽。第二天天光大亮，接到詔書的伯顏氣急敗壞趕回京城，卻見脫脫全身戎裝，威風凜凜地坐在城頭上，嚴令將士們不得開門放人。

伯顏知道大勢已去，央求道：「脫脫，你我是至親，我從小撫養你、栽培你，你為什麼背叛我？」

脫脫義正嚴詞地回答：「為國家大計考量，只有拋卻私情，顧全大局。而且，伯父今日離去，可以保我全族安全，不至於被滅門九族，這也是萬幸之事！」說完，沐浴著晨光走下城頭，大步走向皇宮。

伯顏進退無路，隨行侍衛早已散去大半。一代權臣轉眼間落魄至此，他無奈地懷揣詔書踏上南下之路。伯顏悔恨交加，尤其對脫脫滿懷仇恨。有一天他路過真定，遇到幾個老人，飢渴難耐就去討水喝，並且滿腹委屈地訴說自己的冤情：「你們聽說過逆子謀害父親的事嗎？」

伯顏和脫脫的事情早就傳遍全國，人們對倒行逆施的伯顏滿懷痛恨，都贊成脫脫大義滅親的舉動。所以老人們故意回答：「我們都是山野小民，居住在鄉村野外，僻靜之所，只聽說佞臣當道，威逼國君，從沒有聽說過逆子害父的事！」伯顏聽完他們的話，明白這是在譏諷自己，滿臉羞愧，無顏以對。只好起身告辭，繼續南下。忽一日又接到詔書，說前次處罰太輕，重新放逐他去南恩州陽春縣。伯顏久居相位，養尊處優慣了，哪受得了一路顛簸，風吹雨打，走到江西隆興時就病死了。時人還作詩諷刺伯顏說：「百千萬錠猶嫌少，垛積金銀北斗邊。可惜太師無遠智，不將些子到黃泉。」

伯顏既死，順帝任用脫脫為相，掌管軍國大事。西元1340年，脫脫廢除伯顏為政時的各種酷政，恢復科舉，實行一系列興利除弊的措施，得到人們擁護，被稱為賢相。脫脫為相，為腐朽的元王朝注入一劑強心針，讓處於水深火熱中的百姓得到喘息，延緩了元朝政權的崩潰，在歷史上具有重要作用。而元王朝內部激烈的抗爭和變化，也讓少年朱重八火燒元兵一事不再為人所記起。

寺內賣豆腐

重八回到家中，又開始了下田勞作的生活。如今他已經十二歲了，挑擔推車，都應該學習掌握。每天，他跟在哥哥們身後做著這些粗重工作，顯得十分吃力。朱五四夫婦看在眼裡，心疼小兒子，陳二娘對丈夫說：「重八從小聰明伶俐，不願意在田地裡打滾討生活，我看你就教他做豆腐吧！說不定將來對他有好處。」朱五四點著頭同意了。近些日子，風聞官府變動，苛捐雜稅減少，老百姓們開始偷偷摸摸做些小本生意，打算改變目前艱難的生活處境，朱五四年齡大了，田裡的工作全部交給兒子們，準備重新開始賣豆腐。

朱五四把想法告訴重八，讓他跟著自己學做豆腐，還要學著外出賣豆腐。重八對這件事不感興趣，搖著頭說：「我不想學。」朱五四問：「那你想幹什麼？」重八想了想，低聲說：「我也不知道，反正不想賣豆腐。」他心中懷有大志，豈肯埋沒在叫賣小販之間，不過他畢竟年少，受生活所限，對未來和理想沒有多少明確的目標，所以這樣回答父親。不過從中也可見窮苦的生活沒有消磨他的志向，這是非常難得可貴的，他沒有向生活低頭屈服，他對待人生與父兄們有著強烈的不同，是個有理想的少年。

朱元璋像

朱五四生氣地咳嗽幾聲，沒好氣地說：「這幹不了，那不想幹，難道你還真的想當皇帝?!」他記起重八小時候做當皇帝遊戲的事，所以這麼嗆白他。

陳二娘勸說道：「重八，別跟父親亂說話，賣豆腐多好啊！走街串巷，見識不少風土人情，比在田裡工作快活多了。」

重八的大哥剛好進來，也插了一句：「以前我想跟著父親學做豆腐，父親還不教我，現在把這個手藝教給你，你還不想學，你可真夠嬌貴的。」

緊跟其後的三哥撇嘴說：「哼，還不是被慣壞了。」

重八聽他們又是奚落又是嘲諷，跺著腳說：「學就學，有什麼了不起的！」

從此，重八每天早起磨豆子，熬豆漿，點滷水，成了一名手藝者。要說重八，當初雖然不願意學做豆腐，真正學起來卻相當機敏，很快就掌握了其中要點，成為父親得力的助手。日出

於覺寺

日落，轉眼間兩三個月過去了，多日四處叫賣，確實豐富了重八的閱歷，讓他在小小年紀領略著各處窮苦人們的辛酸生活，品嚐著世間冷暖。在這種生活裡打拼成長，既磨練了他的意志，也鍛鍊了他求生的本領，更塑造了他堅強、韌性的品格。

這天，父子倆忙了一上午，豆腐做好後，他們把豆腐分兩大塊放到挑擔裡，走出家門吆喝著四處去賣豆腐。父子倆走在鄉間小路上，田野裡莊稼長得正旺，秋風勁吹，嘩啦啦響成一片，像海浪翻滾，像千軍萬馬奔騰。朱五四望著此情此景，不僅高興地說：「今年年景不錯，秋後會有個好收成。」對他來說，沒有比好收成更令他激動、令他滿足的了。

很快，他們來到於覺寺（後改名皇覺寺，現名為龍興寺），此寺初建於宋朝，歷經戰火而損壞。元初，有位叫僧宣的人將其重新修建完善，規模擴大。於覺寺在太平鄉東十四、五里的地方，是離孤莊村最近的寺廟，這些年來，香客不斷，頗為鼎盛。最近寺裡的燒火僧病了，無法自己釀製豆腐，所以只好買豆腐吃。朱五四知道寺裡僧人需求豆腐多，所以天天第一個上門叫賣，時間久了，僧人看他老實厚道，做的豆腐好吃，也就每天都買他的豆腐。重八往往趁此機會去寺內玩耍，看看高大威嚴、面目各異的佛像，瞧瞧敲著木魚唸經的和尚，再不然就跑到殿堂內觀望燒香拜佛的香客，覺得十分好玩有趣。

今天，重八趁父親去後院與僧人買賣豆腐的時候，又跑進寺內去了。他正要往後面跑，不小心被一塊石頭絆倒了，摔倒在地上，引得旁邊幾位僧人嘻嘻傻笑。重八爬起來拍打著身上塵

土，隨口說道：「這塊石頭竟敢絆人，看我不跺碎你。」說著，腳板一跺，石頭竟然馬上碎了。僧人們見狀，無不露出驚訝神色，佩服這位少年力大無比。

恰在這時，寺外走進一位身材高大的香客，看起來五十來歲，似乎是寺內常客，他看到僧人圍著一個少年起鬨，走過去觀看，看到重八腳跺碎石，不由得面露驚訝之色。

第二節 天子山的豆腐

巧擺豆腐陣

只見那人分開幾位僧人，走到重八面前施禮說：「小義士，今日重逢，在下再次感激您救命之恩。」重八抬頭打量眼前人，覺得面熟，卻記不起是誰來了，於是問道：「你是誰？為什麼要感激我？」

那人滿面笑意，懇切地說：「一個月前，我病倒在路上，不是你救了我嗎？」

重八仔細思索，好半天才拍著大腦門說：「記起來了，記起來了。」原來，此人名叫胡中達，帶著幫兄弟聚嘯山林，做些殺富濟貧的買賣。一個月前，他遭到官兵追殺，負傷暈倒在路上，恰好重八跟著父親賣豆腐路過此地。朱五四膽小怕事，不敢去搭救他，重八卻很俠義，看到他身負重傷，停下來喚醒他，還把他扶到附近破廟裡歇息，重八很細心地照顧胡中達，給他水喝，看他甦醒過來還給他豆腐吃。胡中達因此得救，後來被同伴接走了。

重八救人後就離去了，並沒有把這件事放在心上，今天猛然聽到胡中達如此莊重地感激自己，竟然一時迷糊，費勁才想起來。胡中達笑呵呵地拉著重八的手，不停地說：「小義士，要不是你出手相救，恐怕胡某早就見閻王去了。」說著，拉著他走進寺內，一起拜佛燒香。

朱五四賣完豆腐，來到前面聽說重八跟著一位大漢進去了，忙跑到裡面尋找，卻見胡中達正與重八一起跪在佛前。朱五四慌忙過去拉起重八，低聲喝問：「你幹什麼？」

胡中達看見朱五四，起身答謝。朱五四不明白地看著胡中達，見他身材魁梧，滿帶霸氣，穿著頗為整潔，與自己熟悉的環境人物大不相同，不由得心虛膽顫，囁嚅著：「你……你為什麼要謝我？」

重八興奮地說：「父親，您忘了一個月前的事了？這位大叔病倒路邊，不是我們出手相救的嗎？」

朱五四擦擦昏花的眼睛，想了好一會兒才點著頭說：「是是是，這位大人，您如今安好了？」

胡中達笑著說：「我不是什麼大人，老大哥，你就叫我中達吧！那天多虧你們相救，要不我哪能活到今天！對了，我最近在不遠處小天山安了家，那裡弟兄不少，你每天就把豆腐送到那裡去吧。」

朱五四聽說他把自己的豆腐全包了，高興的合不攏嘴，一時不知道如何感激才好。還是重八機靈，他立刻對胡中達說：「大叔，你那裡需要多少豆腐？我天天給你送去。」

胡中達摸著重八的腦袋，看著朱五四朗聲說道：「老大哥，我看這個孩子鬼機靈，將來肯定比你強。」說完，兀自哈哈大笑。朱五四拘謹地站在一邊，想笑又沒有笑出聲來。

從此，朱五四的豆腐有了銷路，他不用每天挑擔叫賣，只管做好了為胡中達送去。久而久之，重八熟悉了小天山的情況，經常獨自挑著豆腐前往。在送豆腐的過程中，他模模糊糊瞭解到胡中達一夥人的行為，覺得他們身懷武功，是些了不起的人物。

有一天黃昏，重八正挑著豆腐走在山路上，忽然看到幾個官兵鬼鬼祟祟出現在小天山附近。重八心裡警覺，忙藏身在山坡後面觀察動靜。不一會兒，他吃驚地發現十幾個官兵陸陸續續彙聚集而來，手拿刀槍劍戟，他很快便明白了，他們是去襲擊胡中達等人的。重八知道今天胡中達等人聚會活動，所以才多要了兩擔豆腐，他有心跑去報信，又擔心暴露目標，眼看著官兵步步逼近，怎麼辦呢？天色越來越暗，官兵可能很快就要發動進攻了。重八想了想，突然計上心頭，他將擔子裡的豆腐倒扣出來，用刀片成薄片，擺放在通往山裡的小路上，隨後在上面撒上樹葉碎草，然後趕緊躲藏在樹後，緊張地看望官兵動靜。

果然，官兵悄悄向山裡挺進，他們約莫十四、五人，大概得到胡中達等人消息前來偷襲圍剿。十幾個官兵只管前行，七拐八拐進入了重八佈的豆腐陣，只見前面的人踩滑摔倒，後面的人沒有防備，也前仆後繼摔在地上，兵器相撞，驚叫聲聲，一次偷襲行動在喊叫聲中完全暴露了目標，很快就被胡中達派出巡邏的人發現了。胡中達等人不敢停留，連夜出逃，躲過了官兵襲擊。

俠義救人

重八對胡中達等人雖然佩服，卻有一件事情不敢認同，並且耿耿於懷。這件事說來話長，有一次，重八在為他們送豆腐時，發現有個六、七歲的小孩一直跟隨自己，重八非常奇怪，故意在山路上拐來拐去，意圖甩掉這個孩子。可是小孩跟得很緊，一步也不離。重八把握機會躲進樹叢後，打算攔住小孩問個究竟。

果然，小孩跟著跟著看不見重八的身影了，停下來驚慌四望。重八猛然竄出樹叢，跳到小孩面前問：「喂，你為什麼跟在我身後？你想幹什麼？」

小孩嚇得臉色大變，瞪著重八一言不發。

重八想了想，覺得事有蹊蹺，於是問道：「你是不

朱元璋像

是想進山裡去？」

小孩使勁點點頭。

重八接著問：「你去幹什麼？你認識誰？」

小孩張口回答：「我去找我母親。」

這下重八愣住了，他以往看到山裡全是男的，沒見過女人，這個孩子怎麼說要去找母親，這是怎麼回事？他不明白地搔搔頭皮，繼續問：「你母親怎麼會在山裡？她幹什麼去了？」

小孩突然哇哇大哭，滿臉悲痛地說：「我母親被壞人搶到山裡去了，我要我母親，我要她回家。」

竟然有這樣的事！重八震驚訝常，他猜測不到什麼人會搶奪他人妻女，難道會是胡中達所為？少年重八被這件意外的事情弄糊塗了，他不明白平日裡豪爽俠義的胡中達為什麼會做出這種事來，這與盜賊有什麼區別？其實，重八並不知道，胡中達他們就是群盜賊，不過多與官府富豪為難，不以禍害窮苦百姓為主，後來元末義軍中不少這些人物，他們趁著亂世造反，打起義軍旗號，名為救民於水火，實則強取豪奪，禍及天下。朱重八後來正是從這些人身上看到，義軍要想成功，必須擺脫盜賊習性，實行嚴格的軍紀軍令，切實維護百姓生命財產安全，這才為義軍尋找到真正的出路，最終走向壯大。

如今，重八聽說小孩的母親被搶，連忙帶著小孩進山尋母。原來小孩名叫大海，家住小天山後面村子裡，村子不大，只有幾十戶人家，自從胡中達等人住進小天山，經常去索取財物，有些人還調戲他人妻女。胡中達是個大老粗，對這些事不放在心上，久而久之，村民對他們多有怨恨。偏巧這天這夥人又去村裡鬧事，被大海家的狗咬傷了。胡中達的人不依不饒，要求賠償。大海家裡窮，哪有東西可賠，沒有辦法，大海的母親同意他們的提議，答應去山裡為他們做飯。這一去十幾天，活不見人死不見屍，村裡人議論說肯定被盜賊霸佔了。為此，大海的父親氣得臥病在床，大海無人照顧，天天跑到山腳下盼母歸來。可是他年齡太小，不敢獨自進山，經過幾日觀察，發現重八天天挑著擔子進山，這才尾隨他打算進山尋母。

聽了事情的經過，胡中達含糊其詞，答應說查問查問再說。其實，他早就知道此事，不過有意袒護手下人。重八很認真，逼著胡中達立即放了大海的母親，並說：「你們要是不放人，與那些欺壓百姓的韃子有什麼兩樣！」這句話觸動胡中達內心深處，原來他正是被官兵所逼，家破人亡，無奈才走上這條路。他決定徹查此事，嚴懲手下，送還大海的母親。這件事情還沒有解決，沒想到他們就遭到官兵偷襲，脫險後，為了感激重八，胡中達給朱家送去財物，但是重八謝絕不要，而是再次要求他歸還大海的母親。

胡中達被重八的俠義之舉感動，立刻讓手下人放了大海的母親，讓她回家與丈夫、孩子團聚。為了表示歉意，胡中達還特意認大海做了義子，後來，大海父母雙亡，他跟隨胡中達走南闖北，成為一名義軍領袖。

重八不但救了胡中達，還救了大海的母親，從此，這個賣豆腐少年的事蹟在小天山傳播開來，當地人更是開始學習製作豆腐，此後，製作食用豆腐的風氣日盛，逐漸形成特色。等到朱重八做了皇帝，當地人為了紀念這段故事，就把小天山叫做天子山，把此地出產的豆腐叫做天子山豆腐，也叫做鳳陽釀豆腐（此時濠州府駐地鍾離城已經改名鳳陽），鳳陽釀豆腐經過發展演變，時至今日，已經成為當地一道風味佳餚。

第三節　高粱葉子救人

告狀被抓

重八一家靠著辛勤的勞動，終於過上了較為穩定安寧的日子。生活雖然簡樸，但是有了希望就有了一切，慣於在溫飽線上掙扎的他們，已經十分滿足了。又一年春去秋來，朱五四新蓋了兩間土屋，開始託媒人為老二、老三說親。

親事尚未說妥，美夢剛剛開始，災禍卻不期而至，再次降臨這個窮苦家庭：有人告發他們串通盜匪胡中達，與官府對抗，禍亂一方！這個罪名實在不輕，把老實憨厚的朱五四嚇得臥倒在床，一病不起。面對巨大的災難，全家人心慌意亂，不知道該如何應對。

危急關頭，朱重八的夥伴湯和出面為他們分憂，提出去城裡託親戚幫忙。這也是不得已的辦法，重八已經十三歲了，家裡就他讀過書，有點見識，於是陳二娘決定讓他與湯和進城辦事。兩個少年手提禮物，天未亮就踏上進城之路。重八知道這次進城非比尋常，關係全家人性命安危，所以一路行來神色凝重，心煩意亂，十分不爽。

路過一片高粱田時，湯和忍不住說：「重八，你不用害怕，胡中達他們去年就走了，怎麼會與你有關係呢？只要把這件事說明白了就不會有麻煩。」

重八緊緊鎖著眉頭，抿著嘴唇，大步走著，似乎沒有聽到湯和說話。

湯和緊追兩步，還想說什麼，卻始終沒有再開口，只是低頭趕路不語。

他們見到湯和的親戚，說明來意，那人倒也爽快，直截了當地說：「這件事情牽連的人不少，這是官府變相要錢，只要多給點錢就沒事了。」

重八這才鬆了口氣，隨後問：「聽說朝廷換了宰相，變了制度，讀書人可以考取功名，稅租也減少了，怎麼官府還欺壓百姓呢？」

那人嘆著氣說：「看你年齡不大，倒是瞭解時局。

唉，換了宰相能怎麼樣？天高皇帝遠，誰還親自到村野之間探訪百姓疾苦？幾十年來他們奉行的國策哪能在一朝一夕改掉！宰相在朝堂訂下的策略，到了我們這裡早就變樣了。」看來，他沒有把湯和和重八當作外人，也許覺得他們不過是兩個孩子，說說心裡話也不妨，於是嘮嘮叨叨訴說了許多不快和不滿之事。

說者無心，聽者有意，重八對國家大事非常敏感，他聽了這些言論，逐漸明白國家目前的狀況：依然被外族統治，而且形勢不容樂觀，漢人地位依舊卑賤。重八心裡沉甸甸的，少小的他不明白如何才能改變目前局勢，如何才能真正過上幸福的日子。

回到家後，重八全家千方百計籌集錢財，疏通關係，爭取擺脫厄運。不久，恰好朝廷派遣奉使（監察官員）來濠州。重八聽說後盤算著何不趁機告狀喊冤，說不定能夠減免罪責，他想到做到，瞞著家人，與湯和偷偷趕往城裡。

重八和湯和滿懷希望前去告狀，可是卻連衙門也沒有進去。這天，衙門外站滿了人，他們都是聽說奉使來了而來喊冤的，州府官吏平日裡為非作歹，欺壓百姓，看到這麼多人來告狀，哪肯放他們去見奉使。眾人從早上等到午後，從午後等到半夜，又從半夜等到第二天，始終不見奉使的影子，卻看到不少兵丁往府裡送貨物，有的挑擔、有的推車，看起來沉甸甸的，應該是地方官吏送給奉使的財寶。日上三竿時，飢餓的人群開始騷動，有人憤憤地說：「我們在這裡等了一天一夜，不吃不喝，連個衙門都進不去，真是氣人！」有人說：「你沒看見進進出出的人嗎？瞧他們酒足飯飽的樣子，肯定在裡面大吃大喝呢！」有人乾脆叫道：「我們衝進去吧！不信見不到奉使大人。」議論聲越來越高，眾人的情緒也越發高漲，場面漸漸失控，人群開始向衙門口移動。

站在人群後面的重八和湯和心情激動，他們生長在村間地頭，日日與土地農人相伴，生活比較閉塞，哪裡見過這等場面，不由自主隨著大家往前走去。就在眾人快要接近衙門口時，突然裡面竄出十幾個士兵，手拿兵器，朝著人群亂砍亂砸一通。被砍中的人抱頭喊叫，紛紛退避，告狀隊伍立即散去，各自奔走逃命。官兵們不肯放過百姓，在後面追趕羈拿，衙門外亂成一團。

年輕體壯者大多跑得快，官兵們追趕不上，就專門抓拿老弱婦孺。重八和湯和兩個少年沒有經歷過這種陣仗，自然慌亂失神，在人群中擠來擠去，尋找逃命機會。碰巧一位老婦人摔倒在他們身邊，重八連忙彎腰扶起她，與湯和扶持老人朝城外逃去。大家拼命逃跑，很快來到城門附近，此處有一片高粱田。這時，大多數人早已逃散，只剩下八、九個人，要嘛年老，要嘛年少，跑不動了，打算到高粱田裡躲避。官兵見此，正中下懷，不由分說，上前連捆帶綁就把他們壓倒在地，抓住了這群婦孺和少年。

眼見告狀者跑的跑，散的散，被抓的被抓，湯和心裡十分悽惶，使勁揮舞胳臂意圖掙脫，卻被官兵用力反綁，不得動彈。這時，他們被捆綁在地，周圍站著官兵，看來處境十分不妙。

湯和不服氣地繼續掙脫著繩索，低聲說：「重八，我們得想辦法逃走。」

觀望眼前情景，重八反而鎮靜下來，低聲說：「我們來這裡就是告狀的，現在把我們抓起來了，正好可以見官訴冤，為什麼要跑呢？」

湯和想了想，看著周圍兇神惡煞般的官兵，倒吸口冷氣說：「重八，你不害怕嗎？瞧他們的神情，似乎要處置我們，我們到哪裡去喊冤？」

重八一心告狀，當然不去理會官兵的神情，可是他畢竟太年少了，沒有料到面臨的危險，不能體察到官場的黑暗，只是天真地以為見到官吏就能伸冤，卻不知道自己就要遭受新的磨難了。

高粱葉子砍頭

重八被捉拿，滿心以為可以見到官吏訴說冤情，哪會想到事情完全出乎他的意料。就在他與湯和低聲議論的時候，有位騎兵飛馬趕來，向在場的官兵下達命令，讓他們把捉拿的犯人一律扔進高粱田，等候審訊處理。

對於這個處治，不僅重八大感意外，就連捉拿他們的官兵也丈二金剛摸不著頭腦，忙向傳達命令的騎兵詢問原因。在他們看來，捉拿的犯人應該帶回衙門，或者關進大牢。那位騎兵大咧咧地說：「老爺說了，他陪著奉使外出視察，哪有時間搭理這些賤民？把他們扔到田裡，嚴加看管，不然，送進牢房還要佔地方，招惹麻煩！」

官兵們也不多加思索，按照命令把重八等人轟進高粱田，有些官兵還低聲嘟囔：「本來想著抓了人可以領賞，沒想到這些人這麼不值錢！」

不管官吏們如何想，重八等人卻要在高粱田裡忍受酷暑煎熬。秋熱如虎，炙烤大地，眾人在田裡又熱又渴，煩悶難耐，可是手腳被捆綁，無法解脫。重八眼見告狀無門，心裡十分不爽，他低頭沉思著事情的經過，思慮著下一步該如何打算。湯和與他背靠背坐著，早已口乾舌燥，沙啞著嗓子說：「重八，恐怕不到天黑我就渴死了。」

重八強忍焦躁，對湯和說：「你聽說過望梅止渴的故事嗎？當年曹操率領大軍南行，遇到酷暑天氣，士兵們不願意走路，曹操就鼓勵他們說，翻過前面山坡就有片梅林，梅子可以為大夥解渴，結果士氣大振，行軍速度增快。」

湯和聽著故事，懶洋洋地說：「我們上哪去吃梅子？再說了，就算有梅子，我們也得先逃出去才能吃啊！」

重八何嘗不想逃離險地，他繼續鼓勵湯和：「我二姐家就有棵楊梅樹，可好吃了，特別解渴，等哪天我帶你去吃。」

聽到這話，湯和似乎有了期盼，精神大振，忙說：「真的？可是我們怎麼逃出去？」他邊說邊挪動身體，盡量躲避眼前片片鋒利的高粱葉子，害怕扎到自己。

重八看到湯和的動作，突然記起一件事。幾年前，他們在草地上玩做皇帝遊戲時，有一次，重八穩坐「寶座」，接受夥伴們「朝拜」，沒想到湯和拜著拜著突然肚子疼，蹲在地上直叫喚。徐達很認真，認為湯和這麼做有失禮儀，應該受到處罰。孩子們聽了，覺得好玩有趣，群起要求處罰湯和。重八想了想問：「咆哮朝堂應該受什麼懲罰？」周德興起鬨答道：「應該處斬。」湯和聽說「處斬」自己，當即跳起來揮拳打向周德興。周德興猝不及防，鼻子挨了一拳，鮮血直流。

誰會想到湯和這麼暴躁，孩子們頓時傻了眼。此時，坐在「寶座」上的重八大喝一聲，指著湯和說：「你太放肆了，竟敢打傷大臣。來人，把他拿下！」

看到重八發威，湯和也沒了脾氣。徐達和其他幾個夥伴一擁而上，將他壓倒在地，向重八請求說：「皇上，該怎麼懲罰他？」重八說：「湯和本來不是有意犯錯，但他故意打傷大臣，就不能逃脫罪責。」說著，他跳下「寶座」，彎腰撿起幾片高粱葉子，來到跪倒在地的湯和面前，用高粱葉子在他的脖子上輕輕一劃。說也奇怪，這一劃下去，湯和雖沒有感到多麼疼痛，脖子上卻出現一道疤痕，似乎真的被砍了一刀。孩子們圍上來觀看，不由得嘖嘖稱奇，處罰遊戲變得充滿神奇色彩，大家議論著湯和脖子上的疤痕，又開始蹦蹦跳跳著玩耍嬉鬧。

如今，重八深陷高粱田，記起以高粱葉子砍頭的事情，忙推推湯和說：「湯和，你脖子上的疤還在嗎？」

湯和轉轉脖子，說道：「一直都在，從來沒有消失過。」

重八點點頭說：「我有辦法了。」他將反綁的雙手對準身後的高粱葉子，上下劃動，嘴裡還說著：「高粱葉子，你把綁我的繩索鋸斷。」只見他來回划動幾下，奇怪的事情發生了，捆綁他雙手的繩索果真從中斷裂！

湯和驚訝地看著重八用高粱葉子鋸斷繩索，也效仿他動作，可是努力半天，毫無效果。等到重八雙手恢復自由，忙不迭地喊：「重八，快來救我！」

重八先替湯和解開手上的繩索，然後才低頭解開捆綁自己雙腳的繩索。這樣，兩人同時解脫，很快幫高粱田裡其他人解開捆綁，大家相互扶持著從高粱田的另一邊悄悄逃走了。

這件事過後，負責看押他們的官兵百思不得其解，不知道這群老弱是如何逃脫的。說來也是，就連湯和對重八以高粱葉子鋸斷繩索的做法也很感神奇，經常追問其中的原因。重八指著湯和的脖子笑著說：「自己好好想想吧！」湯和摸著脖子，想起當初被砍的事，這才想到，高粱葉子既然能砍傷脖子，那鋸斷繩索也就沒什麼奇怪的啦。尋找到問題的答案，他對重八更感佩服。

朱元璋像

再說濠州城內，奉使遊玩幾日後，帶著各級官吏奉送的豐厚禮品回歸京師，結束這次監察任務。這位奉使是色目人，不懂農業，從小養尊處優，生活在深宅大院中，哪會知道百姓疾苦。所以，這種視察監督活動不僅有名無實，反而更加重百姓負擔。其實，當時就有許多關於官官相護、盤剝百姓的民謠流傳世間，比如「奉使來時驚天動地，奉使去時烏天暗地，官吏每歡天喜地，百姓卻啼天哭地」、「官吏黑漆皮燈籠，奉使來時添一重」，從中可見官府的腐敗程度，以及奉使與地方官吏互相勾結欺壓百姓的情況。所以重八他們告狀喊冤的打算根本不會有什麼結果，只會自取其害，卻不知重八看清了這樣的現狀，又有什麼樣的決定呢？

第七章

再度為奴　心懷不平求生路

歷經生活磨難的朱重八已經十三、四歲了，在一次次艱難求生的成長抗爭中，他逐漸成熟，認識到世間的不平，人生的不公，一步步走向冷靜沉著和務實，他又一次淪落為地主家的長工，守護山林，這次，他將選擇一種什麼樣的態度面對生活？父母年老多病，無疑加重了生活的困難，重八外出求神水，遇到一位欺壓百姓的無賴，他會採取什麼辦法與他鬥智鬥勇，並且幫助他走上正途呢？

第一節　再度為奴

柿樹救母

朱重八家沒有辦法，只好繳納錢財疏通關係，換得全家安全。經過這次打擊，朱五四因憂成疾，豆腐生意是無法做了，本來充滿希冀的生活再次陷入困境。為了祈福，重八陪著母親去於覺寺進香，祈求父親早日康復，全家生活安寧。

進香完畢，他們在寺外樹林邊歇息，陳二娘剛剛坐在石頭上，忽然一陣暈眩，不省人事。原來，連日的擔心受怕，加上缺吃少喝，五十多歲的她備受煎熬，終於支撐不住了。重八眼見母親暈倒，驚慌失措，抱住母親大聲呼喚，可是陳二娘似乎睡熟一般，毫無反應。

這時，一位年長婦人恰好走出寺廟，看到陳二娘暈了過去，上前摸摸她的脈搏，試試她的鼻息，看著她枯黃憔悴、營養缺乏的臉孔嘆氣說：「孩子，你母親餓暈了，你趕緊給她弄點吃的，她吃了就沒事了。」

重八忙拿過包裹，翻了又翻，裡邊哪有食物！已是深秋季節，涼意襲人，重八卻急得汗流浹背，心慌意亂，他極目四望，到處草黃葉枯，哪有可以充飢之物！重八團團四轉的工夫，猛然看到不遠處有棵柿樹，雖然葉子大多凋零，可是上面還掛著幾個黃柿子，在秋風裡搖來蕩去。重八有了主意，三五步奔到樹下，蹭蹭兩下竄上去，用力搖晃掛著柿子的樹枝。在他拚命晃動下，終於有個柿子似乎不情願地脫離枝杈，隨後快速砸向地面。重八看到柿子落地，更加使勁晃動樹枝，打算將所有的柿子都搖下來。

那位年長婦人倒也熱心，她從寺裡取了水餵二娘飲下，還撿起柿子給陳二娘餵食，慢慢地，陳二娘睜開眼睛甦醒過來了。她發現自己躺在石頭上，身邊有位素不相識的婦人，忙掙扎著坐起來，疑惑地問：「這是在哪？重八呢？」

重八從樹上看到母親醒來，高興地跳下柿樹跑過來，握著母親的手說：「母親，您醒了？剛才您暈倒了。」

陳二娘費力想了想，再看看眼前情景，這才明白事情的前

後經過，忙對婦人說：「敢情是這位大嫂救了我，多謝了，多謝了。」

那位婦人笑著說：「哪是我救了妳？都是妳兒子能幹。妳瞧，他一會兒就搖下這麼多柿子。」說著，指著地下的柿子讓二娘看。二娘笑了笑，捧起柿子對婦人說：「大嫂，重八年紀小，要不是妳幫他，恐怕他早就慌了神了，哪知道要救我？這幾個柿子妳就拿回去給孩子吃吧！」看來，二娘反應非常迅速，很懂人情世故。

重八也不停地感激婦人救母之恩，恭敬地勸說著。就在這時，突然從寺內走出一個壯年僧人，看著他們三人推推讓讓，過來喝斥說：「佛門淨地，你們在這裡爭吵什麼？」還沒等人回話，他發現三個人捧著一堆柿子，馬上瞪大眼睛說：「怎麼？你們偷摘寺廟的柿子？」

陳二娘聽到這話，急忙說：「我們沒有偷，這不是寺廟的。」

重八也說：「這是我從那邊樹上摘的。」

那位年老婦人也證明著：「這不是從寺裡偷的，是這個孩子剛剛摘的。」

哪知中年僧人嘿嘿冷笑一聲，指著柿樹說：「那就是本寺住持家裡種的柿樹，你們偷了就偷了，趕緊還回去！」

原來，元朝佛門有一大特色，和尚可以娶妻生子，經營田產、店鋪等生意。元朝統治階層入主中原後，由於缺乏與中原文化的交流融合，不懂得佛門清規，只是簡單地進行統治管理，以為只要繳納稅租就完事了，才產生了這一大奇觀。於覺寺主持就是位有家業的和尚，他叫高彬，家小住在寺廟附近，他還透過各種手段獲取田產，租給百姓耕種，收取租稅，所以，中年僧人說那棵柿樹是主持家的。

看他盛氣凌人的態勢，重八怒氣沖沖地說：「這裡是佛門聖地，佛祖以救人為本，我們進香供奉祂，難道祂卻不肯救我們性命？」他多次跟隨母親進香拜佛，出入寺廟，對佛門有些瞭解。

中年僧人瞅瞅重八，見是個十三、四歲的少年，身材瘦長，大腦門、大下巴頦、臉龐黑黃，一副貧寒農家子弟模樣，渾身上下卻透著一股不服輸的氣勢，似乎在哪裡見過，繼續冷笑著說：「救人？救得完嗎？天天有人來要求救命，佛祖也得忙得過來！哼，一個村野小子懂什麼道理？」原來他早已忘記重八和父親為他們送豆腐的事。

重八憤怒地說：「誰不懂道理？難道佛門不以救人為本？佛祖眼看著芸芸眾生餓死在祂的門前不管？」

陳二娘忙攔住重八，對中年僧人說：「師父不要怪罪，我們這就走，這就走。」說著，一手拉著重八，一手扶著年長婦人轉身離去。

三個人默默遠離寺廟，年長婦人與他們分手道別，囑咐重八說：「你母親身體虛弱，恐怕走不了遠路，你還是回家找人來把她背回去吧！」

此時已近中午，路上行人稀少，重八為難地看看母親，不知道是不是該將她獨自留在路邊，自己回家叫哥哥們來救母親？

護林長工

重八正在為難之際，遠遠地看見一人騎著毛驢朝這邊走來。近前了他才看清，此人也是孤莊村人，正是田主劉德的哥哥劉繼祖。前面說過，劉家兩兄弟性情大不相同，劉繼祖是個寬厚的人，不像劉德那樣為富不仁。

劉繼祖很快來到陳二娘母子面前，他瞇著眼睛看了一會兒，疑惑地問：「這不是老朱家嗎？你娘倆怎麼在這裡？」

重八很少見到劉繼祖，對他不熟悉，偶爾與他的兒子劉英見面打招呼，也不熟識。在他心目中，劉繼祖既然與劉德是兄弟，應該也是一路人，與他們貧寒農家存在很深的隔閡，所以他聽到劉繼祖關懷的問話，一時間有些愣住，不知道該如何回答。

陳二娘欠欠虛弱的身體，勉強露出一絲笑意，輕聲回答：「劉老爺，我和重八去於覺寺進香，走到這裡累了，歇息一會兒。」

劉繼祖點點頭，沒說什麼就轉身離去，走了幾步突然折回來，看著陳二娘說：「老朱家的，妳是不是病了？臉色這麼難看。」

重八急忙回答：「我母親剛才暈倒了，好不容易才甦醒過來。劉老爺，麻煩你回村後告訴我哥哥們一聲，讓他們趕緊來救我母親。」情急之下，他也顧不了彼此身分差異，半是請求半是命令地說出這番話。

劉繼祖回頭看看重八，微微笑說：「我聽說重八人小鬼大，與一般孩子不同，今日竟敢安排我做事，果如人言！」

陳二娘嚇了一跳，忙喝斥重八：「趕緊給劉老爺賠罪！」

重八漲紅著臉，囁嚅著不知說什麼好。劉繼祖卻很大度，依舊笑呵呵地說：「沒什麼，我倒喜歡他直爽的性格。來，不用去叫你哥哥了，坐我的毛驢回去吧！」說著，他跳下毛驢，和重八一起把陳二娘扶上毛驢，與重八步行跟在其後。

回到家後，經過幾日調養，陳二娘身體略微康復，她帶著重八去劉繼祖家答謝。劉繼祖夫婦非常熱情，不但不收他們的禮物，反而送給他家兩條鯉魚，要朱五四夫婦滋補身體。

沒想到，這件事情很快傳到劉德耳中，他大為光火，指責劉繼祖干涉他家事務。當時，所謂佃戶，地位與奴僕差不多，耕種田主的土地，租用田主的耕畜農具，為田主家工作賣力，稍有不慎，還有被沒收租種田地的危險。所以，劉德認為朱五四與劉繼祖交往，是對他不夠忠誠。

朱五四夫婦聽說後，再也不敢與劉繼祖家來往，朱五四還不得不拖著病弱的身軀去劉德家賠罪，講述事情的前後經過，希求得到他的原諒。劉德劈頭責罵朱五四忘恩負義，不好好工作，嚇唬他要收回租地。朱五四再三哀求，劉德才假惺惺地表示原諒，說：「重八也不小了，整日裡不在家好好工作，東遊西逛的，在外面惹了事還要牽連到我，我看就叫他看護那片山林，別再出去了。」近幾年他眼見朱五四家生活有所好轉，心裡十分不快，心想每年自己收取的田租也不少啊！他靠什麼發財呢？難道是賣豆腐賺錢了？還是他們有了別的財路？特別是前些日子胡中達一案，他以為朱五四一家肯定跟著私吞了不少贓物。他財迷心竅，心腸狹小，看不得佃戶們日子好轉，早想找個法子盤剝他們了。

聽說讓重八看護山林，朱五四高興極了，他正愁重八無事可做呢！田主就主動給他安排了工作，他怎會不開心？連忙再三表示謝意。

可是，重八聽說又要給劉德家工作，不但不高興，反而氣憤地說：「我不替他家工作。」話題又轉回來了，全家人輪流斥責重八：「不工作你吃什麼！」「不工作怎麼給父母治病！」「你越來越大了，還能總不工作！」

看著疾病纏身的父母，看著破舊不堪的家園，看著大哥家兩個嗷嗷待哺的侄子，重八低下不甘屈服的頭顱，悄悄擦去眼角的淚珠，默不作聲走出了家門。

此後，重八再次成為劉德家的長工，專門為他家看護山林。一個個寂寞無聊的日子，慢慢磨蝕著一顆少年蓬勃的雄心，苦難面前，他在成長著、成熟著。

第二節 不忘讀書

重八的選擇

這天，重八躺在山坡上，看著空中的白雲變來變去，一會兒像羊群走過草地，一會兒又像萬馬奔騰在沙場，一會兒突然露出怪異的頭顱，像是傳說中的精靈，形狀各異，變化莫測，令人心往神馳，情不自禁。看著看著，重八兀自笑出聲來，伸手指著聚聚散散的白雲說：「你往東去，你往西去。對了，你們分列兩邊，各司其職，就做我的文武官員，幫我管理天下。」原來他在和白雲玩遊戲，真是有趣。

就在他自言自語的時候，湯和、徐達、周德興從山坡後面悄悄走過來，他們猛然跳到重八身旁，高聲叫道：「重八，你真自在啊！在這裡跟誰說話？」

重八收回目光，看朋友們興高采烈的樣子，不疾不徐地問：「你幾個怎麼這麼高興？有什麼喜事？」

徐達從身後捧出書包說：「瞧，我又入學了。重八，你也跟我們一起去讀書吧！」

朝廷重新開辦科舉，人們讀書的心氣又提高了，于老先生病故後，劉繼祖從外地請了位先生，將村裡的學堂重新開辦了起來。本來，孤莊村的學堂就是劉繼祖的父親出錢創辦的，子承父業，也算名正言順。可是劉德對此事不以為然，他覺得創辦學堂是個賠錢買賣，再說讓那些窮人讀書有什麼用，還不如叫他們多工作呢！要想讓自己的孩子讀書，完全可以請先生到家裡教嘛。好在劉繼祖與劉德不一般見識，也就不去理會他的意見。

重八看著徐達的書包，搖搖頭說：「我不去讀了，我要在這裡工作。」

湯和急忙問：「重八，你以前不是最愛讀書嗎？怎麼又不讀了？」

重八揮手扔出一塊石頭，正好打在坡下埋頭吃草的牛的眼睛上，嚇得牛「哞哞」叫著跑出老遠。徐達人小志高，他看出重八內心的矛盾，悄悄拉過湯和說：「別問了，他父母都病了，沒有精力讓他讀書。這樣吧！以後我們放了學就來找他玩，借書給他看。」

這群夥伴繼續日夜相聚，有時候讀書講故事，有時候打鬥玩耍。不過，現在重八對徐達等人的書本不感興趣，那些蒙書他早就看過了，而且也沒多大意思。在苦難面前，他選擇實際的生存，他要為父母和家人分擔憂愁，他要盡自己的一份力量。他想到首先要活下去，然後才有其他一切。超出年齡的成熟與責任感，讓他在夥伴中顯得十分老成，說也奇怪，生長在村野之中的重八總是對歷史上風雲變幻的事件和人物感興趣，在他的腦海裡，像周文王訪賢識姜子牙、漢高祖斬蛇起義、唐太宗虎牢關力擒雙雄、宋太祖陳橋兵變，都是耳熟能詳的故事，他一遍遍不厭其煩地聽，又一遍遍不厭其煩地講，在心裡一遍遍不厭其煩地琢磨，總之，這些人物和事蹟成為照耀他苦難的明燈，時常激發他的野心和壯志。恐怕他自己也沒想到，將來有一天，這位天天躺在林間土坡上暢懷古人的少年竟如同他心中的偶像一樣，也成就了了不起的帝業，成為後代有志少年努力學習和模仿的對象。

除了講故事、玩耍以外，重八還喜歡練些拳腳功夫，他接觸的都是在田裡打拼的農民，無人懂得武術技巧，不過這沒有關係，重八靠著想像力在林子裡騰挪跳躍，有時候手舞木棍虎虎生風，頗有氣

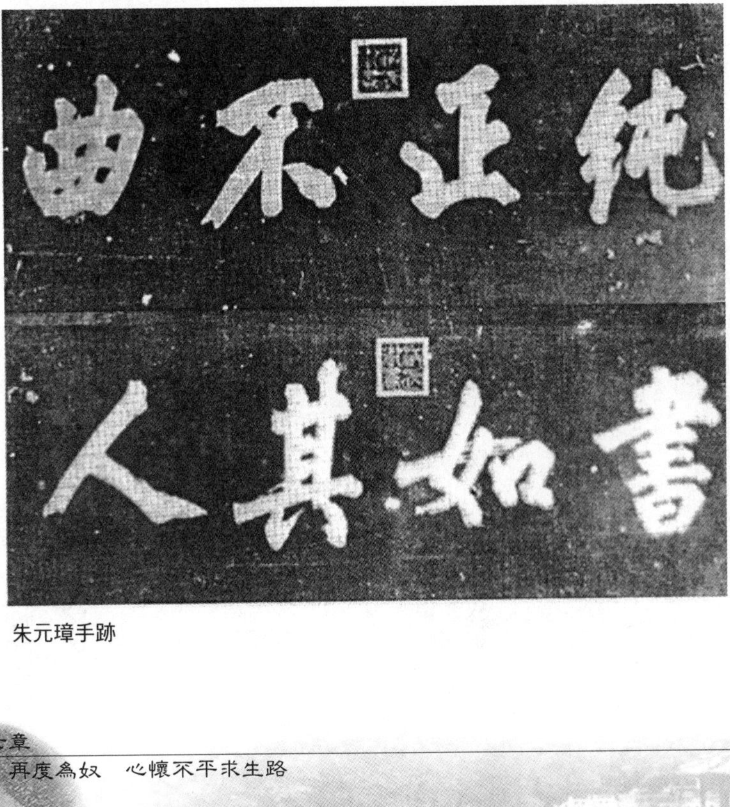

朱元璋手跡

勢，倒也自得其樂。

一個深秋的午後，重八獨自在林邊玩耍，遠遠看見村子裡走出劉英和劉小德兩人，他們牽著毛驢，驢背上馱著兩個大大的木箱，正一前一後朝這邊走來。元王朝為了控制百姓，下令民間不准養馬，所以劉家雖然有錢有勢，外出也只得騎毛驢，駕驢車。

他們越走越近，看樣子是要出遠門。重八想了想，剛要轉身躲避，就聽劉小德喊道：「朱重八，你趕緊過來幫忙。」

射雀比賽

重八不得已走過去，劉小德指著木箱子說：「你把木箱子卸下來，我要騎驢趕路。」重八看到兩頭驢背上都馱著木箱子，擔心其中存放著重要物品，於是問：「這是什麼？卸下來放到哪裡？」

劉小德歪歪斜斜坐在路邊石頭上，唉聲嘆氣地抱怨說：「哎呀，馱這麼多書去趕考，連毛驢也不能騎，走到城裡還不累死了？」重八這才明白，劉英和劉小德這是進城參加鄉試，木箱子裡面裝的全是書籍。

劉英比他們年長幾歲，拍打著木箱說：「這還算多？你們沒見，去年趕考的一個人，整整用三頭毛驢馱書呢！」

劉小德齜牙裂嘴地說：「那麼多書，能看得完嗎？人人都說書呆子，我看那樣的人差不多就是書呆子了。三頭毛驢馱書，還不馱盡天下書。」

重八認真地說：「我認為書不在多，在精。我聽說宋朝趙普以半部《論語》治天下，這就是精讀書，不是多讀書。」

劉小德瞅瞅重八，不屑地說：「你讀過幾本書，懂什麼精讀、多讀？快把箱子卸下來！」

劉英阻止說：「你卸下箱子怎麼去考試？要是讓二叔知道了準會打你。」

劉小德不服氣地擰擰脖子，嘟囔幾句，依然不肯趕路。

三人正在說話，猛然從林子裡飛出群鳥，五顏六色的羽毛，十分漂亮，在不遠處的樹枝間來回跳躍。劉小德眼睛一亮，指著鳥群說：「哎呀，真好看。」說著，從袖筒裡掏出彈弓就要射鳥。

劉英知道劉小德貪玩成性，要不是劉德求他，他才不會帶劉小德一同進城呢！如今既已同行，就要勸他趕緊趕路，想了想對他說：「我看我們不如比一比，看誰射得準，卸不卸書就由誰說了算。」

劉小德想，劉英平日裡只知道讀書，哪有自己射得準，當即答應下來。劉英卻很聰明，轉身對重八說：「重八，你也來參加比賽，我們一起射。」

重八從小玩彈弓，射術非常精準，結果三人彎弓遠射，只有重八一下子射中飛鳥。看著群鳥受驚後哄然起飛，劉小德洩氣地扔下彈弓，朝著重八嚷道：「你射得準你也要聽我的，卸下木箱！」劉英喝止他說：「小德你不要不遵守諾言，剛才說好了誰射得準聽誰的，重八說了算！」

重八看他們各持己見，哪方都不好得罪，仔細琢磨突然有了主意，他分析說：「你倆每人都帶了不少書，我看其中大多數都是重複的，不如重新挑選挑選，只帶不同的書前往，這樣既帶足了可用的書，還節省下一頭驢子路上騎，不是兩全其美嗎？」

劉英和劉小德聽了，覺得有道理，他們經過挑選，發現不同的可用書籍還不足一箱，於是重新裝箱子，將其他的書籍留在林子裡，高高興興地上路了。

後來，劉英他們趕考歸來，恰好湯和、徐達等少年也在林子裡玩，劉小德對上次射鳥輸了不服氣，再次約定射鳥比賽。劉英給他們制訂規則說：「誰贏了就獎給誰一本書。」他想藉機感謝重八上次幫忙。

劉小德不屑地說：「我不要書，還有別的獎品嗎？」

劉英沉思半刻，指著樹上的果子說：「那就讓大夥給他採摘果子，全部歸他。」

這倒是個好玩的主意，劉小德當即同意了。

一群少年俯身在山坡下面，靜靜等候鳥兒出現。過了大半晌工夫，他們蹲得腰痠腿疼了，仍不見鳥兒出現。劉小德剛想站立起身，就聽頭頂傳來喳喳叫聲，眾少年抬頭觀望，原來是一群喜鵲倏忽飛過，落在林子裡尋覓吃食。大夥看見獵物，頓時有了精神，一個個挽好彈弓，瞄準遠射，只聽幾聲哀鳴，群雀亂飛，有兩隻被射中跳了幾下就不動了。這兩隻正是徐達和重八射中的，他們圍攏過去，撿起喜鵲慶賀。

劉英拿著兩本書走過來，遞給他們說：「這兩本書就獎給你們了。」

徐達高興地接過書本，翻動書頁看了看，大叫著說：「我就喜歡講述戰爭的書，真是太好了。」

出乎所有人意料的是，重八拒絕書本，要求採摘樹上的果子。徐達納悶地說：「重八，你不要書？為什麼？」

重八平靜地說：「因為果子可以充飢。」

劉英也大感意外，勸說重八：「我聽說你喜歡讀書，難道你會為五斗米折腰？」

重八苦笑一下，搖著頭說：「喜歡讀書有什麼用？不讀書餓不死人，可是沒有東西吃人就無法活了，你們說哪個重要？」

眾少年聽了，垂頭不語，細細思量，生活就是這樣嚴酷，容不得半點虛假和幻想，哪天不想盡辦法為食物奔忙，恐怕哪天就要遭受飢渴之災。當然，劉小德無法明白其中深意，他看著重八幾人冷冷的面容，拉著劉英說：「別跟這幫窮人一般見識，我早就聽我父親說了，他們是些永遠不知滿足的傢伙，我們應該離他們遠點。」

劉英性格寬厚，也知道窮苦人家的難處，不再追問重八，而是命令少年們上樹採摘果子。很快，果子堆了一地，重八高興地將果子按照人數分成幾份，對大夥說：「來，我們每人一份，拿回去孝敬父母。」

劉小德聽說也有自己的果子，格外開心，手捧懷抱，喜孜孜地回家去了。少年們玩耍多時，天將黑時也各自散去了。

第三節 求醫之路

尋訪神泉

朱五四的身體一年不如一年，疾病纏身，漸漸無法下田勞作，只能看看孫子，幫助妻子做點家事。窮苦人家請不起大夫，只好聽天由命。偏巧這天鄰居汪大媽打聽到一個可以醫治朱五四疾病的偏方，忙不迭地趕來告訴陳二娘。

這個偏方是什麼呢？據說城南有個神泉，喝了其中的泉水百病皆除。這倒是個可以試試的辦法，畢竟泉水不用花錢買。陳二娘決定親自去求泉水，朱重八阻攔母親說：「您身體不好，還是我去吧！」

就這樣，朱重八去劉德家請了兩天假，帶著乾糧踏上了求醫之路。

重八很快進入鍾離縣城，一路打聽找到城南，可是神泉在什麼地方呢？正當他站在橋頭大柳樹下獨自發愁的時候，遠處走來一個賣燒餅的。那人四、五十歲，粗布衣褲，滿臉灰塵，邊

走邊喊：「賣燒餅喲……賣燒餅……」重八想了想，走上前與他搭話，詢問他是否知道神泉的位置。

賣燒餅的放下擔子，打量著重八，搖頭說：「你是從哪裡來的？怎麼知道神泉的事？」

重八說是孤莊村人，為父親求神水而來。兩人正在說話，猛然從橋下衝出一條惡狗，狂叫著衝向燒餅擔子，將擔子撞翻而後狂奔遠去。賣燒餅的慌忙收拾擔子，嘴裡不停地罵著惡狗。重八聽他的意思似乎認識這條惡狗，不由得奇怪地問：「那條狗怎麼那麼大膽，敢在大路上橫衝直闖？」

「唉，」賣燒餅的嘆氣說，「你剛才不是在打聽神泉嗎？現在那條狗就守著神泉呢！要想取水，得先過牠那關。」

重八更感奇怪了，瞪大眼睛問：「神泉怎會有惡狗把守？這到底怎麼回事？」

賣燒餅的已經挑起擔子，指著惡狗遠去的方向說：「你隨著那條狗往前走，很快就能找到神泉了。」說著，挑著擔子就要離去。

重八忙攔住賣燒餅的，請求說：「大叔，請你先別走，我想知道神泉到底怎麼回事？惡狗把守，我怎麼才能取到水？」

賣燒餅的見重八誠懇，人又年少，不忍心看他前去受苦，再次放下擔子，嘆氣說：「實話跟你說吧！我家本來就住在城南神泉附近，自從神泉顯靈，泉水能夠治病，前去求神水的人特別多。這件事傳開後，有個叫劉大奎的無賴覺得有利可圖，就把神泉據為己有，凡是去取水的人都要向他交錢。為了防止有人不肯交錢，偷偷去取水，他還專門養了幾條惡狗，守護著神泉。」

竟有這樣的事情！重八詫異之外帶著氣憤，望著惡狗遠去的方向重重地說：「太可惡了！應該想辦法除去惡狗，讓大家都能取用神水。」

賣燒餅的一副無可奈何的樣子說：「能有什麼辦法？官府不管，劉大奎會些功夫，會耍手段，我們老百姓赤手空拳能拿他怎麼辦？」

重八既有膽量，又不乏智謀，聽說劉大奎會武功，知道他不好對付，想了想說：「大叔，請您指點神泉的具體位置，我去了自有辦法對付劉大奎。」

賣燒餅的看他意志堅決，隨即答應下來，帶著他一路叫賣，趕往神泉。路上，重八瞭解了劉大奎的大致情況，知道他是太平鄉人，父母早亡，孤苦無依，生來力大無窮，靠著為地主家做苦力謀生，後來，也不知道受到什麼人指點，竟然學會武功，遊走濠州城內外，成為當地一霸。

他們邊說邊走，走了大約二里路程，來到一座小山腳下。山雖不高，卻樹木蔥鬱，透出靈秀之氣，好似天地間一塊美玉。重八腦中思索著如何取得神水，無心觀賞美景，聽說神泉就在山腳下，不由得放慢腳步，對著小山出神。賣燒餅的只顧走路，發現重八落在身後老遠，以為他害怕了，對著他大喊：「怎麼，害怕了？要是害怕了就趕緊回去吧！讓你家大人帶著錢來取神水。」

重八這才回過神來，笑笑說：「怕什麼？神水就在眼前，我正在思考著如何取神水呢！怎麼會臨陣退縮?!」說著，大步追上賣燒餅的，順著他指引的方向朝神泉走去。

重八在山路上七拐八拐，四周靜悄悄的，不見人影，只見山色秀美，清泉潺潺，林木掩映間，飛鳥鳴唱，昆蟲低吟，果真是一處神仙境地。他正走著，忽然，前面傳來群狗狂吠聲，重八閃身躲到大樹後，小心地朝前觀望著，不遠處有座茅草棚，棚周邊有著幾隻體型高大的惡狗。看來，那裡就是神泉所在地了。

智取神水

重八在樹後觀望多時，直到狗叫聲停了，才悄悄走出來。他取出攜帶的彈弓，朝遠處射出一顆較大的石子，石子打落樹叢發出嘩啦啦聲響。頓時，幾隻惡狗爭先恐後朝著聲響處奔去，好像爭奪什麼美味一般。重八趁機疾步趕往茅草棚。

這時，棚內走出一位肩寬腰圓、面露兇相的壯漢，正是劉大奎，他打著哈欠，揉著惺忪的睡眼，看見跑過來個十四、五歲少年，大聲喝道：「喂，你是幹什麼的？是你招惹我的狗亂叫嗎？」

重八並不接話，三兩步來到劉大奎面前，施禮說：「我是太平鄉孤莊村人，名叫朱重八，聽說劉大俠武功高強，力大無比，特來此地求教。」這是重八在路上想好的計策，他猜測劉大奎也是太平鄉人，流落在外肯定思念家鄉，所以先報上名號住處，爭取他的認同。再者，劉大奎以武功自負，如果冒然提出取水，他肯定不會同意，不如先誇誇他的功夫，讓他消除戒備心理。看來，重八年紀不大，卻很有謀略。

果然，劉大奎聽了重八這番說詞，神色緩和許多，他打量重八，見這個少年體格高大，卻十分削瘦，腦門外凸，臉型瘦長，一雙大眼睛卻熠熠放光，給人過目難忘的印象，不由得哈哈大笑著說：「求教武功，好啊，你也練過功夫？露兩手我看看。」

重八並不答話，抄起一根木棍左衝右打，虎虎生風。這正是他自己在山林裡琢磨出的功夫。雖然缺少章法，卻很有力量和氣勢。劉大奎越看越奇怪，不知道他練的哪路武功，於是問道：「你練的這是什麼功夫？」

重八據實回答：「實不相瞞，這是我自己琢磨出來的。我從小十分想學功夫，可是家境貧寒，父母年齡大了，身體有病，沒有時間和精力學習。最近，聽鄉人說你武功厲害，很是佩服。」

劉大奎從小到大都是流氓無賴，從來沒有人正視過他，現在他佔據神泉，雖然多有人來相求，也都是因為畏懼他，從未有人誇讚過他，如今聽了重八的誇獎，得意萬分，再看重八身手矯健，頭腦靈活，更加看重，不由得與他閒聊起來。

經過交談，劉大奎瞭解到重八的情況，聽說他也在為地主工作，請假前來為父親求神水，當即痛快地說：「這裡我說了算，你只管去取神水。」

重八喜出望外，跟隨劉大奎來到神泉旁，看到泉水清澈見底，四周的青苔斑駁零落，偶爾撒落的陽光映照泉水，波光粼粼，好似無瑕璧玉，真是一眼神奇的泉水。他掏出攜帶的陶罐灌得滿滿的，一再感謝劉大奎。劉大奎滿不在乎地拍著重八的肩膀說：「沒什麼，你送回神水以後再回來，我們一塊練武。」

重八點頭答應，抱著神水回家。劉大奎親自把他送出山林，依依不捨看他遠去。

再說重八，抱著神水喜孜孜踏上歸程，來到與賣燒餅的分手的地方時，卻見賣燒餅的正站在那裡張望。賣燒餅的見到重八，立即眉開眼笑，迎上去說：「哎呀，你可回來了，我還擔心你遇到危險了呢！」

重八開心地說：「沒有危險，劉大奎很仗義，讓我取了滿滿一罐神水，還答應教我武功。」

賣燒餅的大吃一驚，不明白這是怎麼回事。他看著重八懷裡的神水搖著頭說：「真是奇怪，難道劉大奎變好了，不欺負人了？」

重八一心趕路，顧不得與賣燒餅的多交談，正要辭行，卻見遠處跑來個七、八歲小孩，懷抱陶罐，邊跑邊喊：「父親，家裡的神水沒了，母親又發病了，您快快去求神水。」原來，這個小孩是賣燒餅的兒子，他前來催促父親去求神水為母親治病。

賣燒餅的接過陶罐，滿臉愁苦地說：「幾天就要一罐神水，哪裡還有錢！」他妻子得了怪病，經常昏迷不醒，每次服用神水就會好轉，可是求神水要花錢，他家以賣燒餅為生，收入微薄，哪有那麼多錢去求神水。他兒子搖著他的手說：「父親，您快點去吧！去晚了母親就危險了。」

眼見這對父子深陷困境，重八心裡很是難過，他想了想把自己的神水遞過去說：「你先拿回去救人吧！」

賣燒餅的忙推辭說：「我不能要你的神水。你家裡也有病人，快拿回去治病吧！」

重八堅持把神水送給賣燒餅的，並且拿過小孩手裡的陶罐說：「你放心，我有辦法再取神水，也讓大家都能自由地取用神水。」說完，頭也不回重返神泉。

劉大奎見重八去而復返，不解地詢問原因。重八毫不隱瞞，告訴他自己把神水送人了，而且勸說劉大奎：「神水可以治病救人，老百姓們奉為神靈，你要是長期佔據此泉，靠此為生，恐怕不是長久之計。」

劉大奎忙問：「為什麼？」

重八義正嚴詞地說：「老百姓深受壓迫，生活艱難，請不起大夫的人大有人在。要是大家都來取用神水，你執意與他們對抗，俗話說『雙拳難敵四掌』，你不是惹起眾怒嗎？再說了，你我都是貧苦出身，你這樣做與欺壓我們的官吏有什麼區別？難道你忍心看著窮苦人再次受煎熬？」

劉大奎聽罷默然不語，腦海裡浮現著自己從小到大所受到的種種苦難：父母因為繳不出稅租被責打致死；自己為地主工作卻要忍飢挨餓；生病請不起大夫差點喪命……凡此種種，想起來真是讓人欲哭無淚。過了很長時間，他終於抬頭盯著重八說：「你說的有道理，我不能據此欺壓百姓了，我身強體壯，又有武功，我要走出去開創事業，不能做這種偷雞摸狗的生意了。」說完，他回身撿起根木棍，朝著草棚子砸下去，只聽轟隆一聲，茅草棚子倒塌在地。

重八見他做事如此痛快，高興地說：「大哥真是俠義之人！」

隨後，劉大奎收拾簡單的行囊，陪著重八一起返回太平鄉，在老家住了段時間，就跟隨自己的親戚外出做生意去了。後來，他參加驢牌寨的義軍，積極反抗元朝壓迫，遭到元軍猛烈攻擊，情勢十分危急。那時，朱重八已經是郭子興手下將領，他聽說後，親去驢牌寨說服這支部隊，得到劉大奎大力幫助，順利地將驢牌寨三千兵馬收歸重八手下。這支兵馬經過訓練後，成為重八手中掌握的第一支兵力，是他日後迅速擴大勢力、脫穎而出的基礎力量。

第八章

天降大禍　家破人亡苦度日

苦難像魔鬼一樣糾纏著重八，吞噬著他的心靈，缽盂進河的傳說不幸成真，一場浩劫過後，他父母雙亡，長兄幼侄離世，家破人亡，面臨絕境。

悲苦沒有擊倒重八，赤貧之家，身無寸土，他卻不忍心看到親人拋屍荒野，成為孤魂野鬼。絞盡腦汁想辦法安葬親人，他會想出什麼辦法？親人能不能得到安葬？

第一節 災難逼近

缽盂進河

世事艱難，苦苦度日，朱重八就這樣度過少年時光。雖然充滿艱辛，由於父母疼愛，兄弟關懷，生活還是相當平穩，使得他能夠正常地成長著。隨著一天天長大，這個貧寒農家的孩子越發有自己的主張，有勇有謀，敢作敢為，心中時時燃燒著說不清楚的火焰，讓他十分渴望突破現在的困境。但是他太年少了，除了聽從父母的安排出力工作，似乎沒有別的出路，好在朋友眾多，湯和、徐達等人天天與他相約玩耍，這種成長歲月中的苦悶也就沖淡不少。

重八已經十四歲了，昔日活潑好動、能言善辯的個性悄悄發生著變化，高高壯壯的個頭使他看起來比實際年齡更成熟，喜歡思索的個性也讓他變得更加沉穩。儘管如此，重八心底深處的東西依舊未曾改變，他依然不願在田間勞作，依然喜歡與朋友相聚，探討古往今來那些振聾發聵的戰爭和人物，時時流連在歷史長河之中；他還喜歡關注時事，瞭解時下的風雲變化。好在重八有一份看護山林的工作，這為他提供了方便，他可以長時間獨自仰臥林間苦思冥想，也可以約朋友相聚山林暢談古今，而不用天天下田勞作，也不必在做不完的苦累工作中消磨那顆充滿幻想的雄心。

當然，重八也不得不面對苦難的生活，而且漸漸地承擔著更多的家庭工作，比如挑水挑柴、幫助收拾莊稼、照顧侄子，凡此種種，都是他日常生活中不可缺少的內容。

這天，重八到河邊挑水，發現河裡漂著樣東西，他撿起石頭扔過去，正好打在那件物體上，只聽吱呀叫了聲。重八心生奇怪，提起褲管下河去打探，原來是個寺廟裡常用的缽盂。這就怪了，廟裡的東西怎麼會在河裡？而且還發出叫聲？重八滿腹疑惑地拿起缽盂，想了想揣到了懷裡，然後挑了兩半桶水，準備轉身回家。這時從河上遊走來一個老和尚，穿著破舊僧衣，滿臉灰塵，步履沉重。重八覺得老和尚很面熟，略一思索記起來了，這不是濠州城內救過自己和鄧廣的老和尚嗎？於是忙上前施禮問候。

老和尚也不客氣，指著重八胸前說：「你剛才把什麼揣到懷裡去了？」

重八掏出缽盂說：「是個缽盂，不知道怎麼會在河裡？」他說完，似乎想起什麼，把缽盂遞給老和尚接著說：「老師父是佛門中人，還是把它給你吧！」

老和尚接過缽盂，臉色忽喜忽憂，似有萬千心事在心頭，過了好一會兒才說：「缽盂進河，世遭災厄；誰人撿到，難脫一劫。」

聽了這幾句話，重八半似明白半是不解，隱約覺得自己撿到缽盂是件不祥的事情，隨問道：「老師父，是不是重八做錯了，不該撿起缽盂？缽盂會帶來什麼厄運？」

老和尚搖著頭沒有回答，他在思索這件事情的前後經過。他法名慧淨，所在寺廟最近遭到官府徵用，他雖然只是個伙頭僧，生性卻很剛強，向來痛恨元官兵，不肯為官府所用，打算離寺出走，雲遊四方。臨行前，他師父告訴他可以去於覺寺繼續做和尚。慧淨覺得有道理，就帶著缽盂拜別寺廟裡的諸位師兄師弟，並且在佛祖前叩頭辭行。叩頭完畢，他看見身前落滿香灰的地上出現幾行字，「缽盂進河，世遭災厄；誰人撿到，難脫一劫」。慧淨十分奇怪，不解其中深意，只好帶著缽盂上路。

慧淨邊走邊思索那幾句話，一路上小心地保護著缽盂，結果，當他路過太平鄉的小河後，準備拿出缽盂化頓齋飯時，突然發現缽盂不見了。慧淨詫異非常，急忙返回去順著河水尋找，這不，恰好遇到重八撿起缽盂。

想起這些事情，慧淨口誦佛號，看著重八說：「老僧前去於覺寺，沒想到所帶缽盂掉進河裡，正好應了臨行前佛祖所示，看來災厄就要發生了。悲哉悲哉。」

重八緊張地問：「老師父，會發生什麼災難？」

慧淨搖著頭說：「老僧也不知道。」說完，接過缽盂就要離去。

重八跟在慧淨身後，想了想說：「老師父，我經常去於覺寺，不如我帶你去吧！」他很機靈，又很認真，對於剛才發生的事情十分不解，打算探個究竟，所以這麼說。

慧淨並不知道於覺寺的確切位置，打算一路尋訪而去，現在重八自告奮勇，他喜歡這個聰穎膽大的孩子，也就答應下來。

在路上，重八瞭解到缽盂進河的神奇傳說，心想，如今百姓生活夠辛苦的了，還會發生什麼災難呢？難道要天下大亂？想到這裡，他不由得心跳加速，覺得自己的想法有些可怕。而且，誰撿到缽盂誰會遭劫，這不是說自己面臨危險嗎？這可如何是好？他忐忑不安地帶著慧淨趕赴於覺寺後，望著廟內形形色色的菩薩，默默唸叨著：各路神仙菩薩保佑，一定要保護朱重八度過難關。

三哥倒插門

重八撿到缽盂，聽說天下就要遭受大難，自己也難逃一劫，心情十分鬱悶。他快快地回歸家中，懶懶的什麼事也不想做。三哥朱重七見他天天無精打采，訓斥他說：「又想什麼呢？不好好工作，我看你越大越不像話了！」

重八頂撞說：「你就知道工作！工作！天下要發生大事了！」

重七惱恨地說：「大事，大事，你吃大事去吧！早晚餓死你！」

聽著他們爭吵，朱五四夫婦過來制止他們。朱重八就把挑水時撿到缽盂、老和尚預言天下遭難的事說了一遍。朱五四夫婦很驚訝，拉著重八問：「你去於覺寺了？那裡的和尚怎麼說？哎呀，天下大難，恐怕又要發生天災人禍了，到時候不知道多少人遭殃。」看來，他們經歷頗多，深知災難的嚴重，比起重八來更加畏懼災禍。

朱重七不滿地說：「有什麼大驚小怪的，今年風調雨順，田裡莊稼收成好，怎麼會發生災禍？別聽重八瞎說，我看他是不想工作，才找這麼多理由。」

重八見三哥冤枉自己，生氣地說：「這是真的，不信我去於覺寺找慧淨師父問問。」

朱五四早就心煩意亂，大聲喝止兩個兒子，給他們每人一根扁擔，叫他們上山挑柴。兄弟倆這才停下爭吵，互不服氣地離家走了。

此時是深秋時節，山坡林間滿是落葉枯枝。重八做事很會動腦子，他知道這個時節柴草都被颳到了背風處，於是專門尋找低窪處、背風處，很快就積了一挑柴草。重七雖然喜歡工作，可是做事笨拙，不愛思索，在草間樹下尋覓多時，才湊了不多柴草。重八看見三哥還在苦苦尋找柴草，就把自己的柴草讓給他，讓他先挑著回家。重七有些不好意思，吶吶地說：「還是湊夠兩擔再回去。」重八說：「好吧！你看我的。」說著，他朝著空中大聲喊道：「大旋風，小旋風，都來幫我颳柴禾。」喊完了，他拉著三哥跑到低窪處，指著滿地柴草說：「瞧見了吧！旋風幫忙颳來了這麼多柴草。」

重七知道重八愛玩能鬧，鬼點子多，也不理他，慌忙忙又摟又扒，將柴草歸攏起來，挑擔回家。他們進家時，看見父母正和一位四十多歲的女人說話。家裡很少來客人，重八見到來人有些眼生，剛想往外躲，就見那位女人指著重七、重八說：「就是這兩個孩子吧？唉呀呀，個頭不矮，也很壯實，好好。你們放心吧！這件事包在我身上。」朱五四夫婦連聲感謝著，解釋說：「不是，還有個比他們大的老二呢！」

重八奇怪地聽著他們說話，心想，家裡出什麼事了？還是我和三哥招惹麻煩了，怎麼還要這個女人幫忙？他疑惑間，被三哥拉出房間，悄聲說：「這是李莊的李媒婆，大概是來給二哥說親。」

重八這才釋然，毫不在意地說：「原來是這樣，這件事與我無關。」

「怎麼與你無關？」重七說，「你過幾年不娶媳婦嗎？李媒婆可神了，我們四里八村的人誰不靠她說親？我看這次父母又花費不少才請得動她。當初……」他剛要說當初他大哥就是靠她說妥的親事，重八卻很不以為意地打斷他的話說：「男子漢頂天立地，應該以創立事業為重，我才不會沉迷於這些兒女瑣事！」說完轉身出去了。重七看著他遠去的背影，氣憤地說：「哼，就知道說些大話！」

果如重七所料，這次李媒婆登門，正是朱五四夫婦請來為兒子說親的。老二重六已經二十歲了，早就到了說親的年齡，因為家裡一再遭受變故，也就一拖再拖。陳二娘心氣極強，眼見兒子們一個個長大成人，不肯落於人後，憑著勒緊腰帶積攢下的微薄積蓄，再次請李媒婆為自己的兒子說親。

不久，親事傳來消息，孤莊村北面十里的趙莊有戶人家，家裡只有一個十六、七歲的姑娘，願意與朱家聯姻。不過人家有個條件，就是讓朱重六去他家落戶，做個倒插門女婿。這件事情立刻在全家引起強烈反應，入贅在當時是非常受人歧視的事，一般人家不肯讓兒子去他人家落戶。朱五四夫婦很為難，他們當然不願意兒子到他人家去，更覺得丟不起這人，可是現實生活就是這麼殘酷，自己家境貧寒，缺衣少食，連間像樣的房子都沒有，就是姑娘同意嫁過來，也不好安置住處。因此，李媒婆軟硬兼施地說：「趙家就一個女兒，還不是看中你家男孩子多，想著你們願意送出去一個兒子，才同意這門親事。我可告訴你們，人家家裡有田有地，條件好著呢！你們要是錯過這個村，可沒這個店了。」

在這種情況下，朱五四夫婦打算忍下羞辱，同意這門親事。偏有不巧，老二朱重六突然病倒了，臥病好幾天都沒有下床。重六從小身體單薄，經常鬧些毛病，這次生病可給父母提了個醒，他們商量說：「趙家指望招個女婿工作，重六從小身體不好，要是真的去了，時間一久，就他自己操勞田間，沒有兄弟姐妹幫忙，還不累垮了？」父母心疼兒子，考慮得可謂長遠。於是他們找來李媒婆打算退掉這門親事。

可是此事沒有難倒李媒婆，她早就收下了朱趙兩家的錢財，哪能再退回去？眼珠一轉，計上心頭，對朱五四夫婦說：「你們不是有好幾個兒子嗎？老二不行，老三怎麼樣？你瞧瞧你們家，要吃沒得吃，要穿沒得穿，窮困潦倒的，不抓住時機為兒子們想條出路，還想讓他們永遠留在身邊受窮？真是的，我作媒這麼多年，就沒見過你們這樣的父母，到手的富貴不要，卻要讓兒子吃苦受罪！」

在她連哄帶勸之下，朱五四夫婦再也沒有理由拒絕這門親事，答應讓朱重七去趙家倒插門，此事終於說妥。

隔年的春天，趙家等著新女婿上門勞作，朱重七也就辭別家人，落戶到趙家。重八從小與三哥在一起，兩人雖性格不同，但是同勞作共玩耍，拌嘴吵架，度過了十幾年充滿生氣的快樂時光，兄弟情深，如今，三哥遠去他鄉，他心裡十分不是滋味。特別是想起三哥這一走，就成為趙家的人了，日後恐怕兄弟情分都要淡漠，甚至彼此疏遠，真是讓他百感交集，淚水不由得嘩啦啦流下來。他心裡知道，三哥被迫入贅，就是因為家裡太窮了。在他內心深處，對於苦難和貧窮的理解更加深刻了。

第二節 天災人禍

大旱之年

三哥倒插門一事，讓重八心情沉重，許多天都悶悶不樂，很少說話，在家裡忙前忙後，不肯外出與朋友玩耍。現在，家裡就剩下他和大哥、二哥三個勞力，父母年紀大了，大嫂還要照顧兩個年幼的兒子，生活變得更加吃緊。好在大哥又能幹又有心，裡裡外外操持得井井有條，讓這個貧窮之家平穩地度過每個時日，也讓重八依舊充滿著希冀。在忙碌的勞作之中，他漸漸忘了缽盂進河的事，覺得時光就要這樣流逝而去，說不定哪天媒婆也要進門為自己說親了。

但老天偏偏不肯放過朱重八，要給這個在苦難中長大的孩子更加沉重的打擊。西元1343年，從夏天開始，淮河兩岸遭遇多年未遇的大旱，接連幾個月滴水未下，眼看田裡的莊稼一天天乾枯，辛勤的勞作就要化成泡影，農人們哭天喊地，祈求老天爺普降甘霖救助百姓。可是老天似乎睡著了，對於成千上萬百姓的哭喊視若無睹、不聞不問，終日放任毒辣的太陽肆虐天下，恨不能將萬里江山炙烤而乾方才甘心。於覺寺早就設好了祭壇，前去求雨的人絡繹不絕。重八已經不下十次陪同母親和大嫂前往了。次次滿懷希望而去，次次都以失望告終。在於覺寺，重八見到慧淨和尚，想起缽盂進河之事，唏噓著說：「老師父，缽盂進河，原來預示著今年大旱。」慧淨唸著佛號說：「對啊！天災人禍！天災人禍！」多年來，由於元朝廷忽視農業生產，各地水利工程疏於修繕，一旦遇到旱澇災情，很難即時採取措施加以防範和疏導，給農業生產和百姓生活造成極大損害。

旱災面前，農人們既然無法依靠官府和神仙，就只有自己解決了，他們肩挑車推，運水澆地、補種，盡力彌補損失，希望莊稼能夠有所收穫，保住家人生活所需。

經過半年艱苦作戰，秋收時，田裡稀疏的莊稼依然讓農人們備感心痛。好歹收穫完畢，家家戶戶繳完稅租，所剩無幾，糧食幾乎蓋不住缸底。以往秋收是農人最快樂的時刻，也是他們可以放心吃頓飽飯的日子。今年不同了，他們不但不敢放開肚子吃飯，還要繼續思謀著如何獲取食物，以求度過嚴寒的冬日。

自從三哥走後，重八辭去護林工作，成為家裡主要勞力，今年是他第一次正式參加勞作，挑水耕種，與旱災抗爭，日日泡在田裡，曬得黝黑粗壯。儘管他們兄弟想盡辦法、出盡力氣，等到秋收結束，與田主劉德家一算帳，收穫的糧食還不夠繳稅租。朱五四再次登門相求，希望劉德貸給他家糧食，讓全家人度過今年冬天，明年豐收了再還給他。

劉德喜歡做這種買賣，他靠著借貸糧食，每年盈利不少。今年貸出去一石，明年就變成兩石，輕鬆省事，何樂不為。可是今年年景不好，前來租借的人太多了，就連他也有點照應不過來，天天坐在家裡算計來算計去，想著到底怎麼做才合適。所以，面對朱五四前來租借糧食，劉德沒有像以往那樣痛快地答應，而是告訴他過幾天等消息。

愁雲籠罩著朱家，全家人都擔心租借不到糧食，不知道今年冬天如何度過去。朱重八顯然成熟了許多，他默默地做著工作，思忖著何以度日。年僅十五歲的他，承受著如何生存下去的重壓，這種重壓逼迫他不再歡笑、不再開心，為了活命而活命。有時候，重八會帶著侄子去村頭採摘野菜野果，跑到山林裡掏鳥蛋，還會用彈弓射飛鳥，總之，他們需要一切可以裹腹之物，需要預備許多食物來度過寒冬。

這天，朱五四打算再次去劉德家碰碰運氣，他臉上愁眉不展，心情沉重，對能否租借到糧食沒有把握。突然，重八從外面走進來，手裡托著個樹葉包裹，遞給父親平靜地說：「這是我這些天掏的鳥蛋，還有些好吃的野果子，劉小德喜歡，送給他說不定就能租借到糧食。」

朱五四顫抖著雙手接過包裹，眼中已是淚光閃爍，哽咽著說不出話來。陳二娘高興地走過來，撫摸著包裹說：「還是重八有心，比我們想的周全。重四，我看你還是陪父親一起去吧！也好有個照應。」朱五四已是六十二歲的人了，奔波勞苦一輩子，苦難的日子早已耗損掉了他的精氣神，他看起來就像深秋枝頭上的最後一片樹葉，隨風搖曳，飄忽不定，隨時隨地都有掉落下來、回歸大地的可能。

朱重四答應著，與父親一同趕往劉德家。望著他們遠去的身影，陳二娘唸著佛說：「大慈大悲的觀音菩薩，請祢一定要保佑他們借到糧食。」這時，重四的兩個兒子跑過來，看見奶奶神情專注地嘀咕什麼，好奇地問重八：「叔叔，奶奶在做什麼？是不是要去寺裡燒香？」重八拉過兩個侄子，強忍住淚水說：「奶奶在求神仙保佑我們家，讓我們家有吃不完的糧食，你們高興嗎？」

「真的？太好了。」兩個孩子又蹦又跳，似乎家裡果真擁有吃不完的糧食，他們再也不用為一日三餐憂愁了。小一點的孩子還天真地說：「叔叔，我們有糧食吃了，就成大將軍了，對吧？」重八經常給他們講故事，其中不乏古往今來大將軍的事蹟，兩個孩子十分著迷。這個問話的孩子就是日後的朱文正，重八參加義軍後，大嫂帶著文正前去投奔，重八見到親人格外激動，為侄子取名，並且親自教導他，視如己出，將其培養成為將帥之才，在明朝開國戰爭中立下赫赫戰功。

重八聽到侄子的問話，覺得十分好玩，笑著說：「有糧食就成為大將軍？也對，沒有糧食，兵士們吃不飽飯，部隊自然無法打勝仗，這樣的大將

朱文正像

軍就不稱職。哈哈。」他的侄子聽了，似懂非懂地跟著大笑。其實，在他幼小的心靈裡，不過把兩件最為重要的事情聯繫在一起罷了，哪有重八考慮得那麼理智。

再說朱五四父子，帶著禮物前去求糧，果然贏得劉德父子好感，誇讚他們會辦事，當即答應先租借給他家糧食。朱五四父子感恩戴德，興沖沖趕回家中報喜。

瘟疫流行

聽說能夠租借到糧食，朱家老老少少非常激動，他們盤算著捱過冬天，明年春天年景好轉，風調雨順，全家苦力勞作，莊稼豐收之後，災難也就迎刃而解。可是事情哪有他們想的那麼簡單，災難像魔鬼一樣死死糾纏著老百姓，當然也不會放過他們家。元順帝至正四年，也就是西元1344年，更大的災難降臨，最終將朱重八全家逼上絕路。

當然，被逼上絕路的不只重八一家，淮河兩岸的百姓們都沒有脫離這場巨大的災禍。本來他們苦熬時日，憑藉著上一年微薄的收入勉強度過寒冬，可是隔年的春天，旱情依舊沒有緩解，此時，大多數人家的糧食早已吃光，而乾枯的土地沒有給他們帶來絲毫希望。歷年這個時候都是農民最難熬的日子，青黃不接，無以裹腹，今年的情況更是困難，許多人家開始四處刨食野菜根，到小河溝捕捉魚蝦，採摘可以食用的樹葉、樹皮，總之，想盡一切辦法艱難生存下去。

重八家的情況也好不到哪裡去。他母親和大嫂加入到採集菜根樹葉的行列，經常提著籃子外出尋覓可以食用的物品；他們兄弟三人呢？一面想辦法填充肚子，一面肩扛手提運水，日夜與乾旱搏鬥，在乾枯的大地上耕種勞作，希求禾苗能夠成長結穗，終結這場災難。

可是，福無雙至，禍不單行，就在淮河人們苦苦與乾旱抗爭的時候，更大的災難鋪天蓋地而來。三月份，田裡的禾苗剛剛發芽，滿山遍地飛來成群的蝗蟲，眨眼間就將農人們辛苦耕種的莊稼蠶食殆盡，寸草不留。那些可以幫助百姓苦度時日的野菜樹木頃刻間變成光禿禿一片。放眼淮河兩岸，昔日沃野良田，肥碩膏腴之地，竟成了赤野之鄉，草木不生，百姓流離，無以為生。

很快，遠近村子不斷傳出餓死人的消息，使得飢謹困苦中的人們更覺恐慌。這時，黃河決口，河水蔓延，淹沒大片土地，河水橫行肆虐，像脫韁野馬一樣踐踏著村廓城鎮，一直流進淮河流域，導致淮水失控，瘟疫流行。

人們活不下去了，外出逃命的大有人在，昨日那家扶老攜幼走了，今天這家埋葬完死去的親人後，也匆匆遠走他鄉，尋求活命。死亡面前，人人擔心，家家害怕，朱重八全家人提心吊膽，不知道該如何度過災荒。

瘟疫流行不久，朱五四就病倒了，這位為了生存苦苦掙扎一生的老人將要走向生命的盡頭，他太累了、太苦了，辛苦了一輩子，他沒有活下去的勇氣，也失去了活下去的信心，他靜靜地躺在草鋪上，閉著雙眼，既不說話也不吃喝，乾癟枯瘦的身體就像燃盡的油燈，微微閃爍的燈火隨時都會熄滅。朱重八跪在父親身邊，端著母親好不容易熬好的稀菜根粥，希望父親能夠喝幾口。但是朱五四一直不肯張嘴，搖搖頭示意重八離去。自從他病倒後，就多次囑咐兒子們不要靠近自己，免得傳染瘟疫，他還讓大兒子朱重四帶著全家人趕緊離去，躲避這場災難。父愛如山，朱五四這位平凡農民身上，同樣映射出這樣動人的光芒，他費盡心血養育子女，臨終前還要為他們做最後的打算，真是令人唏噓嘆息。

可是，朱重四兄弟沒有拋下病重的父親離去，他們極盡可能地照顧他，希求他能夠好轉。朱五四擔心連累家人，竟然倔強地再也不張嘴吃東西，本來他已經長時間忍受飢餓了，如今滴水不進，死亡之神馬上向他伸出雙手。陳二娘知道丈夫的脾氣，也知道他的病不可能好轉，看著兒孫們，擦著眼淚說：「你們走吧！家裡活不下去了，你們帶上家裡能用的東西逃命吧！我留下來照顧你們父親。」她準備與丈夫死在一起，免得拖累兒孫。

話說到此，朱重四有些動搖，他不忍心看著兩個兒子活活餓死，可是拋下父母遠走，對他來說也很難做到。就在他左右為難之時，死亡之神卻已悄悄伸出魔手，這位三十歲的壯年漢子染上瘟疫，病倒不起。家裡的支柱轟然倒地，外出逃命的計畫就此擱置，重八和二哥日夜外出尋覓，渴望找到一點可以裹腹之物，為家人充飢。可是，此時的太平鄉境內，樹皮草根也已經不見蹤跡了！他們只好走很遠路程尋找食物，隨著飢餓日甚，漸漸地，他們也無力走動，只好靠在門前屋後苦捱時日。

這天，已是四月天氣，空中始終灰濛濛的，太陽掛在天邊，慘澹無光，似乎老天爺也不願睜眼看著這麼多百姓飽受疾苦，無辜離世，而故意裝出一副似睡非睡之態。重八和二哥半躺在門前，他們聽說朝廷發下賑災糧食，很快就要到達濠州境內，心中燃起希望之火，一心一意等著官吏們前來發放賑災糧物。

第三節 家破人亡

痛失四位親人

天災人禍奪去諸多百姓性命，千里沃野堆積，餓殍無數，這件大事當然引起朝廷關注，賑災防病成為當務之急。可是此時元朝廷內部抗爭十分激烈，元順帝剷除伯顏後，重用脫脫，朝政趨於穩定，他開始放手剷除異己，鞏固自己的勢力。前面說過，元順帝登基經歷了許多波折，可謂如履薄冰登上帝位。當時，由於文宗皇后一再堅持，權臣燕帖木兒才被迫迎回順帝，不過，順帝繼位時就被迫傳下詔書，立文宗的兒子為太子，就是說他死後皇位將傳到文宗兒子手裡。本來，這件事情也算是折衷，照顧到了雙方，可是現在隨著時政

元順帝像

變化，順帝漸漸掌控大局，對於當初的約定自然不肯履行，於是，他將文宗皇后母子驅逐出宮，立自己的兒子為太子。這件事在朝廷上引起轟動，就連丞相脫脫也深感不妥，幾次提醒順帝不要忘恩負義，但順帝一意孤行，誰的意見也聽不進去，從此，對脫脫的好感也大大降低。

左丞相博爾濟布哈與脫脫不和，見他失去寵信，趁機採取報復措施，在順帝面前大肆攻擊脫脫的父親滿濟勒葛台，以此間接打擊脫脫。順帝果然聽信饞言，下旨放逐滿濟勒葛台去西寧邊陲。忠心耿耿的滿濟勒葛台遭此厄運，朝臣無不震驚。脫脫得知自己失去信任，主動辭去職務，陪伴年老多病的父親去西寧。這一去，父親死在路上，脫脫也從至尊之位引退下來。

淮河災禍之年，脫脫沒有權力參與賑災防病之事，因為他自己正遭受厄運打擊。儘管如此，元朝廷也不敢見死不救，得到災禍消息的元順帝下詔賑災，但他不會想到，賑災物品被一路盤剝，到百姓手中時就只剩下麥皮穀殼了。物品首先撥到各路（元朝地方行政單位），地方長官們不會不留，隨後是各州、縣，官員們誰也不肯錯過貪污的機會，一層一層下來，到老百姓手中所剩無幾，但是地方上的各級官員們卻要粉飾太平，爭先恐後上書向皇帝表示感謝，感謝皇恩浩蕩，救濟黎民，盛讚皇帝此舉與堯、舜、禹當政無異！受到誇讚的順帝十分得意，深感自己做了大好事，是位賢君明主，定將名垂史冊，永垂不朽，著實高興歡慶一番。

賑災大事在朝廷和官吏眼中早已皆大歡喜，可是在受災百姓心裡呢？當然是極大不滿！躺在屋前苦捱時日的朱重八就是極度不滿的其中一人，他日夜企盼賑災糧食，見到手的都是些陳皮舊屑，憤怒異常，起身外出打算招呼湯和等人，去找賑災官員評理。陳二娘忙抓住他說：「重八，這就不錯了，你不要惹事，快去熬些粥飯給你父親和大哥吃。」她也病倒了，不能下田工作。

這句話提醒了重八，他忙走進廚房，生火煮飯。很快，飯香飄滿小院，濃濃鬱鬱，多少天都不曾聞到飯菜之味的家人無不歡欣喜悅，重八的兩個侄子一前一後跑過來，指著鍋裡的粥飯說：「裡邊有飯，裡邊有飯。」

重八先給他二人盛碗稀飯，然後端著飯碗去餵父親和大哥。朱五四奄奄一息，聞到飯香，突然眼睛一亮，隨後用鼻子嗅嗅飯香味，臉上竟然露出笑意，搖著頭用沙啞低微的聲音說：「我不用了，留著你們吃吧！」說完，他頭一歪，永遠地閉上了眼睛，帶著美好的願望與世長辭。

重八大驚，慌忙搖晃著父親的身體，大聲喊道：「父親，您醒醒，父親，您醒醒。」不管他怎麼搖晃，朱五四再也不會睜開眼睛，再看這個折磨他終生的世界一眼。

父親離世，全家悲痛，朱重八趴在床頭放聲大哭，哭訴這個不公平，充滿壓迫，無法生存的世界。然而，哭聲未止，災禍接二連三而至。朱五四去世的第三天，1344年四月初九，朱重四也闔上雙眼，不情願地離開人世。他的去世對朱家來說是個更沉重、更殘酷的打擊。他只有三十歲，年輕力壯、孩子幼小，全家人指望他養家糊口，這一去，孤兒寡母怎麼活？重四的母親和妻子哭得昏天暗地，死去活來，朱重八和二哥兩個年輕人，面對父兄亡故，母嫂悲痛欲絕的場景，除了陪著哭泣，毫無辦法。

親人亡故，要想辦法安葬他們，痛哭過後，重八與二哥商量此事。眼前，村裡不斷死人，天天發喪，隨著死人增多，災情加重，活著的人只剩下喘氣的力氣，所以有些人家竟連死人都抬不出去！面對這樣殘酷的現實，朱重八悽惶有加，想著怎樣將父兄安葬下田。

可是此事還沒有想出個眉目，家裡又開始死人了。朱重四的長子不足十歲，在重四死後的第三天，4月12日，追隨父祖踏上黃泉之路。看著夭折的侄子，重八心裡就像灌滿鉛水一樣，沉重、麻木，無淚哭泣，他的淚水乾了，他的心死了，他不知道明天還會有什麼更慘的事來折磨他。這時，母親陳二娘的身體也眼看著一天不如一天，親人亡故對她打擊深重，這個昔日好強能幹、辛勤持家的女子費盡心血，受盡艱難，天天企盼過上好日子，希望兒孫們有出息，可是老天無眼，在她五十八歲時普降災難，硬生生地奪去她丈夫、兒子、孫子的性命，讓她承受世間最悲慘、最痛心的打擊，讓她那顆不甘認輸的心徹底死去，讓她再也不願忍受世間折磨。

4月22日，重八半跪在母親床前，聽她訴說最後的心願。陳二娘嘴唇微微翕動，重八馬上俯身過去，把耳朵貼在母親嘴邊，只聽陳二娘斷斷續續說出幾個字：「一定要活……活下去，活……下去。」隨後，她再也沒有發出任何聲響，直到天黑方才鬆開握緊草鋪的雙手，緩慢地停止呼吸，大睜著眼睛，面容異常痛苦地辭別人世。

重八伸手輕輕地闔上母親的雙眼，握著她那雙還未冰冷的手欲哭無淚。僅僅半個月時間，父母雙亡，兄長幼侄早殤，八口之家死去四個親人，家破人亡，無以為繼。家裡只剩下重八和二哥兩個年輕人，還有大嫂和幼侄，少弱婦孺，將怎樣度過這場罕見的苦難？

葬親遇難

四位至親亡故，年少的朱重八忍受著撕心裂肺的痛苦，死亡面前，他需要變得更加堅強來面對這場災難，他不能倒下去，不能放棄生存的渴望。母親臨終前要他活下去的話，就像一團烈火，喚起這個瀕臨死亡的少年的雄心。他擦乾淚水，強撐著虛弱的身體來到街上，他要安葬自己的親人，他不能將他們曝屍荒野。

人死了，條件好的隆重舉行葬禮以示悼念，差的舉行個簡單儀式找塊地方埋掉，不管怎麼說，給死人安息之地不就得了，可是對現在的朱重八來說，就像登天一樣難。其中有兩個原因，一是他們家沒有土地，也就是說無處可以安葬親人；二是大難當前，人人難以自保，連生存下去的力氣都沒了，誰願意幫助別人家辦理喪事？當時，許多死人抬不出去發喪，有些就被扔在野外算了。可是，朱重八不願讓受了一輩子苦難的親人死後也無處容身，他要為他們謀塊地，讓他們安息。

想起來容易做起來難，重八在村裡轉了半天，看到家家戶戶門前屋後都躺著半死不活的人，一個個呻吟著，渴求幾口食物，哀憐之態令人慘不忍睹。有些稍微好一些的，在村口路邊慢慢走動，尋覓可以充飢的東西，偶爾爬過的一兩隻螞蟻都成為大家爭搶的對象，而那些最終獲勝吞食螞蟻的人，往往引來他人羨慕的眼神。重八看著看著，眼前一花，暈倒在地。人們見慣了這種場景，所以大家見他暈倒，無人上前呼喊扶住，只是在心裡發出幾聲喟嘆，想著又有一人不行了。

也不知道過了多久，重八睜開眼睛發現自己躺在家裡，身邊圍著大嫂、二哥和侄子，他們看見重八醒了，擦著眼淚說：「唉，總算醒來了，剛才有位和尚把你送回家來，說你暈倒在村口了。」

重八這才模糊地記起暈倒之前的事情，掙扎著坐起來問：「和尚呢？」

「送你回來就走了，說日後自有相見的機會，我看像是於覺寺的和尚。」大嫂說。

重八垂頭想了想，強烈的感覺送自己的和尚就是慧淨，不過他沒有說，而是嘆著氣與大嫂和二哥商量說：「我們得想辦法安葬親人，你們說怎麼辦呢？」

大嫂聽了此話，立即淚水漣漣，泣不成聲。

二哥垂頭喪氣地說：「我們家裡無地無產，到哪裡安葬他們？」

重八咬著嘴唇，似乎下了很大決心，一字一句地說：「我們租種劉德家的田地好多年了，父親和大哥在田裡忙碌了一輩子，如今遭遇大難而死，難道不能葬在那片田裡嗎？」

大嫂和二哥睜大眼睛，同時疾呼：「重八，那是劉德家的地，他會同意我們去安葬親人嗎？」

重八堅定地說：「雖說是劉德家的地，可是這些年來父親和大哥辛苦耕作，在那片田裡累彎了腰，灑乾了汗，多少辛苦和艱難才將那片土地打理得井井有條，年年收穫，上繳租稅，養活多少人？現在他們死了，怎麼不能葬在那裡？難道我們眼睜睜看他們曝屍荒野？」

大嫂和二哥聽著也有道理，想了想問：「那我們去求劉德？看他能不能同意此事？」重八點頭說：「嗯，去求劉德。」

三人經過商量，由重八和二哥前去求他，讓大嫂在家照顧孩子以及四位親人的屍體。少弱婦孺決定完畢，各自分頭做事。大嫂拖著羸弱的身軀守護家園，不足三十歲的她，喪夫喪子，無處容身，心早已傷透了，本來打算帶著幼子投奔娘家，聽重八的意思可以給親人找塊地安葬，也就暫時留下來等待安葬完親人再說。

重八和二哥走出破舊的家門，步履急促地趕往劉德家，他們在這條道路上來回走過多少次，經歷過多少喜怒哀樂，可是這次，他們的心情太沉重了，他們不知道等待自己的將是什麼命運？四位至親能否順利安葬？

第九章

借地葬親　風雨相助哭淋淋

重八沒有辦法，只好到地主家借地葬親，可是地主無情地拒絕了他。看到在田裡耕作辛勞一生的父母無處下葬，重八怒火中燒，他舉起憤怒的拳頭……

峰迴路轉，有人出手相助，借給他葬親之地。風雨突至，門板墜落，恍惚間仙人從天而降，安排了一齣天葬奇觀。

而失去四位至親的重八，依然衣食無著，前途渺茫，為了求生，兄嫂離別，留下他孤單一人，何去何從……

第一節　借地葬親

借地受辱

朱重八和二哥前去借地，打算將親人安葬在租種的劉德家的土地上。兩人穿街過巷，很快來到劉德家門前。眼前青磚砌成的門樓高大威嚴，朱紅色的大門略顯暗淡，有些地方還顯示出斑駁脫落的跡象，看起來沒有了往日的繁華氣派，只是門口兩邊的石頭獅子依舊冷冰冰、兇巴巴的，似乎在驅趕著前來求助的任何人。

重八和二哥站在門前，兩個人誰也沒有說話。這時，重六突然打個寒戰，縮縮脖子，吸著氣搓著手，腳步不由自主向後倒退。重八忙扶住二哥問：「怎麼啦？」朱重六咬咬嘴唇，低聲說：「重八，我們……我們……」他邊說邊用眼睛斜斜劉德家的大門，意思是說我們能叫開這個大門嗎？

重八明白二哥的意思，直視著緊閉的大門，停頓片刻之後堅定地說：「放心吧，我這就去叫門。」說完，他大步走上前，伸手拍門。拍門聲響亮急促，不一會兒就聽裡邊傳來問話：

「誰啊？這麼早叫門幹什麼？」

重八大聲回答：「我是朱重八，我見老爺有事。」

裡邊聽到回話，沉靜好長時間，再也沒有聲音了。重八貼著大門細聽，以為裡邊的人走了，再次大聲拍門叫喊。可是，他拍了半天，裡邊卻再也沒有傳出聲音。這可如何是好？重八心想，叫不開門就無法向劉德借地，不借地就無法安葬親人，不行，我無論如何也要叫開門面見劉德借地！想到這裡，他不顧一切大聲喊叫著：「開門，快開門！」

喊叫聲、拍門聲傳出很遠，重六站在後面又急又怕，額頭上滲出層層汗珠，他幾次試圖阻止重八，可是重八心意堅決，毫不理會。很快，附近人家聽到喊叫聲，許多人走出家門前來觀望，劉德家門前熱鬧起來，大家指指點點，議論聲此起彼伏。

躲在家裡的劉德坐不住了，一開始他聽說朱重八前來見自己，以為他來借糧食。自從災荒蔓延，向他借糧的人絡繹不絕，他向來精打細算，不肯吃虧，眼見災情不退，死的人一天天增加，他害怕借出的糧食肉包子打狗——一去不回，也就拒絕向外人借貸糧食。而且，隨著災情加重，他家的情況也日趨吃緊，糧食見少不見長，今年田裡顆粒不收的話，他家也要做些準備才能度過荒年。於是，劉德閉門不出，封鎖糧倉，斷絕與佃戶交往，任由他們餓死、病死，苦苦掙扎。所以，他聽到重八拼命喊門叫門，並不開門見他，以為不予理睬重八就會放棄喊叫離去。可是，重八不但不停止喊叫，反而招致許多人圍觀在門前，弄得自己十分被動難堪。劉德越想越氣，越氣就越沒有主意，最後跨步來到門前，隔著門板大聲喝問：「朱重八，你想幹什麼？我告訴你，災荒這麼嚴重，我家裡的糧食也不多了，你不要妄想我會借給你一粒穀子！趕緊滾蛋，不要在這裡胡攪蠻纏！」

聽到訓斥，重八並不惱怒，反而立刻向著裡面拱手施禮說：「老爺，重八今天來並不是借糧，而是有別的事情與您商量，祈求您開開門，聽重八說明此事。」

劉德愣了愣，隨後伸手打開大門，站在門檻裡邊，伸著腦袋問：「什麼事？」原來，他最怕窮苦百姓向他借糧食，聽說不是借糧，覺得好奇，也想探個究竟。

朱重八看見大門打開，忙回首拉過二哥，兄弟二人撲通一聲跪在劉德面前，哭泣著說：「我們家接連死了四口人，父母、兄長都去世了，就剩下我們兄弟以及大嫂、幼侄，我們不忍心看著親人曝屍荒野，成為孤魂野鬼，懇求老爺看在以往父兄辛勤勞作，對老爺忠心耿耿的份上，借給我們寸土片地，讓我們將親人安葬，也好讓他們早日安息。他們就是在九泉之下，也會感激老爺您的大恩大德。」說著，朱重八叩頭不止，很快，額頭上血跡斑斑。

再看劉德，似乎沒有聽明白重八的意思，跨步邁出門檻，站在臺階上來回走動。突然，他猛一回身指著重八，語氣極其惡毒地說：「好啊！朱重八，你真孝順！跑到這裡來要地。真有你的，有你的。」他說著，轉身面對圍觀的人，大聲說：「你們聽見了嗎？朱重八來跟我要地，來搶佔我的土地！真是豈有此理。我辛辛苦苦這麼多年，積攢下的土地就要白送給他人，你們說，這可能嗎？這還有天理王法嗎？」

聽他越說越離譜，重八停下叩頭，辯解說：「老爺，我們不要您的土地，只是想借塊地安葬親人。要是您肯借給我們一塊地，我們兄弟就是做牛做馬也會報答您的恩情。」

「呸！」劉德不等重八說完，向他啐道：「報答？哼，你父兄去年借貸的糧食還沒有還呢！他們死了，你們就該替他們還糧。你看看你，窮得衣不遮體，食不果腹，還在這裡吹牛說大話，我問你，你拿什麼報答我？你拿什麼還我的糧食、土地？我家裡牛羊成群，用得著你來做牛做馬，白吃白喝？我告訴你，你就是來做牛，我也不要！」

看他趾高氣揚的樣子，重八心中怒火燃燒，恨不得上前將他打倒，但是他沒有動手，他選擇了忍耐，他強忍著謾罵和羞辱，一動也不動地跪在地上，等待著命運之神將他拷打錘鍊。

出手相助

重八忍受著劉德的辱罵，與二哥一動也不動跪在地下，說什麼也不肯起身離去。劉德罵了半天，見重八兄弟依然跪在眼前，更是惱怒，回身拿起根木棍，舞動著驅趕他們。這時，圍觀者發出陣陣議論聲，大意都是抱怨劉德太過分了，不該如此對待重八兄弟。劉德哪管那麼多，揮動木棍喝斥：「滾滾滾，快點滾，不要在這裡礙事！」看來，他心意已決，不會同意借地給重八兄弟。

在地上跪了多時的重八霍然站立起身，一把奪過劉德手裡的木棍大聲說：「我父兄在田裡辛勞耕作一輩子，憑什麼死了連塊安葬的地都沒有？你說，他們耕種的土地到底能不能安葬他們？」

劉德哪會想到重八敢和自己對抗，嚇得連連後退，臉色都變了。他手扶著門框，眼珠亂轉，思索著對付重八的辦法。恰巧，劉德的大哥劉繼祖聽到吵鬧聲，也走出家門看熱鬧。他家與劉德家相鄰，所以走出門來就被劉德盯上了，平日裡劉德很少與大哥來往，認為他缺乏治家發財的能力，只會越過越窮，今天被重八所逼，當然不會顧慮太多，趕緊朝著劉繼祖招呼：「大哥，大哥，你快過來評評理。」他想讓劉繼祖幫他喊王順等人來驅逐重八。

劉繼祖瞇著眼睛看了看，漫不經心走過來，看著手握木棍、滿臉怒氣的重八疑惑地問：「怎麼啦？重八想幹什麼？」

重八向來敬重劉繼祖，感激他曾經救過自己的母親，見他親自過問此事，神色緩和許多，客氣地回答：「我家裡死了四口人，父母、兄長都去世了。可憐他們辛苦一輩子，死了連塊安葬的地都沒有，重八不忍心看著親人成為孤魂野鬼，懇求劉老爺借塊土地安葬他們。可是劉老爺不但不肯借地，還口口聲聲辱罵我們兄弟，動手打人。」

劉德大聲為自己爭辯：「古往今來，誰家借地葬親？朱重八，我看你太自以為是了，認為我好欺負，妄想霸佔我家祖業！大哥，他就是這個意思，他想搶佔我們家的產業！你趕緊去叫王順，讓他召集部分家丁過來。」當時，各地土豪列強為了自保，家裡都養著不少兵丁，以防萬一。

聽了重八和劉德雙方的話，劉繼祖明白了事情的大概，他思索著看看重八，見他破衣爛衫，蓬頭垢面，瘦弱不堪，昔日那個健壯威武、聰明機靈的少年已經淪為家破人亡、無依無靠的孤兒，明天將何以度日，生死如何，恐怕神仙也難以預料，在這種情況下，重八還能想到借地葬親，看起來非同一般少年。想著想著，劉繼祖心裡一陣悲傷，淚水在眼眶裡打轉。劉德指望劉繼祖搭救自己，卻見他被重八迷惑，著急地喊：「大哥，不能讓朱家安葬，要是他們葬在田裡，日後他們就要霸佔我家產業啦。」

劉繼祖並不理會劉德，他伸手拉起重六，哽咽著說：「我知道是怎麼回事了，你們都不要爭、不要吵啦。朱家來到孤莊村也十幾年了，朱五四樸實能幹，勤勤懇懇，與鄰里關係不錯，是個大好人。現在他家裡死了這麼多人，只剩下兩個年少的兒子，一心渴望能夠安葬親人，我看應該滿足他們的要求，不能讓他家四口人曝屍荒野。」

聽到這話，劉德急得連蹦帶跳到劉繼祖面前，沒好氣地說：「你到底要做什麼，想讓我借地？我告訴你，你別站著說話不腰疼，土地能隨便借嗎？年前朱五四父子死乞白賴上門借糧，我借給他了，現在倒好，糧食沒還，一蹬腿死了，我找誰要糧食去？這還不算，死了還要霸佔我的地盤，我跟你們說，這件事門兒都沒有！」說著，他怒氣沖沖摔門進院，再也不肯出來。

劉繼祖無奈地搖搖頭，他比誰都清楚劉德的脾氣，知道他斷然不會同意借地之事。苦笑兩下，拉著重八兄弟的手說：「你們不要著急，我有辦法幫助你們安葬雙親。」其實，他剛才說要滿足重八的要求，並非要劉德借地，而是另有打算。劉德財迷心竅，不容劉繼祖多說兩句言明想法，就迫不及待地發洩不滿，進院不出。而劉繼祖當著眾多人的面，對重八兄弟說出自己的打算：「我家有幾畝地，你們就把親人葬在村南那塊坡地上吧！那裡的土地雖不肥沃，但是四周樹木遮蔭，是塊安葬的好地方。」

聽了劉繼祖的主張，圍觀者無不發出讚佩之聲，露出欽羨神色。朱重八和二哥慌忙跪在劉繼祖腳下，叩頭謝恩。劉繼祖搖搖頭，嘆口氣說：「不要謝我了，趕緊回去安葬親人，讓他們早日安息吧！」

朱重八這才停止叩頭，拉起二哥，兄弟倆一前一後趕回家中。望著他們孤苦瘦弱的身影，劉繼祖心想，不知道他們能否順利安葬親人？

第二節 天葬

風雨緊逼

朱重八和二哥得到劉繼祖幫助，借到安葬親人的土地，心情激動地趕回家中。大嫂聽說後，唸著佛說：「這下他們可以安息了。」他們立即動手準備安葬親人的事情。可憐他們家境貧寒，人又年少缺少經驗，既沒有棺材裝殮親人，又找不到可以抬走親人的木板，找來找去，最後用家裡僅剩的破爛衣服包裹親人們的屍體，並且卸下門板，打算用門板抬走親人，安葬完畢再做打算。

重八和二哥先把父母抬到門板上，大嫂帶著兒子最後拜別父母，然後留下來照顧丈夫和死去的兒子。重八和二哥抬著父母，拖著沉重的腳步向村南坡地走去。一路行走，他們瘦弱的身軀漸漸難以支撐，但悲痛的心情壓抑了身體的勞累，他們只想著安葬親人，似乎忘記了其他一切。此時，空中陰霾沉沉，冷風勁吹，老天爺好像也不忍心看著這對年少兄弟承受如此生命的

沉重。風緊天寒，四月天氣竟似冬天來臨，颳得人睜不開眼睛，身體打戰，行走艱難。

重八和二哥已經忍受多日的飢餓煎熬，身體虛弱，在冷風面前恰似一片落葉，搖搖擺擺，站立不穩，最後被颳到山坡腳下才勉強站住腳跟。這裡離劉繼祖借的土地已經不遠，正好在坡地下方，他們再努力一下就可以把親人抬上去了。重八和二哥剛想放下門板，打算略作休息，等到風停之後一鼓作氣安葬親人。卻不料抬門板的繩子突然斷了，門板喀喳一聲跌落在地。重八在門板後面，他搖搖晃晃撲到門板上，半天也沒有爬起來。重六在前面也差點摔倒，他好不容易穩住身體，回頭拉起重八說：「你在這裡等著，我回去取繩子。」說著，頭也不回往家疾奔。

重八獨自守著父母的遺體，身心俱疲，慢慢躺倒休息，就在他的身體剛剛接觸地面的剎那，就見電閃雷鳴，天空好像撕裂了一般，風中夾雜著豆大的雨點劈頭蓋臉砸下來，很快，雨點越來越急，越來越密，好似斷韁野馬橫衝直撞，肆虐人間。狂風暴雨，雷電交加，將重八渾身淋透，他顧不了許多，朝著不遠處一株大樹奔去躲避。大雨傾盆，天色越發陰暗，最後漆黑一片，什麼也看不見了。

昏暗籠罩之下，年少的重八瑟瑟發抖地蹲在樹底下，他太累了，也太餓了，他茫然地面對著眼前的風風雨雨，心中、腦中一片模糊，此時此刻，除了本能的求生欲望之外，恐怕他不會顧慮其他任何事情。恍惚之間，重八似乎睡了過去，看見一位仙風道骨的仙人從天而降，這位仙人好像於覺寺的慧淨和尚，又好像是哪座寺廟裡的羅漢，總之，他那麼親切，那麼和善，在閃電之中飛奔而至，走到重八身邊，合掌不語。重八好生奇怪，忙俯身施禮說：「仙人，求您幫助重八安葬父母親人。」那位仙人並不言語，臉色溫和，揮動寬大的衣袖，就見風雨更大了，更猛烈了，似乎要將天地間的一切沖垮，要將這個充滿苦難的世間洗刷乾淨，帶給人們一個嶄新的世界。重八眼見風雨交加，焦急地說：「仙人，風雨交加，重八就無法安葬親人，您還是讓風雨暫時停歇吧。」哪知，仙人搖搖頭並不答話，依舊指揮著風雨瘋狂地肆虐。重八又驚又奇，身邊腳下洪水橫流，他剛要轉身抱住大樹，仙人輕輕一揮，他腳下的洪水竟然不見了，重八的腳下變得乾爽，身邊的風雨也變小了，他好像站在風雨之外，不受狂風暴雨的肆虐。這時，仙人停下指揮，回身看著重八，邊向天上飛去邊大聲說道：「朱重八，你的父母已經天葬完畢，你不用擔心此事了。日後，你尊貴之極，還會重新修繕此地。」說完，天空閃過最後一道電光，然後什麼也看不見了。

重八猛一愣怔，好像從夢中驚醒，發現風停雨歇，天空放晴，他急忙從樹下跑出來，跑到坡下查看，不由得大吃一驚，原來剛才風雨交加，將坡頂的浮土沖下來，造成山體滑坡，把他父母的屍體全部掩埋了，形成一個天然的大墳墓！重八見此，首先的反應就是跪到地上雙手挖土，打算把父母的屍體挖出來。可是他挖了幾下，又停下了，腦海裡浮現出風雨中仙人顯身的場景，心想，剛才仙人呼風喚雨，說將我父母天葬，難道就是這個意思嗎？要是這樣的話，父母已經安葬完畢，我還用挖土嗎？他跪在地上默默思索著，不知道該如何是好，這時，二哥遠遠地跑了過來。

鳳陽孝陵

朱重六回家取繩子，風雨相阻，耽擱時間，等他趕回來時，發現重八跪在一個大墳墓前，默默無語，遂上前詢問：「重八，這是怎麼回事？父母呢？」重八指著大墳墓敘述了風雨交加時仙人顯身、父母天葬的經過，問二哥：「二哥，真有天葬一說嗎？父母現在就在土堆下面，我們還能把他們挖出來重新安葬嗎？」

重六呆呆地望著墳墓，也不知道該如何辦，雙膝不由自主跪倒下去，與重八並排跪在一起，兄弟倆撲到墳墓上大聲痛哭。看來，他們只好接受命運安排，聽從仙人旨令，讓父母在此安息了。想一想借地葬親的前後經過，忍受屈辱不算，最後也沒能親手安葬父母，無力讓他們安心而去，卻被滑落的泥沙所埋，真是摧人心肝，令人痛不欲生。兄弟二人哀嚎悲哭，從上午哭到中午，從中午哭到日頭偏西，哭得嗓子啞了、聲音沒了，兩人昏倒在墳墓上，再也無力起身。

不知道過了多久，重八彷彿聽到有人呼叫自己的名字，他睜開模糊的雙眼，看到眼前站著

兩三個人，仔細分辨，才認出是徐達、劉英和鄰居汪大媽的兒子汪秀。徐達看到重八醒來，高興地說：「重八哥，你可醒了，你知道嗎？你暈過去半天了。要不是劉英招呼我們前來救你，可真危險了！」

重八努力掙扎著坐起來，發現自已躺在大樹下，半圓的月亮皎潔明亮，曠野冷冷清清，他漸漸回憶起葬親的事情，忙問：「我二哥呢？我二哥在哪裡？」劉英閃身躲開，指著身後說：「重六也救回來了。」重八望過去，看見二哥躺在那邊，沙啞著嗓子喊：「二哥，二哥。」重六以同樣的聲音回答：「重八，我沒事，你醒過來就好了。多虧劉英叫人來救我們，你趕緊謝謝他們。」

原來，劉繼祖允許朱重六兄弟在他家土地上安葬親人之後，想來想去覺得他們太年少了，有心去幫忙，又怕不妥，就叫兒子劉英去看看。劉英趕到朱家，聽說朱重六兄弟上午就抬著父母安葬去了，下午都沒有回來，聯想風雨交加，就想去坡地看看，恰好重八家的鄰居汪大媽也派兒子來關心此事，兩人就結伴前往。路上，他們遇到正準備外出逃荒的徐達，三人一同趕往坡地。近些日子，重八的夥伴們死的死，逃的逃，所剩無幾，大家掙扎在生死線上，已經很久沒有見面了。三人來到坡地，看到重六兄弟撲倒在墳墓上暈厥不醒，慌忙把他們抬到樹蔭裡，又是掐人中，又是呼喊，這才把他們弄醒。

重八一邊感謝劉英幾人，一邊哽咽著訴說了天葬經過，嘆息著說：「重八無力葬親，竟讓父母被泥沙吞沒，真是……真是太痛心了。」徐達和汪秀也是一陣唏噓。

劉英卻另有見解，他望著墳墓，仔細分析重八講述的天葬經過，說道：「重八，依我看，你父母得到仙人相助，天葬在此，應該是件好事，你不要傷心了。」

「好事？」其他人發出驚呼。

「是啊！」劉英說，「我從相書上瞭解到，像你父母這種情況屬於天葬，舉凡天葬，其後人都會大富大貴，甚至會出現『真命天子』。如今你父母在仙人幫助下天葬在此，說明日後你們家會貴不可言，這不是件好事嗎？」

重八聽了，想起仙人臨走時的話語，垂頭不語。重六苦笑著搖頭說：「不用大富大貴，能夠吃飽飯就不錯了。」

徐達卻說：「這可難說，我們小時候玩的遊

鳳陽皇陵

戲，重八哥就能坐穩皇帝寶座，說不定日後他真能成為天子呢！」

幾個人又議論片刻，這才起身趕回村中。路上，重八幾次回頭觀望淹沒父母的墳墓，心裡就像打翻五味瓶，很不是滋味。不管怎麼說，無力安葬父母給他留下極深極重的印象，對他產生很大影響，後來，他登基稱帝之後，下令修建父母的墳墓，擴建成為孝陵，規模宏大，建築巍峨，了卻了自己的一樁心願。

時值今日，安徽鳳陽的明孝陵已經成為一道著名的歷史文化古蹟，規模極其宏偉，由皇城、磚城、土城三道組成，皇城周長275公尺，高7公尺，內有正殿、金門、碑亭、華表、石人、石獸，各種建築美觀大方，引人入勝。另外，孝陵內立有朱重八親自撰寫的皇陵碑，敘述了自己的身世、經歷，以警示子孫後代。

第三節 各奔東西

送別親人

重八的父母天葬以後，他們兄弟又在他人幫助下安葬了大哥和侄子。至此，朱家死去的四口人全部安息地下，重六兄弟和大嫂總算完成了心事。大嫂哭罷親人，望著家徒四壁、搖搖欲墜的土屋，看看無依無靠、可憐兮兮的兒子，再想想衣食無著、忍飢挨餓的歲月，下決心帶著孩子離開孤莊村，回歸娘家尋找出路。

重六兄弟聽了大嫂的打算，點著頭說：「大嫂，妳走吧！只要有條活路就不要再回來了。」說著，他們十分不忍地拉過幼侄，一家人早已泣不成聲。

大嫂見兩個兄弟如此通情達理，擦著眼淚斷斷續續地說：「重六身體不好，重八年紀又小，眼看家裡顆粒不存，我走了，你們怎麼活啊？」

重八安慰大嫂說：「大嫂，妳放心吧！我和二哥年輕有力氣，走到哪裡都容易養活自己，倒是妳帶個孩子，一定會受不少苦。如今我大哥不在了，要是妳能為他養大兒子，他在九泉之下也會高興的。」

這席話說得眾人又是一陣心酸。大嫂不再言語，帶著兒子踏上歸程。為了他們能夠安全返鄉，朱重八特意將他們送出太平鄉，把自己小時候玩耍的一把木刀送給幼侄，叮囑他路上保護大嫂，然後望著他們走上大道才停下腳步。大嫂和幼侄邊走邊回頭，依依不捨離開親人，離開家鄉，這一去，生死未卜，前途茫茫，娘倆淚眼汪汪。朱重八強裝笑容，揮手示意他們不要哭泣，趕緊趕路。

送走大嫂母子，家裡就剩下重八和二哥兩個年輕小夥子，他們缺衣少食，如何度日？眼前，村裡大多數人都外出逃荒了，看來他們也只有選擇這條道路。夜裡，兄弟二人在月光下苦思冥想明日奔走何方？朱重六像是自言自語地說：「乾旱了大半年，雖說前天下了場雨，可是要想耕種，起碼也要半年才能收穫。況且目前瘟情還沒有消失，我們在這裡等，還不白白餓死！聽說淮西年景不錯，我看我們先去淮西逃荒，半年後再回來吧！」

重八似乎想了許多，半天沒有接話，呆呆地望著天空出神。這些天來的變故和打擊麻木了他的心靈，他雖然不足十六歲，卻已經歷了人世間最殘酷的災難，對他來說，生存變得異常困難，他所承受的苦難超出人們的想像。本來，重八還打算去二姐家，可是幾天前傳來消息，二姐病死，姐夫李貞帶著兒子去淮西逃難了。如此來看，世上能夠解救重八於苦難的人只有他自

己了，他怎麼樣才能生存下去呢？

重六見重八不說話，疑惑地看看重八，再次提議：「重八，我們除了逃荒，沒有活路了，明天我們就隨著逃荒的人群去淮西吧！」

重八終於長長地嘆口氣，依舊抬著頭，神情疲憊，慢慢說道：「去淮西的人太多了，那裡能容下這麼多難民嗎？前幾天湯和去淮西又回來了，準備去濠州投靠親戚，我看我們不如分頭逃荒，哪裡好就通知對方，也好心裡有數。」

重六也有這樣的想法，只是重八年少，他怎麼忍心拋下他不管呢？於是說：「分頭逃荒好是好，可是我們孤身一人上路，萬一有個三長兩短，誰可以照顧？要是我們倆在一起，好歹也有個照應。」

重八知道二哥擔心自己，可是他想到前途未卜，認為還是分頭逃荒比較可靠，爭辯說：「我們在一起，要是遇到險情，誰也無法逃脫，還不是全軍覆沒！二哥，你聽我說，我跟隨逃荒的人往東去，你往西去，不管哪方條件好，只要能夠活命，就通知對方，不是更安全可靠嗎？」

重六仔細思索，還是不放心重八獨自逃荒，兩人又爭論多時，迷迷糊糊睡著了。第二天天色大亮，他們才睜開惺忪的睡眼。連日飢餓、困頓、傷心吞噬著他們的身體和心靈，讓這對年輕的兄弟疲憊不堪，無力起身覓食。可以想見，要是他們就這樣下去，沒有幾日恐怕也要命歸黃泉，追隨父母而去了。

就在這時，門外突然傳來一聲喊叫，鄰居汪大媽端著碗稀湯、夾著個菜窩窩走了進來。她徑直來到屋內，看到重六兄弟躺在床上，忙上前喊道：「重六，重八，你們還活著嗎？大娘給你們送吃的來了！」

重六兄弟勉強爬起來，無力地喊聲大娘，枯瘦的身體很快倒在床邊，似乎沒有力氣站起來說話。汪大媽見此，知道他們餓昏了，端著碗餵他們喝下稀湯，又掰開菜窩窩餵他們吃下。飯水下肚，兄弟二人精神好轉，立刻下床感激汪大媽。汪大媽眼眶潮濕，顫抖地撫摸著兩個少年，好一會兒才哽咽著問：「你們打算怎麼辦？到哪逃荒？」

重八從小敬重大娘，想起昨夜與二哥的爭論，如實告訴了她。汪大媽早就聽說逃荒者很多人死在路上，淮西一帶多有難民湧入，生活也十分艱難，看到重八年紀輕輕，當真擔心他有去無回，不由得淚水滾落，泣不成聲地訴說著：「重八啊！依我看，你不去逃荒也罷，大娘倒有個去處，可以暫時保你吃飽飯。」

聽說有這樣的事情，重六兄弟眼前一亮，急忙問道：「大娘，哪裡可以吃飽飯？您快點告訴我們！」

兄弟分離

汪大媽上門送飯，聽說重六擔心重八，不肯獨自外出逃荒，知道他們再耽擱下去只有死路一條，於是心一橫為他們指出條出路，建議重八去於覺寺出家為僧。

猛然聽到這個建議，兄弟二人都愣住了，他們面面相覷，不知道如何面對這個問題。去當和尚，這可是他們從來沒有想過的事。在他們心裡，只有走投無路的人才去當和尚，而且做了和尚就要忍受清規戒律，不能娶妻生子，這在以農業為主的封建社會來說，是極其不孝的事，也是極其被人瞧不起的事。但他們轉念一想，當了和尚可以吃飽飯，不至於餓死，說起來是條生存的捷徑。那麼，他們到底該不該同意這件事呢？

汪大媽看出他們猶豫不決，流著淚說：「孩子，我知道你們的心思，覺得當和尚不好，可是如今為了活命，哪還能顧慮這麼多。前些年，重八病了，你們的母親去於覺寺燒香，當時有位高僧還對她說，將來讓重八去寺裡做和尚還願呢！你看看，這些年來，你父母心疼孩子，不肯讓重八去寺裡。要是這次能夠做和尚，不也是了卻一樁心願？你母親知道了也會高興。」

提起母親，重八記起她臨終時叮囑自己一定要活下去的話，看看當下困境，隨即堅定了出家的信念，感激地說：「汪大娘，重八聽從您的安排，去當和尚，不待在家裡餓死。」

重六悶悶地想了一會兒，神色悽惶地說：「看來只有如此了。重八在寺裡安頓，我也放心逃荒，將來年景好轉，我回來後也有地方找他，不至於今朝分離，相會無期。」

汪大媽唸著阿彌陀佛說：「重八去寺裡，命就保住了，這真是佛祖顯靈了。」接著，她吩咐重八洗刷身上的衣服，並答應為他編織雙草鞋，也好去寺裡見主持。

重八既已決定當和尚，心情倒穩定下來，提出先送二哥逃荒，自己再去寺裡出家。現在，二哥是重八唯一的親人，又要生生分離，對不到半年經歷多次生離死別的重八來說，這最後的打擊當然十分沉重。兄弟二人簡單整理一下破舊的土屋，門板沒了，只好抱把柴草擋在門口，他們又找出幾塊破布，讓汪大媽縫製成包裹，搭在重六的肩膀備用。最後，他們將石凳木椅歸攏整齊，告別土屋各奔東西。不管怎樣，他們在這間土屋生活十幾年，喜怒哀樂、悲歡離合、生生死死，經歷了人生最美好、最沉痛的歲月，對一個人的成長來說，這既是擋風遮雨的屏障，更是一座不可磨滅的紀念碑。

後來，重八在為父母重修陵寢時，親自書寫墓碑，記述當時家破人亡、被迫出家的情景：

「昔我父皇，寓居是方。農業艱辛，朝夕徬徨……殯無棺槨，被體惡裳。浮淹三尺，奠何餚漿。既葬之後，家道惶惶，仲兄少弱，生計不張，孟嫂攜幼，東歸故鄉。值天無雨。遺蝗騰翔。里人缺食，草木無糧。予亦何有，心驚若狂……兄云此去，各度凶荒。我為兄哭，兄為我傷。皇天白日，泣斷心腸。兄弟異路，哀動遙蒼。汪氏老母，為我籌量，遣子相送，備禮馨香，空門禮佛，出入僧房。」

再說兄弟二人走到村外，相擁痛哭，心情不言而喻。最終，重六狠下心拋下重八，大步流星往西而去。誰能知道，這一去可有歸期？何日得以重逢？一向沉穩的重八再也無法控制自己，朝著二哥遠去的方向拔腿追趕，他覺得二哥一去，自己的親人就全部遠離自己，世上再也沒有親人了。重八哭喊、追趕，好像瘋了一樣，可是天道遑遑，四野曠曠，哪裡有人回應？哪裡將是重八的歸宿？

此時的重八還不知道的是，朱重六走後，不久就死在逃荒的路上，兄弟的這次分離也就成了永別。

重八的哭喊聲引來幾人，他們正是湯和、徐達幾位夥伴。湯和逃荒不成，再次回歸孤莊村，最近他正要去濠州投親；徐達上次逃荒遇到重八後，被母親阻攔，也沒有離去；周德興早就走了，一直杳無音信。湯和和徐達聽說重八要去當和尚，前來詢問情況，正好遇到他與二哥分別，聽他撕心裂肺地痛哭，就急忙走了過來。

三個人慢慢走到村口井邊，坐在井沿上休息。湯和放下井繩打水，卻見打上來的水多是泥沙，渾濁不堪，根本無法飲用，便氣憤地摔開井繩，抱怨著：「水都不能喝了，人怎麼活？重八，我明天就去投親，聽說你要當和尚，這是真的嗎？」

望著夥伴們好奇的目光，重八反而坦然回答：「是，我要去於覺寺出家，在那裡我可以吃飽飯，餓不死。」

徐達揉揉鼻子，眼淚差點掉下來，拉著重八的手說：「重八哥，聽說當和尚會吃不少苦受不少罪，你去了，什麼時候才能回來？」

湯和撇嘴說：「當和尚能隨便回來嗎？你沒看見寺裡的和尚都是終身制嗎？」

重八沉悶地聽著他兩人說話，腦子裡空蕩蕩的，心靈似乎飛出身體之外，就在這時，遠遠傳來呼喊重八的聲音，他順著聲音望去，原來汪大媽顫巍巍朝這邊走來，正是來找他商量出家之事的。

第十章

走投無路　於覺寺出家為僧

十六歲的重八剃度出家，成了於覺寺一名小沙彌，從此灑掃寺院、點燭燃香、伺候師父，開始了辛苦的行童歲月。在寺裡，他年齡小，輩分低，做的是粗重辛苦的工作，受得卻是不公平的待遇，經常遭到責罵欺負，但這一切在生存面前變得不重要了，他忍受了不公，只求生存。於是，便有了老鼠吃蠟燭，發配伽藍佛，羅漢殿諸佛走路這些神奇的故事，而重八在壓迫面前，也變得更加堅韌。一天夜晚，他被趕到草棚去，望著星月夜空，小小的重八抒發心志，不忘理想……

第一節

剃度出家

出家

汪大媽深一腳淺一腳找到重八，帶著他回家吃飯。這些天來，重八吃住在汪大媽家裡，得到她的照顧，心裡十分感激。他們回家的路上，再次議論起出家之事，汪大媽說：「我叫汪秀去寺裡問了，高彬長老說等幾天再去，我看我們得準備點禮物，要不恐怕他們不收你。」出家還要送禮，聽起來多麼荒唐，但是重八明白，現在無家可歸、衣食無著的人太多了，寺裡可以管吃管住，是許多人嚮往的地方，所以還得送禮爭搶。

可是大災年景，哪有什麼禮物可送？重八邊走邊思索著，快到家門口時，他想起家裡還有做豆腐用的幾件工具，試探著問汪大媽：「大娘，我以前曾經跟著父親去寺裡送豆腐，現在家裡還有幾件做豆腐的工具，擱在家裡也沒用了，妳看送給寺裡怎麼樣？」

汪大媽高興地說：「好啊！還是重八腦子好，和尚們吃豆腐多，就把那些沒用的工具送去吧！我看高彬長老肯定很喜歡。」她絮絮叨叨說著，隨同重八回他家取了東西，然後轉回自己家中。

第二天，汪大媽就讓兒子給寺裡送去了禮物，在家裡等待消息。汪秀很快趕了回來，氣喘吁吁地說：「他們只收下了擔子，說其他的東西寺裡都有，用不著。」汪大媽趕緊問：「他們同意重八出家了嗎？」汪秀擦著汗水，點著頭說：「算是同意了。高彬長老說了，他要先見見重八，看他身體是否結實強壯。」

重八站在旁邊聽著，不解地問：「怎麼還要看身體？這與當和尚有什麼關係？」

汪秀說：「可能害怕有病吧！」

汪大媽卻說：「這你們就不懂了，剛進寺的小和尚要做很多工作，要是身體不壯，他們才不要呢。」

重八雖然不滿十六歲，可是身材較高，四肢粗大，塊頭不小，看起來非常結實。汪秀看看重八，滿有把握地說：「嗯，我看重八有力氣，能工作，一定合他們的意。」

又過了幾天，汪大媽帶著重八趕往於覺寺接受面試。他們步行十幾里，直到天近中午才趕到寺廟。重八抬頭望去，今日的於覺寺也顯示出荒涼氣象，沒有了往日的氣派繁華，廟門院牆落滿灰塵，廟裡廟外很少有人走動出入，偶爾傳出一兩聲木魚聲，也是緩慢低沉，似乎在訴說人間的苦難淒涼。只有山門一副楹聯「暮鼓晨鐘，驚醒世間名利客；經聲佛號，喚回苦海夢中人」依舊如昔。重八在楹聯前默默地看了多時，心中似有一種回家了的感覺，腳步平緩地邁進廟門，站在院子裡四處觀望。於覺寺有三重院落，最外面是香客進香的殿，第二重恭奉著伽藍佛，第三重就是和尚們休息的處所以及廚房等等。重八對於覺寺並不陌生，但這次進寺與以往不同，他就要成為寺內一員，日日伴隨枯燈古佛度日，心情頗為複雜激動。

汪大媽早已走進殿堂，與值班的僧人說明來意，招呼重八去殿內等候。不一會兒，高彬長老在兩位中年僧人陪同下走出來，見到汪大媽後合掌施禮。汪大媽拉著重八跪倒磕頭，再次說明來意。

高彬長老六十多歲了，身體健朗，精神矍鑠，他剛才在後院休息，突然看見前面一團紅光落地，正在納悶，聽說有個少年前來出家，於是連忙走了出來。他看到跪在地上的少年有些面熟，一問才知他叫朱重八，幾年前曾經跟著父親來送豆腐，上下打量他多時，見他體格魁偉，點著頭說：「阿彌陀佛，佛門慈悲，不會拒絕任何

於覺寺

求助的人。朱重八家破人亡，前來投靠佛祖，依老僧看，就收留下他吧！」

重八聽說收下自己，又是一陣磕頭。

汪大媽擦著眼淚感謝高彬長老，然後與重八告別，交代他在寺裡要勤快聽話，不能惹師父生氣，安心修佛等注意事宜。重八一一答應，含淚送別汪大媽。望著汪大媽消失的身影，真有點覺得自己與世俗已經徹底了斷，再無牽掛了。

重八在寺裡住了段日子，每天起早貪黑幫著劈柴挑水，非常賣力。到了九月間，高彬長老覺得可以正式收下重八了，就安排剃度儀式，按照佛門規定向他宣讀清規戒律，並且親自為他剃去俗髮。剃髮用來表示已償還一切業障之債，從此以後，永遠解脫世間煩惱。法儀從簡舉行，重八靜靜地接受著一切，看著縷縷黑髮飄落腳下，心裡模模糊糊的，真有與以往告別的感覺。等他收回目光，僧人們誦讀的經文恰好結束，在高彬長老的主持下，重八成為了於覺寺年輕的僧人，他的僧侶生涯開始了。

初為僧人

剃度完畢，重八成為寺裡最年輕、輩分最低的僧人。人常說：「百年三萬六千日，不及僧家半日閒。」可是身為新入寺的僧人，重八的工作卻十分繁瑣，他每日裡要劈柴挑水、灑掃院

落，還要上香點燭，天不亮就起床，深夜才能入睡。儘管工作非常辛苦，重八做得還是十分賣力，因為他不但能夠吃飽飯，還有了自己的住處，這對他來說已是極大的安慰和保障了。而且，寺裡有幾位僧人早與重八熟識，像廚房的慧淨師父，還有新近轉來的如悟，他本來在重八二姐家附近寺裡出家，師父圓寂後，寺廟坍塌，他無處安身，也投奔至此，因為與重八早就相識，兩人年齡又相仿，關係不錯。

這天，重八和如悟正在埋頭打掃前院，卻聽一聲喝斥傳來：「掃個院子也要兩個人，真是懶惰！如悟，你出家多年，難道不知道灑掃院落是新入寺僧人的工作嗎？」重八和如悟慌忙停下打掃，恭敬地抬頭觀望，原來是惠覺師兄正怒容滿面地站在兩人面前。重八早就認識惠覺，幾年前，他陪同母親進香時，因為採摘柿子還遭到他的訓斥。

如悟忙扔下掃帚，轉身回殿誦讀經文。重八不敢反駁，低著頭繼續打掃。惠覺看著重八，冷冷地哼一聲轉身走了。重八心想，莫非他認出我來了？還是我做得不夠好？想來想去，他覺得只要做好工作就不會錯，於是做得更加認真努力。年少的他當然不會想到，世間不平，就連寺廟裡也同樣，欺生欺弱的大有人在，他是寺裡最弱小的個體，自然也是許多人欺凌的對象，所以他才會遭受到責罵、欺侮和不平。

繁重的工作、陌生的環境，時常使得重八心生煩躁，但是為了生存，他必須要忍受所有的一切，不然，走出廟門就是死路一條。過了幾天，重八的工作又增加了一份，就是去寺外河邊挑水。挑水是件很累的差事，重八在家裡挑水只是挑半桶，現在出家了，兩個大桶必須挑滿。可憐他瘦弱的肩膀，哪裡挑得動兩大桶水，幾趟下來，腳底、肩膀全是水泡，疼得他齜牙裂嘴，行路艱難，可是寺裡二十多個僧人，每天用水很多，不挑夠水怎麼行。正當重八剛剛在廚房略加休息時，就見惠覺怒氣沖沖走過來，大呼小叫著：「今天誰負責挑水？怎麼半天了還沒有挑夠？」他一眼看見躺在柴草上的重八，上前就踢，嘴裡還嚷道：「大白天躺著玩，真是太不像話了！你今天做什麼工作？做完了嗎？」

重八起身回答，說明自己腳底起泡了。惠覺聽了，大發雷霆，痛罵重八懶惰、耍詐、嬌氣，不肯賣力工作。旁邊的慧淨實在聽不下去了，為重八辯解：「他不過是一個孩子，哪有那麼大力氣工作，讓他歇歇再做吧！」

惠覺斜著眼睛瞅瞅慧淨，不耐煩地說：「沒力氣工作到這裡幹什麼？白吃飯！」然後喝斥著重八趕緊去挑水。

慧淨生氣地拿起擔子、水桶，衝惠覺說：「老僧去挑，這總行了吧！」

重八忙奪過擔子、水桶，不與惠覺理論，忍著疼痛一瘸一拐走了。

河邊，重八望著清清河水，淚水不由自主滑落腮邊，多日勞苦工作，既磨練他的身體，更磨蝕了他的心靈。幾個月前父慈母愛，兄弟情深的天倫之樂浮現眼前，確實使他無限傷心。淚水撲簌簌掉進河裡，霎時無影無蹤，重八覺得自己多麼像一滴淚水，已經消融在汪洋恣意的大

河大海裡。他暗自惆悵多時，剛要放下水桶挑水，忽然聽到遠處有人喊叫自己，他抬頭望去，看見徐達帶著幾個少年奔過來。

見到昔日好友，重八好生興奮，扔下水桶迎上去。兩人有說有笑，交談分別後各自境況，聽說重八每日不停工作，非常辛苦，徐達當即說：「他們為什麼欺負人？以後我幫你工作！」

重八苦笑兩下，拍拍徐達的肩膀說：「好啊，不過我天天在寺裡，你怎麼幫忙？」

徐達彎腰撿起水桶，在河裡蕩幾下打滿了水，說道：「怎麼樣？我幫你挑水。」說著，挑起水桶就走。

重八與他並肩而行，兩位好夥伴格外開心，一路說笑著走向於覺寺。

第二節　行童歲月

老鼠吃蠟燭

重八名為僧人，實則是寺裡的低等雜役人員，只負責做些繁雜勞累的工作，地位低下。有一天，濠州城裡有姓李的富戶前來請寺裡的僧人做法事，重八從早忙到晚，上香點燭、劈柴挑水，盡力做好後勤工作，生怕出現弊漏，影響法事。傍晚時分，他累得躺在柴草堆裡休息，突然聽見有人竊竊私語，他起身細聽，原來是兩位僧人路過廚房，議論李家進奉的貢品如何分派之事。

當時寺內規定，每逢法事，收入都要根據每位僧人的地位職務進行分派，各有所得。只聽一位僧人說：「聽說了嗎？李家送來的東西大部分都被高彬長老私吞了。」

「才不是呢！」另一位說，「惠覺和高彬兩人私吞了。」

第一位說：「唉，他們富得流油，我們窮得叮噹，這叫什麼佛門！」

第二位說：「哼，我們也不能怕，這次就要讓他們公平分派。」他們說著，匆匆離去了。

聽著這些議論，重八大吃一驚，沒想到佛門境地還有這種事情，真是令人膽顫心驚，想了想，他悄悄跟隨兩位僧人而去。兩人轉過後院，很快來到西殿配房外，低頭進屋去了。這裡是幾位資歷較高的僧人的住處，重八很少進去過。他遠遠地站著，看見不一會兒從屋裡走出好幾個僧人，大搖大擺朝長老住處走去，邊走邊討論著分派的事。重八低頭想，看來他們找長老要貢品去了，自己辛苦一整天，是不是也該前往索取例分呢？他心思細密，又有膽量，決定跟隨同去。

於覺寺

果然，幾位較有資歷的僧人去到長老住處後，經過討價還價，索取的例分都增加了。他們喜孜孜離去，留下重八獨自待著，他伸手索取自己的一份，卻見高彬長老揮斥道：「你跟著湊什麼熱鬧！寺裡有規定，小僧人不得例分！」說完，閉目不再理他。

重八不敢強求，憤憤不平地走出來，正好看到如悟從殿前走過，忙上去向他敘述說此事。如悟說：「你別不服氣了，我們在這裡吃飽穿暖就不錯了，還要什麼例分！別做夢了！」

重八想想自己在寺內忍受的種種辛苦，雖說勞累，卻不至於屈辱，而今天這事讓他心裡非常不爽，有種強烈的衝動，想衝出這間寺廟，尋求公平和正義。懷著這種心情，他怏怏地回到自己破舊的住宿休息，躺在草床上想了很久很久才睡去。

不久，寺裡又有幾起法事，結果收入都被長老他們扣住了，重八和如悟等小僧人雖努力工作，卻什麼也得不到，還要繼續忍受他們的訓斥和支使，心裡越發氣憤。後來，重八做了皇帝，想起寺廟裡小和尚的種種苦處，擬了一條針對此事的旨令，大意就是廟裡做法事，收入必須寺裡每位僧人一份，不論地位高低，長老、主持都不可克扣。

幾起法事過後，已是十月深秋，天氣逐漸轉冷，這天早晨，重八一如既往早起去伽藍佛殿上香點燭，他前腳進殿，就見高彬長老已經站在伽藍佛前了，忙上去施禮問好。高彬長老臉色陰沉地轉過臉來，手裡拿著半根斷蠟燭，盯著重八喝斥：「瞧瞧，這麼晚了才來，蠟燭都被老鼠咬斷了！你也太不用心了，進寺這些天來，工作不賣力，索取例分倒是積極！難道寺裡的飯都是白吃的！要想做個好和尚，首先就要能吃苦受累，這才是修身養性的基礎，懂嗎？再不好好工作，小心受罰！」

聽他一番數落，重八好生煩惱，默默地垂著頭等他走出佛殿，才慢慢走到伽藍佛前，重新拿起蠟燭，小心地安插好點上。他心裡十分不快，朝著伽藍佛嘟囔：「佛祖有靈，怎麼還讓老鼠咬蠟燭？依我看，這都是祢的錯！」

恰好這句話被進殿的如悟聽到了，悄聲對重八說：「你可真大膽，竟敢怪罪神佛！」

重八滿肚子氣，不客氣地說：「什麼神佛？連面前的蠟燭都看不好，連累我受氣，不怪祂怪誰？」原來他雖然自幼與寺廟佛家有緣，卻是個不拘於此的人，特別是屢經貧苦災難，早讓他失去對佛祖的信賴了，覺得祂們並不能救苦救難。

他們二人說話間，就聽外面喊道：「今天誰掃院子？這麼多落葉怎麼還不打掃？」

發配伽藍佛

重八聽到有人喊掃院子，知道這是惠覺在找碴，忙從佛殿側門溜出，找把掃帚打掃寺院。惠覺轉了一圈，看見重八在工作，哼一聲走開了。秋風勁吹，落葉滿地，他掃了一遍，很快又是滿院落葉，他不得不回頭再掃一遍，三重院落，掃了大半個時辰依然不見乾淨。眼看著早餐時間快到了，重八肚裡嘰哩咕嚕叫著，心裡十分著急，快速地揮灑著掃帚掃落葉，想著剛才挨罵的事，越掃越氣，越掃越急。

很快，重八再次掃到伽藍殿附近，這裡有十幾個臺階，他一不留心竟被絆倒了，摔了個大跟斗，手中的掃帚飛出去老遠，正好打在伽藍佛像上。重八爬起來，進殿撿掃帚，忍不住用掃帚抽打佛像幾下說：「好個泥塑的菩薩，白在這裡接受供奉，卻不知道護佑生靈，讓我摔跤受氣，真是罪過！」

重八邊說邊思索著如何懲治這尊讓自己屢屢受氣的佛像，這時正好有位僧人捧著文房四寶從此路過，急匆匆趕往長老處。重八略一沉思，有了主意，他忙喊住那僧人，拿起他捧著的一支毛筆，蘸好墨，轉身走到伽藍佛像後，揮筆寫下幾個字：「發配三千里」，懲罰伽藍佛沒有看管好蠟燭，以及讓自己摔倒之事。寫完了，他端詳著，心情好了許多。

那位捧著文房四寶的僧人等了會兒，不見重八出來，喊道：「喂，你幹什麼呢？快把毛筆還我。」

重八這才慢慢步出佛像背後，將毛筆還給僧人，高高興興地走了。

這天夜裡，於覺寺出了件怪事，伽藍佛失蹤了。這可不得了，全寺上下無不震驚，高彬長老親自出馬調查此事。可是搜遍寺內，並無發現盜竊痕跡。難道伽藍佛不翼而飛？還是另有原因？一尊泥菩薩，又會有何用？大家慌亂猜測之際，慧淨師父走出來神祕地說：「伽藍佛被發配了，哪能留在寺內？現在已在三千里之外了。」

聽到這番話，大多數僧人莫名其妙，紛紛詢問隱情。慧淨師父口誦佛號，搖頭走了。在寺內，

伽藍菩薩

慧淨一向少與人交往，所以大家對他有敬畏心理，看他古怪的言行覺得頗有蹊蹺，於是私下議論他所說伽藍佛被發配之事。這時，重八聽到這句話，不禁大感驚訝，心想，難道我寫在伽藍佛背後的懲罰之語成真了？他一直敬重慧淨師父，慌忙跑去探尋此事。果然，慧淨師父笑呵呵地對他說：「昨天半夜，寺裡大多數僧人都安寢了，老僧睡不著覺，起來觀測星空，突然看見伽藍殿升起一道亮光，隨後伽藍佛飄在半空飛走了，邊飛邊說『我被天子發配，要去三千里之外』。當時我以為是個夢，還跑出去追趕，伽藍佛飛得很快，一會兒就消失不見了，看祂的意思似乎怕誤了行程。」

竟有這樣的事，重八驚訝極了，想起昨天發配伽藍佛的事，不由得暗暗驚喜，隨口說：「我昨天在伽藍佛背後寫了『發配三千里』幾個字，難道竟成了聖旨？祂非要遵從不成？」

慧淨正在納悶這件事，聽重八這麼一說，瞪大了眼睛盯著重八，好像不認識他一樣。重八不解地拍打著腦門，等候慧淨批駁。事實上，慧淨不但沒有批評他，反而對他特別關照，唸及伽藍佛臨行時所說『受天子發配』一語，以及個人對重八的瞭解，覺得他未來不可限量，唸著佛號說：「真是靈異之事！」

不巧兩個人的談話被另外一名僧人聽到了，他是惠覺的親信，忙跑去將這件事告訴惠覺。惠覺聽說伽藍佛失蹤與重八有關，當即帶著人去捉拿重八。重八辯解說：「我不過在伽藍佛身後寫了幾個字，怎麼就能怪我呢？」

惠覺趾高氣揚地說：「佛祖金身，豈容你隨便寫字？來人，把他捆綁起來！」

幾個壯年僧人上前壓倒重八，三下兩下就把他捆綁起來，帶到前殿高彬長老處接受審訊。

高彬長老正在苦苦思索伽藍佛失蹤之事，看到幾個僧人叫叫嚷嚷把重八推進來，懶懶地問：「怎麼回事？」

惠覺指著重八說：「長老，伽藍佛失蹤與他有關！」

高彬長老不解地問：「到底怎麼回事？他偷走了伽藍佛？」

「不是，」惠覺說，「他在伽藍佛背後寫字。」

高彬長老更奇怪了，望著重八問：「寫字？寫了什麼字？」

重八就把在伽藍佛背後寫「發配三千里」的事說了。高彬長老聽罷，吃驚不已，怎麼伽藍佛會聽從重八的命令，說發配就被發配了？難道重八有特異本領？還是具有無上法力？無論如何，這件事如果是真的，只能說明重八不是個平凡人。想到這裡，他忙命令惠覺鬆開捆綁重八的繩子，吩咐下去，此事不再追究，然後趕走諸位僧人。惠覺很不服氣，嘟囔著說：「明明是他寫的字，為什麼還要放他？」高彬長老瞪著惠覺，沒好氣地說：「你懂什麼？趕緊走。」重八莫名其妙被捉被放，還想申辯，也被高彬長老請出去。

這件事過去不久，重八打掃殿堂時，又遇到一件怪事。

第三節 抒發心志

再顯神異

那一天，有人請高彬長老去做大法事，他帶著許多僧人走了，臨行時吩咐重八趁著天氣好，把大殿好好清掃一遍，以防冬季來臨灑掃不方便。早些時候，於覺寺香火鼎盛，香客不斷。大殿內外，一塵不染，而今連年災荒，百姓生活窘迫，寺院裡前來進香的人非常少，日子也漸漸不好過，威風不再，鉛華已被洗盡。廟門上的彩釉也顯露出一塊塊剝落的痕跡，兩邊的門盈也字跡模糊，透著頹敗之象。

大殿已經多日不曾徹底打掃，佛像上落滿了厚厚的一層塵土，打掃起來十分吃力。重八爬上爬下，做了一個時辰，才打掃到羅漢殿堂，此處塑像較多，礙手礙腳，很不方便。重八心裡著急，一不小心差點摔倒，於是順手在降龍羅漢屁股上打了一掃帚，嘴裡還說：「出去，出去，別在這裡礙事。」本是一句氣話，沒有想到，諸位佛像竟真的都動了笨重的腳步，撲通、撲通地相擁著出了大殿。被眼前景象嚇呆了的重八，半晌沒有回過神來，好在他一心記著打掃，也就顧不了許多，趕緊趁機將大殿裡裡外外打掃得乾乾淨淨，然後跑出院子，發現佛像身上的塵土全部掉落，很乾爽清潔。

重八心裡高興，身上勞累，躺在陽光下很快睡著了。初冬的陽光如此愜意舒適，照射著重八的全身，他睡得十分香甜，夢中還出現父母的身影，他們微笑著，好像在誇獎自己能幹，還叮嚀自己要吃飽飯。提起吃飯，重八肚子裡一陣咕嚕，口水順著嘴角流下來。

就在他酣睡之際，突然屁股上挨了一腳，重八猛然驚醒，看到眼前站著高彬長老，身後還站著好幾個僧人，他們做完法事歸來了。重八揉揉睡眼，擦擦嘴角口水，爬起來施禮。高彬長老指著院子裡的佛像，滿臉怒氣地問：「你夠大膽的，叫你工作不好好做，躺在大殿前睡大覺，滿嘴流口水，像什麼佛門中人！還把這些佛像都搬出來，你想幹什麼？」

重八這才記起剛才打掃殿堂時的怪事，據實回答：「佛像們自己走出來的，我也不知道為何？」在他看來，也許每次打掃殿堂都會如此。

高彬長老大怒，斥責說：「佛像是泥塑的，怎麼會走路？你是不是請人來幫忙啦？」

旁邊一位僧人插言：「肯定有外人來了，前些日子我看見有人替他挑水呢！」

重八爭辯說：「沒有，就是佛像自己走出來的。」

高彬長老剛想再次發火，就見另一位僧人低聲在他耳邊說：「長老可記得前些天伽藍佛之事？」

高彬長老猛一驚醒，隨後沉默地注視著諸佛像，好久沒有說話。這時，惠覺從寺外進來，看到眼前景象吃驚地喊：「怎麼回事？佛像怎麼會在院子裡？」他說著看到重八垂頭站在一邊，立即上前喝問：「又是你？想要毀壞寺廟嗎？」

沒等重八回答，高彬長老即刻喊住惠覺：「不要說了！趕緊想辦法把佛像請回大殿要緊。」說著，吩咐諸僧搬動佛像。佛像沉重，他們費了九牛二虎之力也不能搬動。這可怎麼是好？旁邊的重八想了想，默默唸道：「一位二位各回本位，一位二位各回本位，都回到自己的位置上去吧！」

說也奇怪，諸佛像像活了一樣，又撲通撲通走回大殿。這次，高彬長老和其他僧人全都嚇傻了，好半天無人言語。隨後，他們衝進殿內，跪在佛像前又是誦佛又是磕頭，全都以為佛像們顯靈了，卻全然不知重八剛才默唸的話語。

此事引起轟動，附近百姓多來上香求佛，高彬長老又驚又喜，暗自得意。不過，透過這件事，他對重八有了更多想法，覺得這個小和尚非比尋常，十分靈異，開始格外關注他。

過了幾天，到了寺裡定期周濟百姓的日子。僧人們經過討論，認為最近寺裡收入不多，而且僧多粥少，眼看存糧日少，因此大多數人不同意周濟百姓。可是百姓們早就湧到廟門，叫嚷著請求周濟，還與攔截的僧人發生口角，大有一觸即發之勢。重八挑水回來，看到眼前情景，忙躲到樹下觀望。他看到僧人們兇巴巴驅趕百姓，一群群人滿懷希望而來，又十分失望離去。他們互相攙扶著，許多人走到半路就昏倒在地，再也起不來了。重八看著，想起亡故的父母親人，一陣心酸，淚水在眼眶裡直打轉。

突然，有人在重八肩頭膀了一下，大聲說：「怎麼一個人躲在這裡哭？有何傷心事？」

重八嚇了一跳，回頭看去，立即破涕為笑，拉著那人就要進寺敘談，究竟此人是誰呢？

吟詩述懷

拍打重八的是徐達，近些日子，他家裡再也沒有可以食用裹腹之物，臨近冬天，四野荒涼，連片野菜草根也不好尋覓，於是他再次決定外出逃荒，臨行前，他來到於覺寺與重八告別。徐達已經好幾天沒有吃飯了，路過廚房時聞到飯菜味，腳步再也挪動不了。

重八深知飢餓的滋味，悄悄跑進廚房偷出幾個玉米餅塞給徐達。徐達三兩口吃下幾個餅，有了精神後，隨著重八進廚房喝水。慧淨師父今天不在，其他僧人都在前面討論周濟百姓的事，因此後院冷清清的。他們在廚房裡尋覓出不少飯菜，蹲下來猛一頓吃喝。飯足人睏，兩人就躺在爐灶邊，沉沉睡去。

也不知道過了多久，重八才睜開惺忪睡眼，他看到燈光閃爍，已是黑夜時分。慧淨師父正

徐達墓

在燈下翻閱一本經書，看到重八醒來，笑呵呵地說：「醒了？你和你的朋友睡得可真香甜。」

重八坐起來，看到徐達躺在另一邊，沉沉睡著，不好意思地說：「慧淨師父，給您添麻煩了。」

慧淨笑著說：「這又不是你第一次給我添麻煩。」幾年前，重八帶著鄧廣逃避元軍，也曾經躲到慧淨先前出家的寺院。

重八也笑了，搔搔頭皮說：「我的朋友要去逃荒，來這裡和我告別，走到廚房就餓得走不動了，我帶他進來吃了頓飽飯。師父，您看他這次外出運氣怎樣？」

慧淨雖只是伙頭僧，可是熟讀經書，是位得道高僧，不過他不喜歡輕易顯露，因此很少有人知道他的本事。重八與他有緣，當然瞭解他的能耐，所以才說出請他為徐達占卜未來的話。

慧淨早就預測到重八的未來不同凡響，今天見了徐達，更覺奇怪，端詳他半天，覺得他的品貌也是極富極貴的徵象。心裡好生詫異，這兩個赤貧少年，窮困潦倒，衣食無著，會是什麼讓他們走上富貴之極？這在當時看來，可真是一大迷團。慧淨聽了重八的問話，指著徐達的額頭說：「此人面貌異常，將來會是大富大貴之命，不過我看他的富貴與你息息相關，看來你倆還有重逢之日。」

聽了這番話，重八很高興，在他年少的心目中，大富大貴會是什麼樣子呢？有田有地還是當官掌權？他沒有仔細思量，也不去細想，只是覺得兩人還能重逢，就非常不錯了。

黎明時，徐達好不容易才睡醒，慧淨師父為他準備點乾糧，送他上路。重八與徐達一起走出寺廟後門，卻見門口橫七豎八躺著許多難民，在此等候寺廟周濟。看著這群可憐的百姓，重八心裡好一陣難過，他想起寺裡後院的糧倉，悄悄對徐達說：「寺裡還有糧食，我們打開廟門讓這些災民進去，要不他們都要餓死了。」

徐達當即同意，兩人故意打開廟門，大聲喊道：「寺裡開倉放糧了，開倉放糧了！」聽到喊聲，地下的災民一下子全站了起來，蜂擁著衝進寺裡。重八和徐達趁機離開，朝著遠處的大道奔去。

路上，徐達提議讓重八和自己一起逃荒，重八拒絕了，他說：「我留在寺裡，萬一你們外出不順，歸來了也有個去處。」

就這樣，兩人走出老遠，直到中午時分，重八才趕回寺裡。而此時，於覺寺經過災民搶糧，已經狼籍一片，高彬長老帶著僧人整理寺廟，並且追查這件事的元凶。重八從昨夜至今行蹤詭祕，當然引起大夥猜測，恰好重八從外面進來，被抓了個正著。重八知道此事關係重大，也不去隱瞞，承認放糧的事。

惠覺等人立即吵嚷著處罰重八，高彬長老思前想後，聯想重八的種種奇異之處，不敢輕易做決定，只好將他暫時關押在後院柴草棚裡，等候處理。

這天夜裡，重八躺在狹小的草棚裡，忍受著腹中飢餓，四肢無法舒展，有種強烈的束縛和壓抑之感，他望著天上慘澹的星斗，心情格外激動，想起進寺以來的各種經歷，不禁脫口吟誦：

天為羅帳地為氈，日月星辰伴我眠。
夜間不敢長伸腳，恐踏山河社稷穿。

從詩中可見重八的氣魄多麼奪人，氣度多麼豁達，將天地比作睡氈，與日月星辰同在，把山河社稷看作自己腳下之物，其豪氣沖天，胸懷天下，這正是他不同常人的內在素質，也是最終能夠成就帝業的根本原因。

然而豪氣雖大，困境卻仍在眼前。第二天，重八爬起身來，忍受著一天的飢餓，努力工作，可是傍晚時分，惠覺突然走過來說，要將重八攆出去，不再留他做和尚了，這下子，他將何去何從呢？

第十一章

再臨困境　小僧人出外遊方

寺廟危機，缺糧斷炊，再次把重八逼上絕路，他不得不外出遊方，踏上化緣之路。對於出家只有五十二天的重八來說，所謂化緣，與討飯無異。世道艱難，放眼望去，到處都是逃難的災民，重八能否在這條路上找到生存的希望？

在最苦難的歲月裡，朱重八始終保持著樂觀向上的心態，他不忘關注時事，足跡踏遍淮西各地，登臨古代戰場，抒發心志。將飢餓之旅化作探索之路，既鍛鍊了體魄，又增長了知識見聞，開闊了視野……

第一節 再臨困境

寺廟危機

重八聽說寺裡要把自己趕走，當即跑去跟高彬長老理論，他覺得自己沒有做錯，認為救濟百姓是寺廟和僧人應該做的事。重八出家不過一個多月，他的所作所為卻早就引起高彬長老關注，特別是伽藍佛失蹤和佛像自己走路這件事，讓他心生驚詫，最近幾天，他總是發現重八身前身後紅光籠罩，更覺神奇。因此昨天放糧過後，他沒有著手處置重八，只是把他關押了。而今重八找上門來，他才深知惠覺等人容不得重八了，不覺左右為難，最後他訓斥重八幾句，讓他先去工作再說。

重八脾氣倔強，對於接連遭受的打擊和不公當然不肯服氣，這天，他外出挑水，正遇上雨雪天氣。淮河岸邊，難得下雪，此時細小的雨雪飄灑身上、臉上，重八覺得十分寒冷，不由得幾次放下水桶緊緊淡薄的衲衣。路滑雪急，他一路著慌地行走，快到廟門時，一不小心摔倒了，水桶摔出去老遠，人趴在地上半天都沒有起來。

等他撿回水桶，發現水桶已經摔壞了，只好拿著破水桶回寺修理。說來也巧，他剛進門就遇到惠覺。惠覺看他把水桶摔爛了，當然不會放過他，揪住他又是一頓狠訓。這次，重八再也忍受不了了，還嘴說：「你就知道吵嚷，為什麼不去挑水試試？路上那麼滑，誰不摔倒？」

惠覺沒有想到重八敢頂嘴，氣得滿臉通紅，指著他的臉罵道：「寺裡收留你，不是叫你毀壞東西的！我看你膽子越來愈大了，是不是不想在這裡待了？瞧瞧你那寒酸醜陋的樣子，真是有辱我寺名聲。」

聽他口沫橫飛地辱罵自己，重八忍無可忍，上去就是一拳，打得惠覺跌跌撞撞後退幾步，差點摔倒在泥地上。惠覺挨打後，有些怕了，原來他雖然長得魁偉，膽量卻不大，看著年少體壯、怒氣沖沖的重八，竟然不敢還手，只罵罵咧咧轉身走了。

惠覺當然不會善罷甘休，他再次跑到高彬長老那裡告狀。而此時的高彬長老，卻正為寺裡缺糧少食的事憂愁。今年春夏兩季災荒，田裡幾乎顆粒不收，於覺寺的田租收不到，再加上年景不好，百姓四散逃荒，前來進香的人比較少，寺裡的收入一天天減少，開支吃緊起來。現在，寺裡的糧食所剩不多，高彬長老不得不決定驅走掛單的和尚。所謂掛單的和尚，指的是那些並非本寺僧人，而是雲遊至此，在寺裡吃住誦經的和尚，在當時，此類和尚非常多，大多數名為交流佛學，實則為了吃住方便而已。一旦寺裡情況緊急，那麼他們就是首批被趕走的人。

高彬長老正在考慮此事，看見惠覺神色慌張地跑進來，氣喘吁吁地說：「長老，那個朱重八太大膽了，他摔壞了水桶，還動手打人，你說，是不是該趕他走?!」

高彬長老看著惠覺，不疾不徐地說：「我正要找你商量大事呢！你先不要為這點小事著急了。」說完，拿出一份帳單給他看。

惠覺慌忙細看，這是掛單僧人在寺裡的開支帳單，數目不小。他看了一會兒問高彬長老：「長老，你打算怎麼辦？把他們趕走？」

「只有如此啦。」高彬長老慢慢回答。

惠覺趁機進言：「也把那個朱重八一起趕走吧！他太囂張了。我覺得自從他進寺後，寺裡的情況一天比一天糟糕了。」

高彬長老不耐煩地說：「小重八體貌奇異，舉止非凡，怎麼會給寺裡帶來厄運。依我看是你度量狹小，容不下人！」

惠覺不知道高彬長老為何如此看重重八，心裡很不爽，想了想說：「不管怎樣，他打人都要受罰，要不寺裡哪還有規矩？」

高彬長老說：「好好，你看著辦吧！不過先把這些掛單和尚趕走。不然，寺裡難以過冬了。」

惠覺立即按照高彬長老指示去安排此事，當然，他沒有忘記帶著人去嚇唬重八，說他打了人也要被趕走。重八已經知道他的為人計謀，並不把他放在心上，對他不予理睬，照舊做著自己的工作。

可是，寺裡的情況並不因為趕走掛單和尚而發生多大改善，很快，一些較有資歷的本寺和尚也陸續離去，捧著鉢盂開始雲遊四方，化緣度日。寺裡的僧人越來越少，日常用度卻越來越差，一日三餐改為一日兩餐，早餐也省去了，大家基本上整日聚集在大殿內默讀經文，保持體力。這天，慧淨為大夥熬好粥飯，就再也沒有起來，闔上眼睛永久地離去了。重八十分傷心，慧淨是他敬重的師父，也是他在寺裡最親近的人，給他安慰、幫助、關懷和指導，如今他悄然離世，對重八來說又是一次巨大的打擊。按照寺裡規定安葬完慧淨後，高彬長老下決心讓所有僧人外出遊方，等過一陣子，寺裡情況好轉再回來。

這次，重八也難逃外出雲遊的命運，等待他的將是更為殘酷的生存抗爭。

被迫出遊

這天，高彬長老召集所有僧人，宣布寺裡的決定：除了長老和主要負責人以外，不管年齡大小、資歷深淺，寺裡僧人必須外出遊方。由於各地和尚都不少，為了便於大夥化緣，還對化緣地做了界定，每個僧人需要按照地界去化緣。

這樣，重八就吃虧了，因為他資歷淺、年齡小，又有惠覺欺負，被派往淮西和河南方向。這裡也是飢荒的主要地帶，可想而知，化緣尋求活路會多麼艱難！況且，重八剃度出家僅僅五十二天，在寺裡除了做些繁雜工作，還沒有學會唸經打坐，更不懂什麼佛理玄機，他外出化緣，說好聽點叫做雲遊，實際上與討飯有何差別！

臨行前，高彬長老特地找到了重八，對他說：「寺裡養不起這麼多僧人，只好讓你也外出遊方。你年紀小，進寺時間短，也沒有經驗，在外面受了苦，受了氣，記住要忍耐，千萬不要計較。」重八點點頭，默默地記在了心裡。

第二天，十六歲的重八頭戴斗笠，手拿木魚、缽盂，肩上背著一個小小的包袱，含淚與師父以及諸位師兄們告別。如悟也在外出之列，不過他與重八路徑不同，兩人分手時格外傷心，真有種生離死別之感。

雲遊四海，到處化緣，重八所到之處，山川雖秀，百姓卻都是民不聊生、苦不堪言。一路走來，一路肅殺，令人觸目驚心。重八過定遠，路張橋，白天奔著有炊煙的地方去討口飯食，夜裡就急慌慌尋找棲身之處，穿城越村，挨家挨戶，寒風撲面，山棲露宿，單薄的身影輾轉東西南北，飢腸轆轆，好不淒涼。但是，重八始終沒有氣餒放棄，他頑強地與苦難抗爭，不肯放過一次求生的機會。每每敲開一扇化緣之門，對他都是一種考驗，因為面對他的往往只是白眼、侮辱、謾罵和冷嘲熱諷，這種考驗無疑極大地刺傷一個人的自尊，可是眼前的重八必須依靠討飯生存，尊嚴在此時顯得微不足道。

經過一個月艱苦磨練，重八輾轉到了合肥。原來他對路徑不熟，走著走著，沒有西去，反而南下了。合肥古往今來就是淮南重鎮，人口繁多，市集熱鬧，風土人情與濠州不同，一切風景在重八眼裡都充滿新奇。在合肥停留一段時日，重八才明白自己走錯了方向，這時合肥的情況也日漸不妙，外出逃荒的越來越多，重八知道此處無法長期居留，決定西去。一路西行，越走地勢越高，天氣越冷，人煙越稀少，往往十幾天都看不到一個像樣的集鎮。倒是山民純樸熱情，雖說生活吃緊，可是面對這個來自外鄉的小和尚，總是積極提供食物。只是夜間恐怖淒涼，可憐他一個瘦弱少年，穿行山間，一旦錯過住宿的地方，常常在荒山古剎或者廢棄草棚間過夜。正如他在後來回憶起這段時光時所說：「我何作為？百無所長。依親自辱，仰天茫茫。即非可依，形影相將。突朝煙而急進，暮投古寺以趨蹌。」

漸行漸西，已是寒冬臘月，行走在寒霜雨雪的山路上，前後幾十里都沒有人煙。重八想起亡故的親人，禁不住悲從中來，淚流滿面，就這樣，「雞聲茅店月，人跡板橋霜」，備嚐淒涼孤寂之苦，忍受嚴寒飢餓之痛，一步步往前行走，不知前途如何。這天，重八在山間走了大半天，始終不見一個人影，飢渴難耐，想在山裡尋找處泉水解渴。可是他走來走去，發現自己迷路了，在山裡轉圈走不出去。這可如何是好？眼看夕陽西沉，夜晚來臨，將如何過夜？

好一個大膽的朱重八，他停下行走，鑽進一個山洞，仰面朝天酣然大睡。也不知睡了多久，等重八醒來時，看到洞口射進微弱的月光，估計已是深夜了。洞裡淒冷，重八跑出來在月光下跺腳跑步取暖，又是一陣肚中咕嚕。好不容易捱到雞叫，重八望著滿天星月逐漸慘澹退卻，想到太陽馬上就要露出笑臉，心裡頓覺溫暖，禁不住吟誦道：

雞叫一聲撅一撅，

雞叫二聲撅二撅。

三聲四聲天下白，

褪盡殘星與曉月。

重八只上了一年學，缺少文化修養，吟誦的詩句簡單質樸，但其中透露出一股霸氣和積極向上的氣勢，令人讀來頓感不俗。另外，褪盡殘星曉月一句也顯示出他不可一世，希望像太陽一樣獨立天空的氣魄，這也正是他不同於常人，能夠最終從各路義軍中脫穎而出，一舉趕走元帝，建立大明的內在素質。

吟誦完畢，重八心情略為好轉，他想，附近雞叫聲聲，想必一定有人家。我順著太陽的方向前行，肯定會走出山林。於是，他打起精神，大步朝著東方而去。

第二節　遊走四方

紫衣人相救

重八一路向東，終於走出山林，他望著初升的太陽，心裡充滿了暖意。不遠處果然有個小村落，雖然只有幾戶人家，不過終究可以去試著討口飯吃，這對重八來說就是目前最要緊的事情。所以，他一步不停直奔那幾戶人家而去。

一夜飢寒交迫，重八身心俱疲，走著走著，突然頭一歪，摔倒在地不能起來。重八覺得口乾舌燥，渾身滾燙無力，他清楚，自己病了，病得很重，無法起身前行。躺在地上的重八漸漸神志不清，什麼都不知道了。

似乎夢中一般，重八的眼前突然出現兩個身穿紫色衣服的人，他們上前扶起重八，給他餵水送飯，很快，重八覺得身上有了力氣。然後兩個紫衣人把他帶進一家農舍，安撫他躺到床上休息。自始至終，兩個紫衣人都沒有說話，他們只是盡心盡力照顧重八，好像這是他們的工

作。然而，重八的身體恢復得非常慢，多日奔波勞苦，年少的他已經身心疲憊不堪了，疾病纏身，嚴重挑戰他的鬥志和生存的欲望。重八無時無刻不在努力掙扎，試圖擺脫疾病的折磨，走出這場災難。可是，病來如山倒，病去如抽絲，這次大病竟然讓重八困在此地，接連半個多月沒有好轉的跡象。

重八時而昏迷，時而清醒，感覺自己有時躺在農舍裡，有時又行走在山路上，有時不停地走路，有時又會好幾天都無處可去。慶幸的是，不管在哪種情況下，那兩個身穿紫色衣服的人始終伴隨身邊，不離左右，他們就像兩道屏障，使得身患大病，處於困頓、迷茫、極度不幸中的重八有了依靠，有了希望。

這天，重八突然清醒過來，看到自己躺在道觀中，心裡好生詫異，好半天也想不起自己是如何來到此處的。道觀規模不大，只有三間房子，有些破舊和荒涼，似乎已經很久沒有人在此出入了。重八掙扎著坐起來，向窗外觀望，看到院子裡站著兩個紫衣人，覺得面熟，就大聲喊道：「喂，你們是誰？為什麼不進來說話？」

奇怪的是，紫衣人聽到喊聲，突然閃身不見了。重八心裡疑惑，剛想起身出去觀望，就見觀外走進一人，身穿道服，頭戴道冠，五十歲上下年紀，面目清秀，精神抖擻，進觀就高聲說道：「貴人臨門，小道有失遠迎了。」說著走進重八所在屋子。

重八起身向道人問好，道人笑呵呵地說：「我聽說貴人在此，急忙回觀迎客，沒想到貴人竟然是位少年英雄！」

重八不好意思地說：「在下不過是一個小僧人，出遊在外，身染疾病，得到紫衣人相救，也不知道為何就到了貴觀。」

道人說：「紫衣人託夢於我，說有貴客臨門，我這才急忙回來了，看來小英雄福大命大，得到神靈護佑了。」

重八覺得有道理，忙回答：「既然如此，小僧也不客氣，就在此打擾了。」

道人倒也爽快，立即準備飯菜，坐下來與重八交談。兩人談論各自的教派特色，近來時局變化，十分投緣。經過交流，道人對重八有了深入瞭解，覺得這個小和尚非常出色，不同常人，一時興起，約他去見自己的好友「胡鐵嘴」。胡鐵嘴是個算命先生，因為算得準確，十分靈異，因此外號胡鐵嘴。

胡鐵嘴見到重八，不由得大吃一驚，他眼前這位小和尚雖然破衣爛衫，神情疲憊；身邊只有一只缽盂，一頂破斗笠，但是長相奇特，氣宇軒昂，眉宇間透著一股帝王之氣。胡鐵嘴看罷多時，聯想紫衣人救助重八的事，不由得大聲叫道：「此乃吉人天相。」

重八追根究底：「此話怎講？」

胡鐵嘴說：「你命裡之貴，他日必貴不可言，富甲天下。」

重八聽了，半是驚奇半是喜悅，他從小到大，好幾次遇到人說他命中富貴之言，可是眼前窘迫之極，生死存亡難以自保，哪有富貴的跡象。想到這裡，他很客套地說了一句：「他日我若發達了，必將重重酬謝先生。」

胡鐵嘴哈哈大笑，拉著道人和重八去欣賞自己的菊花。菊花大多開在深秋時節，而他的菊花此時剛剛綻放花蕾，金黃色的花朵飽滿滋潤，清香四溢，煞是好看。

三人賞花交談，好不愜意，相約吟詩助興。道人和胡鐵嘴各自作了首讚頌菊花的詩，詩詞雖美，卻無多大新意。輪到重八了，他一時高興，想了想吟誦道：

百花發時我不發，我若發時都嚇殺。
要與西風戰一場，遍身穿就黃金甲。

聽罷此詩，道人和胡鐵嘴相視大驚，原來此詩雖然簡單，文字看似不雅，實則蘊含深意，其中所言黃金甲更是暗指唐朝末年黃巢領導的黃巾軍起義之事。唐朝末年，政治腐敗，藩鎮之間混戰不斷，導致人們的生活陷入水深火熱的災難之中，於是百姓揭竿而起，轟轟烈烈的黃巾軍起義就此爆發。黃巢率領的義軍頭紮黃巾，勢如燎原，攻佔長安，動搖了強大的唐王朝根基。從整首詩作看，重八人小志大，有意效仿黃巾軍起義反抗朝廷，伸展大丈夫的抱負，氣概非凡。

道人驚訝之餘，連連稱讚重八的英雄氣魄。胡鐵嘴抿嘴不語，心裡卻有一種大膽的猜想，他認為眼前各地起義不斷，元王朝搖搖欲墜，恐怕新的朝代和英雄人物就要橫空出世，那麼眼前這個小和尚會不會在新舊朝代中有所作為呢？他根據多年的相術經驗觀察，面前的小和尚雖已出家，心卻在俗塵，必然不會錯過施展雄心的機會，而他吟誦的詩句，更顯示出這種欲望。

看到道人和胡鐵嘴不同的反應，重八恭敬地請教：「在下書讀的不多，才學鄙陋，獻醜了。」

胡鐵嘴這才哈哈笑著說：「小英雄客氣了，我倒是有一事相求，不知道你能否答應？」

重八好奇地看著胡鐵嘴，心想，自己身無一物，才無半斗，流落雲遊，討飯過活，他會有什麼相求呢？

珍珠翡翠白玉湯與虎皮豆腐

聽說胡鐵嘴有求於自己，重八頗感意外，忙回答：「先生儘管講，只要我能幫忙，一定盡力而為。」

胡鐵嘴笑著說：「我索取一份周遊天下，免死免罪的詔書。」

重八和道人一聽，都樂了，齊聲說：「詔書是皇帝頒發的，重八上哪去索取去？」

可是胡鐵嘴表情鄭重，極其認真，似無玩笑之意。

重八反應靈敏，覺得與胡鐵嘴接觸半日以來，他的言行有些古怪奇特，於是半開玩笑半認真地說：「既然如此，如果我做了皇帝，一定許你兩樣要求。」

胡鐵嘴當即表示感謝。

朱重八稱帝後，胡鐵嘴果真進京索取詔書，於是，重八拿出自己的扇子，在上面題詩一首：

江南一老叟，腹內羅星斗。
許朕做君王，果應仙人口。
賜官官不要，賜金金不受。
持此一握扇，橫行天下走。

幾日後，朱重八告別道人和胡鐵嘴，獨自踏上化緣之路。這次，重八不管東西南北，聽說哪裡收入好就奔往哪裡，這樣東一榔頭西一棒地走了大半個月，竟然不知不覺進入安徽南部地界。現在已是初春，又到了青黃不接的時候，村莊城鎮到處一片飢饉荒涼之象，逃荒要飯的人成群結隊。這天，重八路過休寧城郊，已經多日沒有吃頓飽飯的他終於餓暈了，躺到城牆下再也無法起身。昏昏沉沉中，重八似乎聞到一股香氣撲鼻而來，那麼濃香、那麼誘人，強烈的求生欲望之下，他掙扎著爬起來，看到不遠處兩個乞丐正用破鍋熬煮飯菜。重八心裡充滿了希望，他挪動腳步走過去，他要乞討食物，他要生存下去。

兩個乞丐看到衣衫襤褸、生命垂危的重八，動了惻隱之心，招呼他過去一同進食。重八上前端起破鍋，一股腦兒將裡面的湯湯水水全部吞下肚，頓覺有了底氣，回身說道：「這頓飯菜真是太鮮美了。」

一個乞丐笑著問：「你品嚐出飯菜是什麼做的嗎？」

重八咂咂嘴，搖搖頭說：「不知道。是什麼東西做的，竟然如此好吃？」

另一個乞丐笑著說：「是我從一家大戶人家乞討的殘羹剩湯，裡面放上撿拾的樹葉菜根。白色塊狀是豆腐，綠油油的就是菜葉子。」

重八想了想，覺得剛剛進肚的飯菜中似乎漂著白色塊狀，還有綠油油的東西，這才清楚食用何物，他沒有因此沮喪，反而高興地說：「豆腐粒粒像珍珠，菜葉片片賽翡翠，如此美味佳餚，我看要有個動聽的名字才可匹配。」

珍珠翡翠白玉湯

兩個乞丐看他如此豁達樂觀，忍不住齊聲高叫：「好，該給他取個名字。」

重八略一沉思，說道：「就叫珍珠翡翠白玉湯，你們看如何？」

兩個乞丐哪裡聽說過這等美妙字詞，激動得目瞪口呆，好一會兒才歡呼道：「太好了，沒想到我們日日飲食的殘羹剩湯還有這麼好聽的名子，我們也覺得榮幸啊！」

三個人越說越高興，重八就在他們露宿的街頭住下來，過了幾天，兩個乞丐乞討了幾塊豆腐，吃不了就藏在附近的乾草堆裡。這天，重八決定告辭遠行，繼續自己的雲遊之路，一個乞丐說：「四處亂哄哄的，我看你也不必走了，就待在這裡吧！好歹能要口飯吃。」

重八當即拒絕他的意見，說：「我雖落魄潦倒，卻是個僧人，不能混跡市井俗間。這些天來，我雲遊各地，瞭解風俗民情，眼界大開，我要繼續我的探索之路。」當時，他對於前途可謂模糊不清，但是一顆積極向上的雄心時刻都不曾減弱，反而在雲遊途中越發旺盛起來。

聽了重八的打算，另一個乞丐說：「我們也不懂你們和尚的事，要說探索，我看你就探索探索老百姓怎麼才能過上好日子，不再忍飢挨餓？」

「對，」第一個乞丐跟著說，「什麼時候大家都吃飽飯了，這才是大事。」

重八何嘗不曾想過這些事，而且在這次艱難求生的途中，他見識增多，覺得世間處處不平，如何改變一般百姓的生活狀況真是迫在眉睫之事。

三人又說了一會兒話，一個乞丐慌忙說：「對了，重八要走，我們不是藏著幾塊豆腐嗎？拿來吃了。」說著，回身去尋找豆腐。

等他找到豆腐時，心裡涼了半截。原來豆腐藏在乾草堆裡，時間一久，長了一層白毛，不能食用了。他垂頭喪氣拿著幾塊白毛豆腐回來，遞給同伴說：「不能吃了，我們再去討點別的給重八吧！」

重八家裡曾經做過豆腐，他自幼也沒少吃豆腐，對豆腐可是相當瞭解，看著這幾塊白毛豆腐，覺得扔了可惜，接過來說：「不要扔，這幾塊豆腐還可以吃。」說著，他架鍋生火，在破鍋裡倒上點油，然後將豆腐切成薄片，放進去煎。一會兒，香味四溢，豆腐煎透了，他們圍上來一嚐，竟然出奇地鮮美好吃，真是大飽口福。

朱重八入伍後，1357年，一次，他率領大軍到徽州休寧一帶駐營時，記起少年時油煎白毛豆腐之事，特命隨軍炊廚在當地做此美味，這道白毛豆腐就被流傳下來。後來朱重八做了皇帝，油煎毛豆腐便成了御膳房必備佳餚。經過改良，這道菜以屯溪、休寧一帶特產的毛豆腐（長有寸許白色茸毛）為主料，用油煎後，佐以蔥、薑、糖、鹽及肉清湯、醬油等燴燒而成。因其豆腐兩臉色黃，呈現虎皮條紋，故被命名為「虎皮毛豆腐」，上桌時以辣椒醬佐食，鮮醇爽口，芳香誘人，並且有開胃作用，為徽州地區特殊風味菜，流傳至今，已經成為享譽世界的中外名菜。

再說重八，吃飽飯後，與兩個乞丐朋友告辭，踏上西去的道路，這一去，山高水長，前途茫茫，不知道還會遇到什麼事？

虎皮豆腐

第三節 逆境探索

登臨古台

隨著雲遊日深，年齡漸長，朱重八就像一隻出了籠的小鳥，展翅高飛，見了世面，開闊了視野，增長了各方面的知識。在遍嚐人世間辛酸苦辣，飽經風餐露宿之苦的同時，他更加堅強，也更加冷靜地審視社會和人生。這一切磨練對他應付即將發生的社會大動盪，提供了不可多得的經驗。這個看似求生的過程，實則蘊含著一個少年苦苦探索人生道路的成長歷程，其間，他經歷了生與死的考驗，更經歷了思想的大激盪，接觸到各地風雲暗湧的社會變革之勢，為他最終走上起義道路奠定了基礎。

但是，生活的磨難讓重八首先學會隱忍，變得沉穩，學會保護自己，讓自己生存下去。這種務實的態度和做法，伴隨重八一生，面對來自各方面的正面或負面的壓力，他都要盡量將它們轉化為可以利用的資源，推動自己進步，推動事業發展。

眼前，重八正艱難地行走在通往河南息縣的道路上，他從固始出發，走了已有兩三天了，沿途看到農人們已經開始耕種，田裡有了稀稀落落的禾苗，今年開春就下了幾場小雨，也許不會像去年那麼乾旱了。看到耕作的農民，重八想起故去的父兄，想起他們辛勤勞作的情景，眼中一陣模糊，淚水奪眶而出。中午時分，他彎過一條小路，前方出現一家小客店，重八想了想，捧著缽盂準備進去化緣。

快要走到客店時，從另外一條路上走來一位老者，身背大包裹，步履沉重，滿臉疲憊之色，眼看就要走不動了。重八忙過去扶住老者，對他說：「老人家，我來幫您背包裹吧！」那位老者站直身軀，細細打量重八，見他寬額頭，大下巴，深褐色的眼睛放著光彩，身高體瘦，年齡不大，身上的衲衣表明他是位和尚，於是放下包裹，喘著粗氣說：「唉，這些書太重了，背不動。」

聽說老者背的是書籍，重八大感意外，不由得說道：「世道艱難，吃穿都很困難，您還如此看重書籍，實在難得。」

老者心愛地撫摸著包裹，滿臉堆滿笑意，似乎撫摸著的是自己的兒女，語重心長地說：「不管如何，書籍不能丟啊！這裡面有先人們留給我們的財富，比金錢更貴重。」

重八記起小時候讀書的事，心裡一陣激動，問道：「老人家，您要到哪裡去？我雲遊四方，行蹤自由，可以送您一程。」

老者很高興，指著西北方向說：「我去息縣，你與我同路嗎？」

重八行蹤無所定，當即回答：「我願意與老人家同往。」

此後，重八為老人背書前行，一路上兩人交談甚為投機，談論路經各處風情典故，人文故事，倒也不失為樂事。臨別時，老人對重八說：「我略懂相術，活了這把年紀識人無數，卻從來沒有見過像你這般貴重的面相，你要好自珍重。」說著，還為重八指明前行的道路，利往西北，不利東南。重八漫遊無所適，敬重老者，也就聽從他的意思一路往西北而去。

重八繼續穿行在淮河上游和大別山、桐柏山餘脈之間，此處自古號稱兵戎之地，官府稱為盜賊出沒之所。山川縱橫，平澤交縱，平原地區，多湖澤水域，蘆葦茂密，是藏身的好地方；山嶺地段，地險林深，狼嚎猿啼，人跡罕至，常是盜賊們窩藏相聚之所。他在後來的回憶中描述在出沒其間的境況：「仰穹崖崔嵬而倚碧，聽猿啼夜月而淒涼。魂悠悠而覓父母無有，志落魄而徜徉。」

處境艱險，前途茫茫，重八並沒有因此消磨意志，墮落消沉。相反，他在不停的遊走探索中，總能發現激發心志的東西。有一次，他登臨金剛臺山，看到山頂開闊，周圍方圓十幾里，土質肥沃，溪水流暢，情不自禁開口說：「在此安營紮寨，足可以駐守數千部隊，進可以攻退可以守。」說完後，他自己也吃了一驚，原來他心中時刻懷有大志，竟然在窮困潦倒之際還能想著兵戎大事，關注天下局勢，真是不可多得。

隨後，重八還登臨過確山和桐柏山之間的栲栳山。這座山與金剛臺山相似，山巒起伏，溪水潺潺，山脈連綿數百里不絕。重八聽那位背書的老者說此山曾經屯駐過兵馬，所以前來觀覽。唐朝時，吳元濟造反，佔據此山，攻取淮、蔡兩地，震驚朝野。重八爬上栲栳山，看到山巒間還殘留著城牆、台基、欄杆、石址，腦海裡浮現出當時上萬義軍駐守其間，習兵練武，意氣風發，攻城掠地的無限豪情壯志，他慢慢地邊走邊看，心情蕩漾，似乎自己當年也曾出沒其間，留下過輝煌的戰鬥功績。最後，他登上一塊高高的台基，這裡曾經是吳元濟檢閱兵馬的地方，他放眼四望，好像看到千軍萬馬正在下面歡呼雀躍，聲動山巒，勢鎮天地。可是，好景不常，奉命討伐吳元濟的節度使李槊帶領官兵圍剿過來。李槊是位很有頭腦的將軍，他誠以待兵，嚴肅軍紀，同時，派人打入吳軍內部，洞悉栲栳山地形以及義軍情況，在全面瞭解敵軍軍情，掌控周圍環境的情況下，雪夜下蔡州，奪取吳軍的主要根據地，進而瓦解吳軍，平定了這次叛亂。

重八站在台基上，遙想當年戰況的點點滴滴，感慨地說：「吳元濟勇於起兵，並且拿下淮、蔡，可見是位英雄人物，但他沒有抓住時機發展壯大，而被軍事才能更加突出的李槊擊敗，勝負之間，難道僅在一念之差嗎？治兵用軍，是多麼神奇又充滿魅力的事情啊！」

以前，朱重八只是從人們的口裡、從書中瞭解歷史人物，接觸激盪人心的故事，如今，他雲遊四方，實地觀看那些曾經發生過的戰爭場地，站在古人的腳印上聯想戰事，登臨古戰台，抒發心志，顯示了一位軍事天才對於軍事的無比嚮往之情。

白蓮教興起

重八外出雲遊，大部分時間都是在淮西各地度過的，他從信陽北上，抵達過臨汝、淮陽，穿越鹿邑，在亳州、穎州生活過，這段時間裡，老百姓雖然度過了災荒年景，可是遭受過嚴重創傷之後，他們的生活已經無法恢復原來的模樣。而此時的元王朝，上自天子下至群臣，依靠苛捐雜稅盤剝上來的錢財，依然過著揮霍無度、奢侈靡爛的生活，根本不顧百姓死活。

元順帝自從驅趕了文宗皇后母子，覺得內部統治穩定了，生活變得更加腐朽。他為了享樂，親自設計龍舟，長120尺，寬20尺，上邊建有五殿，以五彩金飾妝成，派24名水手划船，水手們身穿金紫衣服，裝飾華麗。這條大龍舟日夜運行在宮內湖上，元順帝不理國務，經常和嬪妃、宮女們在上面嬉鬧遊樂，縱情享受。元順帝喜歡看舞蹈，就命人在厚載門高閣建了高高的舞臺，常常通宵達旦地欣賞，遇到國家大事，也不去理會。更有甚者，元順帝寵幸佞人哈瑪爾，請番僧和西僧傳授邪術，在宮禁密室聚眾淫樂，淫亂荒謬，聞者無不掩耳躲避。

這時，脫脫在太平丞相的幫助下，再次復出為相。太平為人正直不阿，從不拉幫結派，因此對脫脫的幫忙從不提起，而這件事卻被哈瑪爾找了機會，他多次極力向脫脫訴說，說自己如何設法營救脫脫云云，脫脫信以為真，對他非常感激。哈瑪爾為人奸佞，詭計多端，趁機挑撥脫脫和太平的關係，朝廷內部抗爭十分激烈。後來，在元順帝祖護下，太平遭到撤職，中書省大部分忠臣被罷免，使得元王朝民族矛盾更加尖銳，如此一來，儘管脫脫依然盡忠盡責，努力支撐元王朝的危局，情勢卻一日不如一日。當他聽到太子訴說皇帝的淫行之後，也曾經出面規勸順帝，奏請他查辦哈瑪爾。可是順帝卻說：「人生幾何，及時行樂為是。軍國大政，有卿主持，朕可放心，卿可少言，朕但能常樂如此足亦。」

然而，國家危亡，脫脫哪有能力獨立支撐下去？而且，由於順帝偏聽偏信，重用哈瑪爾，脫脫的權力也名存實亡，元王朝的統治已經病入膏肓之中，面臨崩潰的邊緣。

面對殘酷的壓迫剝削，各地災民經常聚集起義，反抗朝廷的殘酷壓迫。就在重八漫遊的淮西大地上，接觸最多的一個組織就是白蓮教。相傳，白蓮教是南宋時期吳郡昆山的茅子元創建的。茅子元十九歲時落髮出家，在延祥寺做了一名普通僧人，修練止觀禪法。南宋高宗紹興初年，有一天，他在禪室中聽到烏鴉叫聲，頓時口誦偈語：「二十餘年紙上尋，尋來尋去轉沉吟，忽然聽得慈鴉叫，始信從前用錯心。」此後，他在昆山澱山湖建白蓮堂，自稱白蓮導師，接受善男信女膜拜。白蓮教起源於佛教，卻又與其有著許多不同之

白蓮教

處，它組織嚴密，嚴格師徒和宗門關係，以「普、覺、妙、道」四字為信徒取名，做為行輩的依據。

元朝時，白蓮教屢次遭到打壓，又屢次被開禁流行，到了元朝末年，淮西一帶白蓮教發展迅速，規模相當龐大，已經呈現勢不可擋之勢。

朱重八身為僧人遊走淮西，無牽無掛，自然十分容易接觸到白蓮教，當時，他聽到最多的是關於郭菩薩、棒胡等白蓮教頭目的消息，他們盛傳「彌勒佛當有天下」，鼓勵百姓起來反抗元朝統治。其中，西元1337年時，棒胡曾經發動了一場造反，不過被鎮壓下去。但是當地人們口耳相傳，依舊對那場運動懷念不已。

在與白蓮教接觸的過程中，重八雖然也參與他們的活動，比如夜間相聚，膜拜彌勒佛祖等等，但他始終沒有深入其中，而是保持自己的正宗和尚身分。不久，河北人韓山童傳教的一支白蓮教日益蓬勃壯大起來。這支教徒由韓山童的祖父一手發展，他是名教書先生，因不滿元朝統治，曾經利用傳教的形式，暗地組織農民反抗元朝，被官府發現後，充軍到永年（今河北邯鄲東北）。韓山童就在永年長大，他繼續組織白蓮會，聚集了不少受苦受難的農民，燒香拜佛。韓山童對他們說：「現在天下大亂，佛祖將要派彌勒佛下凡，拯救百姓。」這個傳說很快就傳到河南和江淮一帶，百姓們都盼望著有那麼一天，彌勒佛真會下凡來。於是組織迅速擴大，影響深遠。

關於彌勒佛轉世拯救苦難百姓的消息，也是由來已久的傳說。據說，彌勒佛是西方一個小國的國王，曾經聽佛祖釋迦牟尼說法。釋迦牟尼說：「許多年以後，彌勒佛將轉世拯救眾生。」在眾多寺院裡，彌勒佛的塑像都是身背大布袋，大肚皮，笑口常開的形象，在中國，彌勒佛則成為五代時期遊方僧人契此的化身，他遊走四方，常常用一根木棍挑著布袋，隨處坐臥，四方化緣，人稱布袋和尚。他在西元917年時，來到岳林寺，坐在一塊石頭上高聲唱著「彌勒真彌勒，分身千百億，時時示時人，時人自不識」而圓寂。

如今，天道昏暗，百姓苦於生存，企盼世道光明，呼喚明王出世，這種高呼彌勒轉世，造福人間的傳教自然十分盛行。重八在淮西時，正趕上白蓮教最興盛的時期，這對一個十七、八歲的少年來說，無疑產生了很深重的影響。他不但親身經歷苦難的歲月，還領略了廣大勞苦百姓為了求生勇於反抗的抗爭精神，在這種火與血的鍛鍊當中，他一步步成熟著，一天天思考著、觀察著，胸中湧動著萬千波濤，時時憧憬著嶄新的生活。

第十二章

天下大亂　劉基尋訪識英主

在遊方過程中，重八結識了一個重要的人——他就是劉基。劉基不滿元朝統治，夜觀天象發現了天子氣，於是走遍天下尋明主，結果遇到朱重八，被他奇骨灌頂的容貌和豪氣沖天的氣概深深吸引。在結伴同遊過程中，兩人賦詩論英雄，使得劉基堅定了自己的預測……

隨後，重八回歸寺廟，閉門讀書，此時，紅巾軍起義勢如燎原，拉開了轟轟烈烈的元末農民運動的帷幕……

天下大亂，各地回應紅巾軍起義的人層出不窮，亂世面前，朱重八會踏上起義之路嗎？

第一節 劉基訪天下

劉基得天書

就在年輕的朱重八在淮西輾轉雲遊，承受著風雲暗湧的時代大潮衝擊的時候，遠在浙江，有位通曉天文地理、神通廣大的人物開始尋訪天下，希望能發現英雄豪傑，拯救黎民百姓。此人姓劉名基，字伯溫，浙江青田九都南田山武陽村人，自幼喜讀詩書，博聞強記，尤其擅長天文、地理、卜筮之說，是有名的才子，考取功名後，出任地方縣令。

劉基雖然做了一方父母官，但是心懷大志，對元朝的統治非常不滿，他生性嫉惡如仇，不肯巴結賄賂長官，因此在官場難以施展才華，心情鬱悶，於是辭官不做，在家鄉過著隱居生活。劉基的家鄉有座南田山，位於青田南150里處，山雖不大，但是山色秀麗，景致雅靜，是個散心的好去處。真應了那句「山不在高，有仙則名。水不在深，有龍則靈」的話。在他的眼中，此山相當靈異，時人描述此山乃萬山之巔，獨開平壤數十里，號南田福地。閒來無事時，他經常去山中漫步遊玩，或者賦詩自娛，或者登山抒志。有一段時間，他發現南田山中時常飄動奇異的雲朵，忽而縹緲不定，忽而聚攏山巔，似遊龍穿雲，煞是引人關注。劉基精通天文地理，擅長占卜預測，對於奇異景象歷來都有獨特的見解，他覺得這團雲朵不簡單，於是更加頻繁地往山裡跑，觀測這個現象。他母親對他要求很嚴，看到他時常不在家，不免加以責備。劉基很孝順，對母親講了這個現象。他母親也讀過詩書，懂得卜筮之術，聽說後對他說：「遊雲似龍，註定有靈異之物在此，你可以趁著早晨濕氣重的時候追蹤而去，必定有所發現。」

劉基按照母親的叮囑，第二天一大早就跑到青田山下，果然看到山巔臥著一條睡龍，他心裡大喜，急忙攀岩追隨而上。等他攀到山頂，遊龍早已沒了身影，不過在遊龍睡臥處，突然多了一道山門。山門緊閉，上面寫著四個大字「遇基而開」。劉基看罷，心潮澎湃，對著山門拜了三拜，高聲說：「在下劉基拜見。」說完，就見山門緩緩啟動，原來是兩塊巨大的青石，一左一右掩閉著，費了好大工夫，山門完全打開，裡面衝出一陣潮濕的氣息，撲打在劉基的臉上。他來不及細想，伸頭向裡觀望，

劉基像

只見裡面黑洞洞的，什麼也看不見。劉基心想，既然此山門是特地為我打開的，我要是不進去看看，豈不可惜。他藝高人膽大，不顧洞黑路滑，悄悄地走進洞裡。

說也奇怪，劉基進洞後，裡面突然光亮起來，亮如白晝，就見四下裡石牆敦厚，安置著石凳石桌，看起來像是有人居住過。他邊走邊細心觀察，突然前面出現一開闊地帶，中間有一條很乾淨的石凳，上面放著一本發黃的書籍！劉基大吃一驚，山洞中怎麼會有書呢？難道有仙人在此？他想著，走過去拿起書本翻閱。劉基從小博覽群書，讀過的書不可計數，但眼前這本書卻與以往書籍大不相同，令他大開眼界，他知道得遇奇寶，急忙藏好書籍匆匆下山。

回到家中，他拿出書給母親看，母親半是欣悅半是憂愁地說：「自古奇書難得，今天你有幸得到

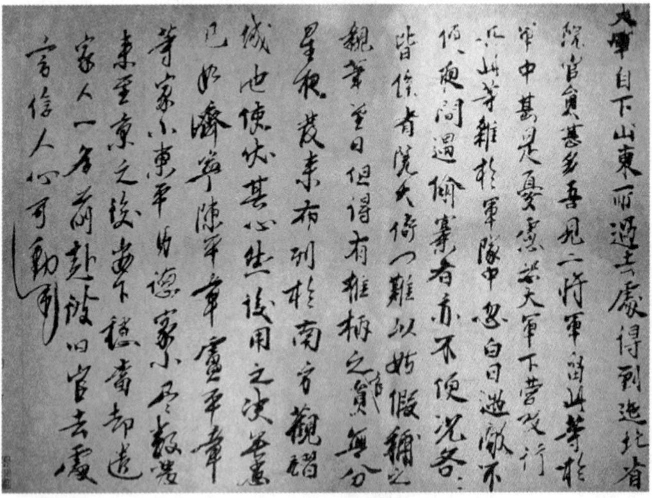

劉基手跡

了，是你的緣分；但是奇書往往教授人們奇異的思想和行為，讓人不同於俗，這又會讓你活得很辛苦。」劉基琢磨著母親的話，一時沒有參透其中深意，他見母親不反對自己讀這本書，也就不再細想，關起門來刻苦研讀此書。

經過攻讀，劉基的學問和見識大增，有種卓然於世之感。他觀望眼前世界，看到各地紛亂漸生，百姓慘遭塗炭之苦，元王朝腐朽不堪，官僚們無心為民謀福，天下即將發生大變動，不禁作詩抒發感慨：

結髮事遠遊，逍遙觀四方。
天地一何闊，山川杳茫茫。
眾鳥各自飛，喬木空蒼涼。
登高見萬里，懷古使心傷。
佇立望浮雲，安得凌風翔！

聽了他的這首詩作，他母親知道兒子志在四方，胸有韜略，不肯蝸居一方，淡漠平生，於是對他說：「我知道你從小就有志向，現在天下即將發生大亂，你何不出去尋找明主，一圖大業？」

劉基沒有想到母親如此支持自己，當即高興的辭別母親和妻子，帶著簡單的行李踏上北去之路。他之所以選擇北方，也是透過觀望天象所得，這其中還有段非常有趣的故事。

天子氣何在

在隱居家鄉的日子裡，劉基心懷天下，日夜苦讀求進，不忘時刻關注時局。有一次，他與人結伴同遊杭州，他們來到西湖岸邊，欣賞美色盛景，並且在酒館裡飲酒閒聊。不一會兒，突然發現一股異雲起西北方，光映湖水中，煞是壯觀。同遊者無不驚喜喝采，都說這是片慶雲，顯示國家昌盛之意。魯道原和宇文公諒還即興賦詩，盛讚美景良世。唯獨劉基飲酒不停，不理會眾人的讚譽之詞。魯道原奇怪地問：「伯溫，平時你最愛觀摩異境奇志，今日見到如此祥雲，為何一言不發？」

劉基放下酒杯，看著異雲大聲說：「那不是什麼慶雲，而是天子氣，應在集慶。十年後，必有英雄在集慶建立新朝，我當輔佐他。」

當時杭州是元朝比較繁華穩定的地區，人煙稠密，經濟發達，周圍人群聽到劉基這句近似發狂的話，一個個趨閃躲避，魯道原連聲說：「你不要酒後亂語，小心連累我們受害！」但是，劉基好像並不在意，繼續及閘人沈與京飲酒談笑，大醉方歸。

此後，劉基回到家鄉，依然不忘在西湖發現的

王冕

天子氣，他暗地裡也多研究西北方向的名人異士，企圖從他們當中發現未來的真龍天子。所以這次母親提議他外出尋訪明主，正合了他的心意，於是他朝著北方急進。說來當時的名人異士也有不少，劉基邊走邊尋訪，這天來到了會稽城下，他到這裡來有一個目的，就是拜訪名士王冕。王冕是元末有名的畫家，他出身寒微，但是依靠個人奮鬥取得成功，名聲顯赫。

劉基想來想去，覺得一路上見到的名人不少，但是大家談古論今，賦詩品茗，似乎很難看出什麼奇異之處。這次，他想了個方法，決定不去正面拜見王冕，而採取一個意外相遇的方式。劉基不愧足智多謀，他打聽到王冕經常去竹林散步，於是趁機帶著書僮埋伏在竹林邊，等到王冕出現時，他悄悄吩咐書僮點燃一串爆竹。突然劈哩啪啦一陣脆響，王冕嚇得臉色驟變，抱頭外逃。看到這個場面，劉基心裡十分失望，嘆氣說：「王冕雖是名家，但他膽量小，難以成就大事業。」他所說的大事業當然是天下政事，想來王冕一介文人，沒有這個膽量與志向也很正常。

劉基志在天下，素有野心，雖拜見許多名家，無一令他滿意欽佩，這天，他帶著書僮來到海昌。海昌也有位名人，此人叫賈銘，喜好結交，時人以他為豪傑。劉基慕名前往，到他家時恰好他外出會客。劉基獨自在他家客廳等候，看到他家裝修華麗，家具精美，院落修築得精緻美觀，來往的下人打扮得鮮麗乾淨，給人一塵不染、超凡脫俗之感。他心裡覺得十分彆扭，想了想張口往潔淨如玻璃的地板上吐了口水。這時，賈銘正好進屋，見此眉頭緊皺，臉色難看，連忙吩咐下人打掃劉基吐的口水。此後，兩人的交談可想而知，不冷不熱，甚不投機。

走出賈銘家時，書僮不解地問：「老爺，你為何偏偏往他家地板上吐口水？」

劉基笑呵呵地說：「心裡裝著天下的人，哪會顧慮這些瑣碎事情？我看到他家那麼潔淨，猜測賈銘必不是志向高遠的人物，故意試探他，結果果真如此。他這麼小氣，哪有成就天下大事的可能?!」

書僮這才明白劉基的目的，聯想一路無所獲，不由得洩氣地說：「老爺，我們走了這麼久，也沒有尋訪到真正的英雄，你說我們下一步該去哪裡？」

劉基觀望天象，指著西北方說：「天子氣就在西北方，我們還要繼續往前走。」

這一去就來到淮河岸邊，風情人物與以往大有不同，不知道他能否發現真正的天子？

第二節　慧眼識英雄

睡臥石龍河

劉基順著天子氣一路尋訪，很快來到淮河岸邊，這天，他站立在臨淮街頭，看到過往行人氣宇昂昂、談吐直爽豪氣，與以往所見名士文人大有不同，其言行舉止間流露出錚錚骨氣，心頭為之一震，想到如今世道離亂，文人名士缺乏擔當重任的英豪氣概，看這方百姓，其氣魄膽量倒很是可貴。

他正在胡思亂想，身旁的書僮拉著他悄聲說：

「老爺，你快看。」

劉基順著他手指的方向望去，原來不遠處有位賣肉的屠夫，身高體壯，甚是威猛，他手起刀落，割肉如斷髮，輕鬆自如，十分自得愜意。劉基和書

劉基像

僮看得投入，覺得此人絕非一般人物。這時，有位中年人走過去買肉，買好了，付過錢後，掂在手裡覺得有些少，竟對屠夫說：「今天家裡來客人，這塊肉少了點，你再多給點。」

屠夫聽了這話，立即揮刀割肉，又給顧客加了一塊。中年人高興地謝過屠夫，轉身離去。劉基奇怪地看著這個現象，心想，屠夫多給顧客肉，顧客也沒有多付錢，此間風情果真奇異。他又站了會兒，看到前去買肉的人很多，好幾次顧客向屠夫要求多給點，屠夫都爽快地滿足他們。這種豁達直爽的民風，讓劉基大開眼界，他接連轉了好幾個市集，發現此處的民情大致相同，人們大多豪直爽諒，不拘泥於小節。

瞭解當地民情之後，劉基在夜間觀測天象，不無驚嘆地說：「此地多豪傑，必有天子出世，我看這麼多人如此俠義豪情，將來都是從龍之人，前途遠大！」所謂從龍之人，就是跟隨天子打天下的人，紅巾軍起義後，許多淮西人投軍入伍，成為元末農民運動的主力軍。而跟隨朱重八南征北戰、創建帝業的將領也大多出身淮西，他們從龍而動，成就輝煌事業。

而劉基本人，尋訪到天子氣所在之地後，當然不會輕易甘休，更加深入地探訪查詢。這天，他帶著書僮穿山越嶺，也不知道到了何方地界，只覺得口乾舌燥，行走艱難，看看遠處有條溪水，便拼命奔過去。

還沒走到河邊，劉基突然看到紅光閃耀，直射天際，他大吃一驚，心想，這裡有什麼靈異之物，會放射這等光芒？他慢慢上前仔細查看，不由得更加奇怪，岸邊沙灘上，一位少年四仰八叉躺在那裡，頭頂上方還擺著一根長長的木棍，紅光正是從這裡發出。劉基看那少年睡得正熟，也不便打擾，就在旁邊細細打量，這一琢磨不要緊，他心裡猛然一顫，原來，少年睡臥河邊，伸展的四肢和頭頂的木棍恰好組成一個「天」字，聯想紅光映空，劉基心想，我苦苦尋訪天子氣，難道應在這個少年身上？

這時，睡臥的少年翻轉身體，將一條腿壓在另一條腿上，緊縮著上半身，一直觀看的劉基怎麼看都覺得少年這個姿勢像「子」字，他激動地想，剛才是「天」，現在是「子」，這不是「天子」嗎？想到這裡，他再也無法控制自己的心情，上前推醒少年，打算與他進行一番交流深談。

少年被人喊醒，打著哈欠翻身坐起，揉著睡眼看看劉基，迷糊地問：「你是誰？叫我有事嗎？」

劉基好好端詳少年，見他奇骨灌頂，神態鎮定，當即拱手說：「在下浙江青田人，路過此地，前來取水解渴，方才看到紅光映天，不知道是何物，近前觀看原來是從你身上發出去的，大感驚訝。不知道你叫什麼？為何在此仰天大睡？」

少年已經清醒過來，他看到眼前的人四十歲左右，打扮像位教書先生，言行舉止流露出文人氣質，也很客氣地回答了他。這位少年正是朱重八，他浪跡淮西各地，已經到了穎州地界，穎州是白蓮教非常活躍的地區。前幾天，朱重八在一位白蓮教眾帶領下前去膜拜彌勒佛，聽韓山童等人傳教，結果遭到官府驅散，教眾們一哄而散，重八在混亂中逃跑，也不知道跑了多久，到了這條石龍河邊，依靠採食河邊山上的野果度日。今天，他腹中飢餓，胡亂喝了幾口水就昏昏睡去了，沒想到被劉基遇見，並且發現他的天子氣。

聽了重八的身世，劉基大感驚奇，這位少年出身寒微，文武不精，流落求生，真可以說赤貧之極，才學不濟，將來靠什麼建立基業呢？他不禁對自己的相術產生懷疑，也不由得再次細細打量重八。眼前的重八身穿破舊的衣衫，手捧一只缽盂，身邊一條木棍，除此以外，確實身無長物。但是，他目光沉著深遠，言行舉止豁達不俗，流露出的英豪氣概難以掩蓋，難道這就是他成功的資本嗎？劉基讀書無數，閱人甚多，今天與重八相逢對他來說可算是個考驗，儘管他以經驗認為重八身上散發出英雄氣，但他實在很難一下子將重八與未來的天子聯繫起來。

劉基論英雄

朱重八並不知道劉基的打算，看到這位先生談吐高雅，見識淵博，很高興與他交往，指著身邊的大河說：「這條河叫做石龍河，據說有條龍違反天規，受到玉帝懲罰，被貶做石龍埋沒河間。」

劉基聽罷，靈機一動，指著石龍河說：「世間多英雄，可是像石龍一樣遭到埋沒的也有很多啊！」

重八素來喜歡談論英雄人物，忙說：「所謂英雄，應該出乎天地，不受羈絆，似遊龍在天，如猛虎呼嘯山林，如果輕易就被埋沒，也不是真正的英雄人物。」

劉基心生驚訝，覺得重八身上有股貫穿天地之間的氣概，接著說：「如今天下不寧，四方多有義士豪傑舉事，他們可算是英雄人物。」

重八臉色平靜，眉毛微動，輕輕地說：「依我看，這些人以傳教迷惑世人，聚眾鬧事，最多只會掀起一陣陣風波，最終難成大事，不是大丈夫所為。」

劉基更加驚嘆，立即問：「那麼依你之見，大丈夫應該如何作為呢？」

重八鎮靜地說：「唐宗宋祖，振臂高呼，天下回應，兵戎之間，驅除舊政，建立偉業，這才是真正的大丈夫所為！」他極其自然地說起這些話，似乎在胸中醞釀積攢了好久。

劉基廟

劉基不得不暗自點頭了，看來自己的相術沒有錯，眼前少年果真有著超人的理想和不俗的境界，日後必然能夠出類拔萃。想到這裡，劉基大為高興，提議與重八一道漫遊。

重八欣然同意，近些日子，他聽說家鄉年景好轉，萌生思鄉情懷，劉基也打算從穎州東進，於是兩人踏上回歸濠州的路途。一路上，他們交談日漸深入，彼此甚是投機。

有一天，兩人在客棧用餐，他們坐在窗下，對面是滔滔江水，氣勢如虹，甚為壯觀。他們邊吃飯邊交談，劉基詩興大發，提議賦詩助興。重八笑著說：「好啊！我們就以眼前景物作詩如何？」

劉基點頭同意，他看著重八手中的筷子隨口吟誦：「一對湘江玉並肩，二妃曾灑淚痕斑。」筷子是竹子做的，劉基引用娥皇女英的典故形容手中的筷子。重八聽了，微笑著說：「先生所作，太過文人氣了。」劉基並不答話，繼續自己的詩作：「漢家四百年天下，盡在張良一借間。」他話鋒一轉，以張良借箸代籌的典故，描述另一種情景和抱負。當年，高祖劉邦起義後，謀臣張良為他運籌帷幄，一次談得興起，他借用劉邦手中的筷子來比劃天下局勢，所以才有了借箸代籌這個故事。

重八素喜歷史故事，對於劉邦、張良等人物可謂耳熟能詳，聽到劉基這兩句詩詞，當即高興地說：「先生胸懷謀略，志向不俗，可比西漢張良啊！」此語日後果得印證，劉基謀劃天下，奇計疊出，屢立戰功，與李善長、徐達一起，被比喻做西漢張良、蕭何、韓信，是輔佐重八建立帝業的第一大功臣。

劉基笑呵呵地說：「見笑了，我要是西漢張良，您可就是高祖劉邦啦。」他有意說的話，重八哪裡明白，他並未細想，琢磨一下，望著江邊若鋼鑄銅澆一般屹立、任風吹浪打巋然不動的一塊堅石，隨即賦詩：「燕子磯兮一秤砣。」燕子磯是長江岸邊位於南京附近的一處名勝，重八用它比喻眼前風景。

他剛吟誦完畢，就見立在劉基身後的書僮噗哧笑出聲來，低聲嘟囔：「這叫什麼詩？狗屁不通，還不如一句大白話呢！」劉基也覺得奇怪，目不轉睛盯著重八，等候他的下文。就見重八起身站在窗前，放眼遠望，繼續誦道：

燕子磯兮一秤砣，
長虹做桿又如何。
天邊彎月是掛鉤，
稱我江山有幾多。

吟罷，久久佇立窗前，似有萬千思緒澎湃在心頭。劉基站在他身後，連聲稱讚說：「好詩，好詩，氣貫長虹，勢比日月，果真是大丈夫氣概。」詩中，重八把燕子磯比作秤砣，長虹比作秤桿，彎月比作秤鉤，來稱大好江山，氣度不凡，令人嘆為觀止。劉基這番與重八賦詩，徹底看到了重八身上具有的天子氣魄，心裡無比喜悅。

不久，重八和劉基輾轉回到濠州，恰好劉基接到家信，說他母親病重，劉基不再停留，告別重八踏上歸程。兩人分手時，劉基對重八說：「天下將亂，反王並起，你可相機行事，以圖大業。」

重八並不知道劉基的心事，只覺得他才學出眾，擅長謀略，是個人才，也就隨口答應，卻回到了於覺寺繼續自己的僧業。

誰能想到，兩人這次分手，相見卻在十年之後。那時，重八已經改名元璋，成為一支義軍領袖，攻佔了集慶（今南京），採取高築廣積策略穩固發展。而劉基在浙江，與當地名人結寨自保，對抗活動在周圍的各種亂軍。朱元璋派人南下請劉基，這才有了相會之期。

第三節　世人盼明王

石人一隻眼

朱重八回歸於覺寺後，看到寺廟更添了幾分破敗，外出的僧人大多沒有回來，留守的高彬長老眼見衰老了許多，說話和走路大不如從前抖擻精神。他看到重八回來，很高興地歡迎了他，還為他騰出一間空房讓他居住。重八住下後才得知，前幾年，寺裡生活困難，惠覺帶著部分僧人走了，所以，目前的寺內除了高彬長老還有幾個新進入寺的小僧人外，別無他人。現在，重八已經年滿二十歲了，不但體格健壯，心智也到了成熟時期，幾年雲遊開闊了他的視野，他完全可以擔當起一份重任，高彬長老很識時務地安排他做些法事，教授他些佛經典籍，不再讓他承擔灑掃的打雜工作。

但是目前的於覺寺早就沒了往日的興盛，香客稀少，法事不多，因此重八住在寺內，名為僧人，實則如同過客，寺廟不過是處住處而已。雲遊的經歷，讓重八感觸最深的就是文化和知

識的重要性，他知道自己當初讀的書太少了，那點啟蒙教育太淺薄了，他渴望繼續讀書、渴望豐富自己，想起與劉基交往過程中，對方深厚的文化底蘊對自己產生的影響，他坐不住了，他到處搜尋書籍，日夜苦讀。在寺廟裡，他接觸最多的是經書，但他對經書興趣不大，他依舊迷戀古往今來的史書、戰書以及各種帝王將相的書籍，他時常為了借一本書徒步上百里，借到書後就廢寢忘食地攻讀。好在此時的於覺寺沒了往日的那些規矩，不管他讀哪些書，高彬長老對他管制都不多，相反，只要有機會，高彬長老還會與他談論時事，問訊他雲遊淮西的各種經歷，並且向他推薦一些經典書籍。

一年後，重八的學識增長不少，這時，經常可以聽到各地叛亂的消息。高彬長老在這時圓寂，臨終時將寺裡的重任交給重八，對他說：「你出家雖然不久，但是聰慧能幹，本寺歷經幾十年風風雨雨，沒想到在貧僧手裡走向衰敗，眼前各地都不安寧，你也是個有志向的，不過不管你做什麼，寺裡的大事託付給你，你不要忘了興盛寺廟的事業。」這份囑託對重八來說十分沉重，畢竟他的志向不在佛寺，他又怎麼能夠安心於此？況且，從眼前境況來看，寺裡的生活依舊很吃緊，能否度過危機確實難說。但是重八已經幾經親人離世，看著奄奄一息的高彬長老，他還是點頭答應了這最後的吩咐和期望。其實，重八心裡也很明白，高彬長老不是不知道寺廟的現狀和前景，不然也不會放任自己苦讀各種書籍，只是身為佛門弟子，他不得不交代重八這些事情。

隔年，到了西元1350年，元王朝統治下的華夏大地在歷經多次天災人禍之後，再次發生了一件大事。這件事情加速了百姓們反抗的速度，直接導致元王朝走向衰亡。

此事還要從西元1344年說起，由於元朝政府不關心生產，水利設施年久失修，淮河兩岸發生特大災荒以來，黃河也接連決口，氾濫成災，殃及面極廣，導致百姓大量死亡，田地荒蕪，元政府收入銳減，加上奸佞當權，朝政極端腐敗，元順帝君臣驕奢淫逸，大肆揮霍浪費，弄得國庫虛竭，財政極度困難。為了彌補財政虧空，元政府除了加重賦稅以外，於至正十年，也就是西元1350年發行「至正寶鈔」的新紙幣，代替早已通行的「中統寶鈔」和「至元寶鈔」。新鈔發行後，規定新鈔一貫相當於銅錢一千文，准折至元寶鈔二貫、中統寶鈔十貫。在政府支持下，新鈔大量印造，貨幣迅速貶值，在大都，鈔十錠（相當於銅錢5萬文）還買不到一斗米。更換新鈔造成了惡性的通貨膨脹，使人民的生活更為困難，百姓們揭竿而起的局勢已經近在眼前。

第二年，黃河在白茅堤決口，接著又下了二十多天大雨，洪水氾濫，兩岸百姓遭受嚴重水災。丞相脫脫看到百姓流離失所、大片土地荒蕪的境況，瞭解到各地農民風雲暗湧的起義情況，心裡無比擔心，上奏摺請求興修水利，把決口的地方堵上，另外在黃陵岡（今山東曹縣西南）開挖河道，疏通河水，造福百姓，緩解朝廷危機。元順帝同意了這條提議，於至正十一年（西元1351年）下令徵調農民和兵士十幾萬人治理黃河。脫脫雖好意治河，但他僅從元朝統治者角度出發，沒有看清局勢動向，不清楚百姓的生活之苦和對朝廷的失望之深，早已到了不可調和的地步。結果，執行治河任務的官兵橫行霸道，暴虐修河民工，造成民工強烈不滿。黃河兩岸農民本已飽受災荒之苦，到工地上又橫遭監工的鞭打，被克扣口糧，個個無比憤怒。

十幾萬人憤怒了，這件事被白蓮教主韓山童及時掌握，他發動群眾，先派幾百會徒去做挑河民工，在工地上傳播一支民謠：「石人一隻眼，挑動黃河天下反。」民工們不懂這歌謠是什麼意思，但聽到「天下反」三個字，就覺得世界要變，好日子快要到來了。

劉福通紅巾軍

開河開到了黃陵岡，有幾個民工挖呀挖呀，忽然挖出一座石人來。大家好奇地聚攏來一瞧，只見石人臉上正是一隻眼，不禁呆住了。這件新鮮事很快地在十幾萬民工中傳開來，大家心中暗想，既然民謠應驗，石人出來了，那天下造反的日子自然來到了。

看到群情激昂，韓山童和同夥劉福通非常高興，他們商量說：「元朝壓迫百姓這麼深，人們處在水深火熱之中，時刻想唸著宋朝。我們不如打著恢復宋朝的旗幟，自然會得到天下人擁護。」他們一致贊同這個主張，於是跟大家宣布，說韓山童本不姓韓，而姓趙，是宋徽宗的第八代孫子，如今他要帶領大家推翻元朝，恢復宋朝。

經過策劃，韓山童、劉福通挑選個日子，聚集會徒，殺白馬黑牛，祭告天地，準備在潁州潁上（今安徽阜陽、潁上）起義，約定以紅巾裹頭做為起義軍的標記。從此，元末轟轟烈烈的紅巾軍起義爆發，掀開了歷史新的一頁。

紛亂四起

韓山童、劉福通聚集會徒歃血立誓的時候，不幸走漏了消息。官府派兵士包圍聚會地點，把韓山童抓去殺了。韓山童的妻子帶著她兒子韓林兒，逃脫了官府追捕，到武安（今河北武安）躲了起來。

紅巾軍裝束

劉福通逃脫包圍，把約定起義的會徒重新召集起來，迅速攻佔了潁州等一些城鎮。在黃陵岡開河的民工得到消息，紛紛起義，投奔劉福通的隊伍，不到十天時間，紅巾軍已經發展到十多萬人。

聲勢浩大的紅巾軍嚇壞了元王朝統治者，他們趕忙調動了六千名色目人組成的阿速軍和幾支漢軍，前去鎮壓紅巾軍。阿速軍本來是元王朝的一支精銳的隊伍，躍馬縱戈，馳騁天下，但是幾十年來坐享其成，過著腐朽墮落的生活，早已失去原來兇猛驃悍、所向無敵的作風，變得不堪一擊。在與紅巾軍交戰的過程中，他們往往還沒交鋒，主將就帶頭揮著馬鞭子，騎馬向後逃奔，嘴裡還不停地叫喊著：「阿卜！阿卜！」（阿卜是走的意思）將士們見此，哪有心思戀戰，紛紛抱頭鼠竄。

徐壽輝

不到一個月時間，劉福通的紅巾軍連續攻下淮西一些城池，江淮一帶百姓早就受到白蓮教影響，因此無不響應投靠。在劉福通部快速發展的同時，各地不斷湧現新的義軍力量，蘄水（今湖北浠水）的匠人徐壽輝也打著紅巾軍的旗號造反，並且很快建立天完政權。所謂天完，就是在「大元」兩字上面加上一橫和寶蓋頭，意思是蓋住元朝，建立新政。徐州的生意人芝麻李帶著8個人勇闖徐州，成功奪取城池。福建的漁父方國珍再次舉旗造反，鹽販子張士誠也不甘落後，聚集人馬攻城掠地。烽煙四起，戰火不斷，元王朝迅速陷入巨大的危機之中。戰火紛亂的關頭，紅巾軍高唱的戰歌：「天造魔軍殺太平，不平人殺不平人。不平人殺不平者，殺盡不平方太平。」快速傳遍大江南北，鼓舞天下豪俠志士。此時的朱重八身在寺廟，心卻隨著戰歌隨處飄揚，他躍躍欲試，關注著起義大事，期待著機遇來臨。

第十三章

好友相邀　棄佛投軍勇入伍

於覺寺慘遭塗炭，走投無路的朱重八毅然脫下僧衣，勇敢地邁進紅巾軍隊伍中。他出色的才能很快得到重視，被郭子興招贅為婿。濠州城裡各路義軍互不服氣，明爭暗鬥，朱重八改名元璋，擔負起調和內部矛盾的重任。

身為末座將領，元璋十分明白當前的處境，他機智地周旋在各路義軍之間，試圖團結各路人才，但是他的所作所為招致猜疑，處境十分危險……

第一節 湯和來信

接到密信

紅巾軍如燎原之勢，迅速攻佔了淮河兩岸眾多城鎮，戰火紛亂，生靈塗炭，在寺裡苦讀求進的重八坐不住了，他從進出寺廟的香客口中，經常耳聞哪裡有個布販子揭竿而起，帶著幾十個兄弟奪城佔地，成為一方統帥；哪裡有個土財主，召集人馬結寨自保，勢力日隆等等，消息不一而足，使得胸中有韜略，不肯淡漠平生的重八心情激昂，時時步出寺廟，遙望遠方。

在戰亂中又一年過去了，這天，重八正站在寺前張望，早春料峭，寒意難消，他覺得身上一陣陣發冷，就在這時，有人從寺前經過，為他送來一封書信。重八好生奇怪，自己出家幾年，從來未曾收到書信，這又是誰寫給自己的信呢？他翻來覆去看了幾遍，覺得筆跡有些熟悉，卻又想不起到底何人所寫，暗自揣摩著走進廟內，回到住處仔細閱讀。

不讀不知道，一讀嚇一跳，此信是湯和託人捎來的。原來，自從幾年前他逃荒投親之後，在外面闖蕩幾年，結識不少豪傑朋友，去年更是加入了郭子興的部隊，成為一名義軍將領。說起郭子興，可是非常有名的人物，他是定遠人，家財萬貫，眼看各地義軍風起雲湧，攻城掠地，各自為王，而元王朝毫無辦法對付他們，於是不甘落後，也組織部分百姓，以紅巾為號，回應劉福通、韓林兒的聚眾起義，並且很快攻下濠州，佔據此城，自稱郭元帥。湯和因為作戰勇敢，很會帶兵，已經成為郭子興手下大將，他在濠州城內，思念兒時好友，想著重八、徐達、周德興等人都是有勇有謀的人才，所以寫信邀請他們一同入伍，共同作戰對抗元朝，建立功業。

讀完書信，重八心情複雜，他首先就著燈火燒掉書信，而後打坐細思，在他看來，推翻元朝統治，為百姓謀求福利固然是好事，可是從各路義軍表現來看，他們打到哪裡，就在哪裡燒殺掠奪，做了不少壞事，破壞百姓生活，也引起百姓反感。而且，就從眼前這些義軍的作戰能力看，多是烏合之眾，根本沒有作戰的能力，長此以往，要是元王朝大兵壓境，恐怕義軍會很難與之對抗，這樣的話，投軍就是一條充滿危險的道路。想來想去，不覺已

郭子興像

是夜晚時分，重八簡單吃過幾口飯菜，決心回到孤莊村和周德興商量此事。周德興逃荒歸來後一直在家裡耕種田地，空閒時也會來寺裡和重八閒聊，兩人走動密切。況且，湯和寫信特地提醒重八，讓他多帶些兄弟前去。

藉著微弱的月光，重八行走在通往孤莊村的道路上。這條路對他來說，實在太熟悉了，以前，他經常往返這裡，陪著母親進香求佛，陪著父親賣豆腐，後來還從這裡走進寺廟，做了和尚。如今，他每年都會往返幾次，有時候為父母燒香，有時候受人邀請做做法事。總之，這條道路留下了重八太多腳印，是他真正的成長之路。

重八很快就進了村子，三拐兩拐找到周德興家，敲門喊人。不一會兒，周德興披著破夾衣跑了出來，聽出重八的聲音，格外興奮地說：「是重八嗎？這麼晚了你來有事？」說著，吱呀一聲打開柴門，讓重八進屋敘談。

重八默默走進去，看看屋裡並無他人，就把湯和寫來書信一事講給周德興，徵求他的意見。周德興也很感吃驚，他琢磨了一會兒說：「現在天下大亂，各地都鬧哄哄的，朝廷不斷派遣軍隊鎮壓義軍，我們要是投軍，會不會遇到危險啊？」

重八沉著地說：「危險肯定不可避免，問題是我們要是不去投軍，難道就這樣渾渾噩噩度過一生嗎？說實在的，我真不甘心！」說著，他重重拍打身邊桌案，力量之大，竟然砸斷桌角。

周德興嚇了一跳，望著斷裂的桌角，遲疑著說：「徐達逃荒還沒有歸來，他要是在，我們還可以與他商量商量。」

重八說：「情勢迫在眉睫，去還是留應該早似決斷。我在淮西雲遊的幾年中，曾經多次接觸各種反抗朝廷的教派，人數巨大，眾望所歸，我看朝廷已經很難支撐危局了。聽說丞相脫脫奉命南征，卻被朝中官員暗地做了手腳，撤職查辦。如今元王朝已如大廈將傾，沒有希望了。」

聽他的意思，投軍立功正是時機，可是周德興膽量小，做事謹慎，思慮再三，依然不敢決斷，思忖著說：「可是紅巾軍也不是什麼好組織，魚龍混雜，一樣殺人放火搶東西，我們去了，能夠建立什麼功業？」

兩個人促膝長談，天光放亮了，還沒有決定下來。重八看看天色，告辭周德興準備回寺，兩人走到村口，就見好幾個壯年漢子匆匆逃回村中，邊跑邊喊：「不好了，元軍抓人了。快逃！」

重八和周德興閃身躲進一間破草屋，屏息靜氣地傾聽著。當時，元軍已經非常腐朽，作戰能力極低，他們不能打擊紅巾軍，就在江淮一帶抓捕年輕男子，在他們頭上包塊紅巾，謊稱抓住了紅巾軍，以此領賞。所以，當地百姓家裡的年輕男子們不敢輕易露面，生怕被抓無辜受死。重八和周德興藏了大半個時辰，聽到外面安靜了，才悄悄走出草屋，他們相視嘆息，齊聲說道：「要是不去參加義軍，恐怕也難逃被捉的危險。」心中猶疑不定。

占卜未來

朱重八辭別周德興，急匆匆趕回於覺寺，剛進廟門，就見一位小僧人神祕兮兮地上前拉著他，一聲不吭把他拉到殿房偏角，低聲說：「今天一大早就來了位客人，詢問你有沒有接到城裡來信。我說你外出有事，沒有回來，那人還在殿堂等你，你去了可要仔細回答。」

重八知道事情嚴重，定定心神來到殿堂，果然看見位穿著像是官員的人，他上前合掌施禮，規規矩矩站在一邊。那人上下打量重八，好一會兒才神色嚴肅地說：「聽說昨天你接到了城裡的一封書信，此事是真的嗎？書信現在哪裡？都說了些什麼？」

重八從容答道：「是，昨天有人從城裡捎來封書信，是我小時候的一位朋友寫來的，我們已經多年沒有見面了。他聽說我雲遊歸來，特地寫信問候，並無其他事情。我害怕有人說我勾結反賊，與反賊關係密切，看完書信就燒掉了。」

那人似信非信地看著重八，覺得他態度誠懇，表現積極，不像隱瞞了什麼，端起茶水喝了一口，表情嚴厲地說：「嗯，你是個出家人，就應該本本分分做和尚，不要想東想西，不務正業，害了自己。」說完，他再次喝口茶水，環視殿內諸僧人，大聲說：「實不相瞞，最近朝廷已經派遣大軍前來平定叛亂了，你們別看濠州城裡那些反賊叫囂得厲害，等到大軍一到，他們肯定不堪一擊，四分五裂，不會有好下場的。」

重八諸僧隨聲附和，不敢與他理論辯解。那人又坐了一會兒，這才起身離去。

望著那人離去的身影，重八十分害怕，悄悄擦拭掉額頭細密的汗珠，躲進屋內想下一步的計畫。參不參加義軍，成為他人生中面臨的最大最難的選擇。

第二天，重八決定再去孤莊村找周德興，不巧周德興昨夜躲到親戚家去了，他想，當前情勢危急，不能拖延時日，應該盡快想出解決問題的辦法。因此，他沒有停留，尋著周德興的親戚家而去。兩人見面後，重八說起昨天被查問的事，並說：「這幾天官府不斷派人抓壯丁，義軍也抓年輕男子擴軍，我看躲也不是個辦法，不如走出去一試。」

周德興嘆口氣說：「官逼民反，這也是沒有辦法的事。我昨夜突然記起小時候我們玩皇帝遊戲的事來，也覺得說不定我們走出去了，將來有一天你還真的做了天子呢！不過，這件事關係重大，牽連全家人性命，我看我們不如先去占卜一下，你看如何？」

重八孤身一人，了無牽掛，而周德興還有父母兄妹，自然慮及家人。重八點頭說：「好，我們就回於覺寺占卜一下。」

兩人不敢白天趕路，一直到了傍黑時分，才穿小道，走捷徑，步履如飛，匆匆回到於覺寺，令他們萬萬沒有想到的是，重八外出不過一天工夫，於覺寺卻遭受了滅頂之災。只見寺廟內殿堂倒塌，佛像被砸，垣牆破損，支離破碎，一片狼籍滿地，卻不見一人行蹤，好端端一座寺廟成了殘垣斷壁，毀於一旦。望著這副情景，重八心驚之極，慌忙呼喊寺內小師弟們，可憐他喊叫半天，無人應答，空寂破敗的寺廟更顯淒涼。他在廢墟中走來走去，在毀壞的伽藍殿裡發現了算卦用的兩塊爻，趕緊喊過周德興來一起卜卦。

重八先在心裡默默祈禱：陰爻外出雲遊，陽爻留下來，一陰一陽去濠州投軍。默禱之後，他將爻擲向地面，結果顯示一陰一陽，再次投擲，結果相同，一連三次都是一陰一陽。望著這個結果，重八心情激動難耐，霍然站立起身，斬釘截鐵地說：「神靈所示，要我朱重八投軍起義，我不能違抗佛祖指示。」說著，他大步走出廢墟，朝著破敗的於覺寺拜了三拜，算是最後的告別。

從此，重八脫下衲衣，恢復自由身，開始了人生當中最為重大的一次轉變，幸運之神終於向這個經歷了二十三年苦難、苦苦掙扎的農家子弟伸出手，指引他踏上一條走向輝煌和成功的道路。當然，這條道路並非一帆風順，相反，依然充滿了數不清的危險和艱難。

第二節 從軍行伍

改名元璋

重八決心投軍，夜裡在廢墟旁簡單休息一下，第二天與周德興辭行後，直奔濠州城。周德興送他走出老遠，叮嚀說：「要是城裡情況好，我回去安頓一下家人，也去與你們聚會。」

這是農曆的四月初，春光明媚，鳥語花香，樹木蔥鬱，景色怡人。本是春耕農忙時節，由於戰火紛紛，沿途的農田裡還看不見人影，田裡依然呈現荒蕪氣象。附近的村舍路上也看不見行人走動，處處毫無生氣可言。重八投軍心切，顧不得欣賞周圍風景，低頭急匆匆趕路，盼望早一點趕到城裡，參加義軍。

此去濠州，路途並不遙遠，對於曾經雲遊淮西各地三、四年的重八來說，可算是非常輕鬆。他以前也經常去濠州，對此地十分熟悉，但是，這次進城與以往又有不同。此時的濠州城內外一片緊張忙碌氣氛，城牆外面一群群百姓在挖壕塹，壘路障，鞏固城堡，阻擋元軍進攻，

而那些頭戴紅巾或身穿盔甲的士兵，手執兵器吆喝指揮，督促百姓行動。再看濠州城頭，已經遍插旌旗，隨風招展，旗下執矛握盾的將士們來回巡邏，自有一番氣勢。重八遠遠見到這些場景，雄心已自蓬勃激越，恨不能立即進城，參與到大軍的行動當中。

自從濠州被紅巾軍佔領，元軍只是遠遠包圍，並沒有發動真正的進攻。但是城內郭子興等人只有一萬餘兵馬，他們擔心守不住城郭，就抓了附近農民來建構工事，堅固城防。這樣，紅巾軍和元軍兩相對峙，僵持不下。其實，自從去年紅巾軍起義以來，元軍並沒有真正與他們交過峰，對過陣，大多數情況下，元軍聞說紅巾軍名聲，已不戰自潰，連連敗退，紅巾軍卻凱歌高奏，一路直進。

再說朱重八，他望著如火如荼的建築工事場面，腳步加快，很快來到城下，不想被守城軍士發現了。兩軍對峙階段，城門守衛歷來特別嚴格，軍士們見重八個子高大，面目奇特，身穿破爛衣衫，但雙眼放著光彩，很有精神，看起來不同一般農民，當即攔住他不讓他進去。重八忙言明自己是湯和介紹來的，有意參加紅巾軍，守城軍士哪肯輕易相信他，對他又是搜身又是盤查，一來一往，雙方語言衝突，爭執起來。重八力氣大，這幾年修身養性學了幾路拳腳，兩三下就把軍士打趴下了。這可不得了，其他軍士一哄而上，七手八腳與他打鬥，重八一拳敵不過四掌，很快被他們壓倒在地，捆綁起來準備帶去見長官。

吵鬧打鬥聲傳出很遠，引起一人注意。此人就是郭子興，他正帶著人巡城，聽到城門處吵吵嚷嚷，趕緊打馬過來巡查，發現軍士們抓住一人，將他五花大綁，忙問怎麼回事。軍士回稟：「郭元帥，這個人行蹤詭祕，謊稱前來投軍，我們看他像個奸細，就把他拿下了。」

重八聽到軍士喊「郭元帥」，抬頭一看，見面前站著個四、五十歲左右的中年人，氣貌威武，穿著與一般軍士不同，心想此人必是郭子興，他心思細密，反應迅捷，大聲喊道：「冤枉，郭元帥，在下冤枉。我不是奸細，我受朋友湯和所邀，前來投靠明軍，請元帥詳查。」

郭子興做事精細，當下正需要人手，看到重八身高體壯，言談得體，眉宇間流露出威武氣概，不同一般百姓流民，心裡已經有幾分喜愛，盤算一下問道：「你叫什麼？是哪裡人？以前做過什麼？」

重八如實回答，並說了湯和寫信相邀之事。

郭子興以前是商人，曾經去過於覺寺進香，聽了重八的自我介紹，料想不會出錯，當下命人鬆開繩索，將重八引進自己的隊伍裡。

從此，重八成為了一名最普通的紅巾軍戰士，開始了嶄新的戎馬生活，他操練習兵，守城克敵，年輕的生命迸發出激越的熱情和火花。他的聰明、機靈以及才學很快得到重用，這支農民隊伍裡缺少有知識、有資歷的人，因此，曾經苦學的重八很快凸顯出來了。有時候，郭子興需要處理文件書信，重八可以幫忙；郭子興需要與人交往商討戰局，重八也可以進言；隊伍人多，各種帳目開支管理不是小事，這時，重八也可以幫助有關人員出出主意，想想辦法。不幾天，郭子興就發現重八是個人才，而且在淮西待過幾年，見識廣博，因此委派他為九夫長，提拔他為身邊親兵。

身為親兵，重八得以經常與郭子興相見，瞭解隊伍內部管理事務，在處理許多問題時，他的機靈善辯，務實進取精神給了郭子興很深的印象。不久，郭子興就提議朱重八改名字，他覺得重八這個名字太土氣了，他說：「以前你是一般農民，在田裡耕作名字用處不大，現在不一樣了，你是將士，將來有可能統領大軍，成為大將軍，名字的用處越來越大，所以必須改名。」

這倒也合乎重八的心意，本來，他小時候先生為他取字興宗，但他想了想，依然覺得不好，太俗氣，不合心願。那麼自己的心願是什麼呢？其實，在他心裡最渴望的事情就是國家昌盛，百姓富足，於是他自己取名國瑞，指國家興旺之意。

郭子興文化不深，覺得國瑞這個名字不錯，也就點頭同意了。可是沒過兩天，朱重八做夢時，夢到有位仙人從天而降，在他懷裡放了件玉器，而後飄然而去。第二天，他把這個夢講給郭子興。郭子興覺得是個吉兆，於是請人解夢。那人推算一番，指出重八夢中出現的玉器

玉璋

叫做璋，是古代的一種玉器，形狀像半個圭，他指著東方說：「天降瑰玉在人間，必有英雄出凡塵。我看此夢大吉，暗示朱公子前程光明。」郭子興聽罷大喜，連忙感謝解夢人，更加看重重八。

重八卻從這件事上受到啟發，他經過仔細思量，反覆琢磨，再次找到郭子興，對他說：「既然仙人託夢，我看我也應該有所表示，我覺得國瑞一名過於俗氣，不如順應仙人意思，就叫元璋如何？」璋是玉器，元璋自然就是天下第一的玉器了。郭子興聽完解釋後，拍著重八的肩膀說：「元璋，太好了，這才與你的氣質匹配。」從此，朱元璋這個名字就被沿用下來，重八也就無人提及。

招贅朱公子

元璋入伍之時，濠州城內的紅巾軍正面臨一大難題。當初，郭子興等人遵稟小明王韓林兒帳下大將杜遵道的指示佔據濠州城。進城時共有五路兵馬，各路頭目都號稱元帥。除了實力最強的郭子興外，另外四個元帥分別姓孫、俞、魯、潘，這四個人中又以孫德崖勢力最強。進城後，各路兵馬相處並不融洽，特別是孫德崖，他勾結其他三路元帥，意圖打擊郭子興，自己佔據濠州，因此經常與郭子興部發生摩擦，雙方矛盾很大。幸虧城外元軍圍困，他們必須一致對外，不然恐怕這些元帥們早就分道揚鑣了。因此，擺在濠州城內萬餘紅巾軍面前的首要任務，不是如何抵抗元軍，而是如何化解內部矛盾，團結起來協調作戰。

面對這個巨大的難題，郭子興深感苦惱，為了協調關係，必須經常開會，制訂措施來相互約束。但是，這些紅巾軍領袖大多缺少知識，行為粗莽，胸襟狹小，目光短淺，他們只看得到眼前誰得到的利益多，誰的權力大，為此爭吵不休，全然不顧及未來和大局，因此每每開會，都以吵鬧結束。而郭子興仗著人多勢眾，意圖控制其他四路兵馬，不把他們放在眼裡，常常對他們大呼小叫，遇到不同意見，要嘛激烈反對，要嘛冷嘲熱諷，弄得其他四人非常惱怒反感，關係更是進一步惡化。

這天，郭子興再次召集會議，結果如同前幾次一樣，也是不歡而散。郭子興氣憤地甩手離開會議現場，從此，他很少參與會議，而是經常帶著親兵去巡城、喝酒，將隊伍也交給兩個兒子管理。身為親兵，元璋看在眼裡急在心頭，他知道這種局面一日不解決，紅巾軍的前途就一日沒有著落。有一次，他陪著郭子興飲酒時，趁機進言說：「元帥，現在大敵當前，在下以為與孫德崖部應該以和為上。只要我們堅持著等到元軍撤退，那時再圖發展也不遲。如果您現在不去參加會議，不去發表自己的意見，不去管理隊伍，時間久了，大權旁落，軍士們也就將您淡忘了，到時候恐怕很難收回權力。」

聽到此言，郭子興嚇出一身冷汗，發覺自己的負氣行為太幼稚了。他當即聽從元璋建議，打起精神繼續與孫德崖等人周旋。可是他性格過於外露剛強，雖然心裡想到了，做起來依然十分吃力，元璋卻很有耐心，總是站在他身邊，勸解安慰，幫助他出主意，如此一來，郭子興對他愈發親近，每日都離不開他。

元璋的所作所為引起一人注意，她就是郭子興的二夫人小張夫人。小張夫人人很聰慧，也有些膽量，經常幫著郭子興出主意，她見朱元璋年輕有為，是個人才，就勸丈夫：「如今世道這麼亂，我們起義需要人手，我看元璋有見識、有眼光，能力比一般士卒要強許多，值得重用。你看看，孫德崖等人虎視眈眈，我們沒有幾個貼心可靠的人才，怎麼與他們周旋？我想不如將女兒嫁給元璋，一來多個得力幫手，二來也對得起老朋友在天之靈。」

聽了小張夫人這番言論，郭子興心裡著實一動。小張夫人說的女兒是他的養女。早些年，郭子興外出經商，在淮北宿州認識了位姓馬的朋友，兩人氣味相投，義結金蘭，成了拜把兄弟。去年馬公帶著女兒躲避戰事，投奔郭子興，兩人討論時局，認為朝廷大勢已去，決定分頭行動起義。馬公考慮路途艱險，就把女兒留在郭子興家裡，自己北上準備起義，可是走到半途就不幸去世了。郭子興有三個兒子，大兒子戰死了，現在兩個兒子在手下處理軍務，唯獨沒有女兒，於是把馬姑娘收為義女，並交給小張夫人撫養，對之非常疼愛，視如己出。馬姑娘呢，自小聰穎大方，為人處事合乎禮儀，雖然出身不算高貴，卻很有大家風範，很討郭子興家人喜歡。

經過一番思慮，郭子興先向馬姑娘提起此事，問她可否願意嫁給元璋。這些天來，馬姑娘進進出出，已經多次聽人提起這個新入伍的親兵，對他智勸郭子興的事也十分贊同，有幾次還偷偷從房內觀望過，覺得他年輕體壯，氣質高昂，印象不錯，也就含羞地說願意遵從義父義母的決定。得到她認可，元璋方面的問題就好解決了，郭子興邀他上門喝酒，席間提及此事。元璋已經二十四歲了，以前在寺裡做和尚，自然無法談及婚嫁，今天竟然得到郭子興賞識，要將女兒嫁給自己，當然萬分同意。

馬皇后像

婚事就在戰火中完成，從此，朱元璋有了自己的家，結束了長達八年無家可歸的生活。他的結髮妻子馬姑娘就是後來有名的馬皇后，賢良淑德，名載史冊，為文臣武將敬重，為後人敬仰。

成家的朱元璋並沒有沉溺於溫柔鄉中，也沒有止步於元帥女婿的身分，而是時刻關注隊伍的情況，關注天下大勢發展，在他心中，紅巾軍的前途超出其他一切，國家和個人的命運更是牢牢牽繫著他。那麼，在亂哄哄的濠州城裡，在魚龍混雜、形勢極不明朗的各路軍隊互相擠壓的情況下，他該怎麼做呢？

第三節　漸得重視

末座將領

朱元璋一躍成為郭子興的女婿，身分地位發生很大變化，濠州城內各路兵馬都以朱公子來稱呼他。得到尊崇的元璋並沒有驕傲，反而更加謹慎勤懇地工作，在協助郭子興處理與其他四位元帥的關係過程中，他的作用越來越大，漸漸地，郭子興把這份工作全部交給他，由他打理內部矛盾。

元璋做起這件事來得心應手，很快贏得各路兵馬稱讚。原來他採取了兩條措施，一是尊敬各路元帥，不以自己的身分抬高自己，他每次與孫德崖等人交往，總是禮數周到，恭恭敬敬，不給對方挑剔的機會；二是加強與各部之間的聯絡，增進感情。經過他處理，各路兵馬之間的矛盾暫趨緩和，劍拔弩張的局面得到緩解。同時，朱元璋的名聲漸漸雀起，濠州城內無人不知朱公子。

不久，元軍攻打濠州城，雖然沒有攻下，卻損壞了城牆。修固城牆成了當務之急，但是如何給各路兵馬分派工作，卻很令人頭疼，大家都想少工作，多得好處。這件事該如何處理呢？郭子興再次委託給朱元璋。朱元璋經過深思熟慮，想好了一條計策，這天，他命人在大廳按照次序準備了好幾排凳子，然後親自到各路元帥處，申明修固城牆的重要性，並且請他們派人參加會議商討辦法。很快，各路兵馬的代表陸續來到大廳，這些人多是參加過戰鬥，立有戰功的將領，一個個自恃功高，橫眉立目，根本不把朱元璋放在眼裡。他們進廳後，特地坐到位置靠前、地位顯赫的座位上。最後，只有靠門邊、最末尾的一個座位空著。這時，朱元璋穩步走出來，逐個見過大家後，默不作聲做到末座上，然後一言不發。

參加會議的各路將領們本來就瞧不起朱元璋，如今看他不敢靠前坐，話也不敢說，更不把他放在心上。他們吵吵嚷嚷，你一言我一語，最終各自分了段城牆，回去帶人修固。朱元璋自始至終很少說話，只在最後同意了分派給他的任務，隨後就默不作聲出去了。

這件事傳到郭子興耳朵裡，他吃驚地找來元璋問：「元璋，我讓你負責修固城牆，你怎麼不去分派任務，而被他們嚇得話都不敢說？」

元璋微微笑道：「請元帥放心，元璋自有妙計。」

看他胸有成竹的樣子，郭子興半信半疑讓他走了。

過了幾天，限期修固城牆的日期到了。朱元璋再次命人在大廳按次序放置凳子，這次，他毫不客氣坐在最前面，然後派人召集各路負責修固城牆的將領。將領們陸陸續續趕到，看到朱元璋威風凜凜坐在上面，一個個暗自吃驚。等到人員到齊，朱元璋怒拍桌案，高聲喝道：「前幾天，我們在此開會，商量修固城牆一事。當時各位將軍各抒己見，分領任務，約定日期，今天時間已到，我們就要按照規定檢驗各路兵馬修固的情況，根據事先約定進行獎懲，不知道大家意下如何？」

他這麼一說，可嚇壞了下面的各路將領，原來他們那天見朱元璋老實可欺，胡亂商量個辦法，這幾天根本沒有用心修固城牆。哪會想到這是朱元璋有意為之？再看朱元璋，揮手喊上十幾個軍士，讓他們鳴金開道，邀請各路元帥去檢閱修固的城牆。

這可熱鬧了，各路元帥在軍士們簇擁下來到城牆邊，只見這段城牆歪歪扭扭，那段城牆破損未修，大部分修固工作毫無進展。走到朱元璋負責的段落時，情況為之一變，只見這裡的城牆已經修固完畢，磚厚城堅，十分牢固可靠。負責修固城牆的那些將領們見到差距，羞得臉紅脖子粗，恨不能有個地縫鑽進去。他們再也不敢小覷元璋，乖乖地按照要求完成修固任務。

經過這件事，各路兵馬對朱元璋產生敬畏之心。事後，郭子興高興地對他說：「元璋，你可為我們出了口氣。」元璋說：「修固城牆是大事，我地位低，資歷淺，要想分派他們任務他們肯定不聽，所以我才採取這種措施，逼迫他們完成。」

智救郭子興

就在元璋努力理順內部關係時，元軍發動了圍剿紅巾軍的大行動，元朝大將賈魯帶領兵馬南下濠州，將其團團圍住。這時，徐州的彭大、趙均用義軍被打敗，他們帶著殘兵敗將逃到濠州。由於他們資歷深，經歷過大仗，驍勇善戰，很快就奪取濠州城的領導權，這樣一來，原來濠州城內的各路兵馬重新分化組合，分別投靠到彭大和趙均用手下，郭子興與彭大關係密切，而孫德崖與趙均用走得近乎，形勢更加複雜微妙。

此時的朱元璋不過是郭子興手下一個普通將領，他在變化複雜的形勢面前，果斷地周旋在各路兵馬之間，試圖融合內部關係。可是這種努力微乎其微，各路草莽出身的元帥為了眼前利益，依舊互不服氣，爭鬥非常激烈明顯。有一次，朱元璋奉命到淮北徵糧，他前腳剛走，後面郭子興就跟孫德崖鬧了起來。結果孫德崖聯合潘、俞、魯三人到趙均用處告狀，把郭子興抓了起來，關進自己家中，嚴刑拷打，要他承認私通元軍，準備裡應外合，獻城納降。

朱元璋走在半路上，聽說這件事後連夜趕回濠州。進門一看，郭子興家裡只有女人，半個男人的蹤影都沒有，他著急地詢問兩個公子和舅爺張天佑的消息，想請他們共同商量營救郭子興的大事。但是，郭子興家人在複雜的局勢面前，不敢輕易相信任何人，何況她們覺得朱元璋與各路兵馬都有聯繫，擔心他會出賣兩位公子，因此都不跟他說實話。情急之下，朱元璋請出小張夫人，跪在地上誠懇地說：「郭元帥對我有大恩大德，我又是郭家女婿。馬姑娘是您撫養的，您也清楚她的為人，請您一定相信我，我找公子和舅爺，是想商量營救元帥的辦法。」小張夫人臨危不亂，果敢地相信了朱元璋，派人找回躲藏起來的郭天敘、郭天爵和張天佑，幾個人開始緊張地商量對策。

郭天敘和張天佑認為應該抓住孫德崖，以其人之道還治其人之身，換回郭子興。郭天爵脾氣急躁，主張帶兵馬衝進孫德崖家，將其一家老小殺個乾淨，救出父親。朱元璋連忙擺手否認他們的意見，分析說：「孫德崖既然已經抓住郭元帥，必然警覺性很高，我們要想抓他，不會那麼容易，而且目前彭大、趙均用的態度如何，我們還不清楚，如果貿然出手，弄不好激化事變，後果不堪設想。我覺得我們不管採取何種行動，首先必須保證郭元帥的安全，不然，就失去意義了。」

這番分析得到大家認可，他接著提出自己的意見：「孫德崖之所以敢抓人，很可能與趙均用有關，目前他還沒有殺人，一是缺少確鑿的證據，二是我們還有一支軍隊。我想，既然孫德崖找趙均用，我們何不找彭大。如果彭大出面，營救郭元帥的問題就不大。」

大家一聽，覺得很有道理，立即請出大張夫人，請她帶著兩位公子去彭大處喊冤。可是大張夫人性格軟弱，從不拋頭露面，聽說喊冤救夫，急得當場哭了，還是小張夫人勇敢果決，當即說由她帶著公子去見彭大。

為了確保萬一，朱元璋全面安排了求見彭大的事情，他只挑選幾個精幹家丁，保護夫人和公子前行，然後安排舅爺掌管軍隊，一旦情形不利，迅速接應。他自己則帶領數十名兄弟，便裝打扮，暗藏兵刃，遠遠地跟在夫人他們後面，伺機行事。

彭大聽說郭子興被抓，勃然大怒，當即喊來親兵親自去孫德崖家搜人。元璋見此，立即回郭家組織兵馬，披掛整齊追隨前往救人。他們將孫家團團圍住，很快就打敗守衛人員，衝進府中從地窖中救出了郭子興。

這件事以後，孫、郭兩家成為世仇，只是懾於彭大的威力，加上大敵當前，不敢輕舉妄動。為此，元璋從中周旋多日的成績也毀於一旦，他面對這種結果，內心充滿困惑，感到前景迷茫。而此時，元軍將濠州圍得水洩不通，打算將紅巾軍困死城中，缺糧斷炊的困境面前，元璋依舊不肯放棄自己的想法，盡可能維持各路兵馬之間的合作關係。有一次，他在街上遇到孫德崖部的熟人，就上前招呼說話，沒想到這件事被郭天敘兄弟知道了，這對兄弟才能有限，眼看元璋在隊伍中的地位一日日提高，大家除了知道郭元帥，就尊崇朱元璋，完全不把他們放在眼裡，十分嫉妒，總想著尋找機會懲治元璋，無奈郭子興信任重用元璋，根本不聽他們的，現在機會來了，他們當然不會錯過，立刻跑到郭子興那裡告狀，說元璋裡通外合，賣主求榮。郭子興十分生氣，下令把元璋關押進柴房，不給吃喝。

朱元璋被關，他的妻子馬姑娘非常著急，立即找到小張夫人訴說此事。小張夫人知道這是郭天敘兄弟嫉妒元璋，很生氣，馬上找到郭子興理論。在她勸說下，郭子興明白冤枉了元璋，不但將他放了，還把兩個兒子臭罵一頓。馬姑娘救了丈夫後，經常到兩位張夫人處走動，緩解元璋與郭家的矛盾。而且，在圍城糧荒期間，她還盡可能剩下口糧給元璋吃。有一次，她弄到兩個熱饅頭，怕人看見，藏在胸前帶給元璋，結果被燙了個傷疤。對於妻子的幫助，元璋非常感動，晚年妻子去世後，他經常想起這些事情，依然充滿感激懷念之情。

第十四章

高築廣積　大智大勇建帝業

元璋終於看清義軍內部不可調和的矛盾，他決定招募新兵，南下定遠，開闢更加廣闊的根據地。

南下過程中，元璋果斷行事，團結文人儒士，軍事和政治才能得到進一步發揮，他嚴格治軍，推行仁政，聲望突出，不僅發展迅速，還得到廣大百姓支持。在諸多儒士、將領輔佐下，他的事業迅速推進，攻佔集慶，建立了穩固的根據地。

隨後，他採取「高築強，廣積糧，緩稱王」策略，鞏固勢力，削平群雄，揮旗北上，一舉推翻了元朝統治，建立了統一的大明王朝。

第一節　南下定遠

收服驢牌寨

濠州城被圍七個多月，彈盡糧絕，死傷無數，各路兵馬損失嚴重。其間，籌集糧草成了頭等大事。朱元璋雖然遭到郭家兄弟陷害，依然不忘勤奮奔波，他從朋友處弄了幾引鹽，換回幾千斤糧食，送回濠州解救燃眉之急。

等到元軍撤退後，濠州城已經遍體鱗傷，元氣大傷，紅巾軍人數驟減，不足舉事時的十分之一。此時，彭大、趙均用自封為王，各路元帥為了發展兵馬，許願封官：無論何人，只要能夠招來兵馬，招多少，給多大官，絕不食言。

籌集糧草歸來的元璋得知消息，立即找到湯和商量，一致認為回太平鄉招兵把握很大。他們請假回鄉，豎起招兵旗。當時，兵荒馬亂，年景歉收，缺衣少食，聽說當兵可以管飯管住，參軍者很踴躍。特別是大家對元璋和湯和十分熟悉，看到這兩個昔日的草根孩子，今日成了威風凜凜的將軍，他們兒時的夥伴都很羨慕，周德興、徐達、鄧廣等人蜂擁而至，報名參加，在他們帶動下，許多年輕男子也參與進來。不到半個月時間，元璋他們就招募七百多人。

他們回歸濠州後，郭子興大喜，提升元璋為鎮撫，管理這支隊伍。有了自己的隊伍，元璋可以按照自己的計畫來訓練軍士。他早就發現各路紅巾軍軍紀散漫，燒殺掠奪，危害百姓，作戰能力低下，失去民心，因此，他嚴明軍紀，訓練刻苦，隊伍進步迅速，在多次小規模與敵戰鬥中，常常以少勝多，以弱勝強，名聲漸起，擴展迅速。

就在元璋刻苦發展的時候，濠州城內紅巾軍的情況卻更加糟糕。彭大、趙均用矛盾激化，城內原來的五位元帥之間也時有衝突，明爭暗鬥，氣氛緊張。眼看這種局勢無法化解，元璋心裡明白，與其耗在其中，不如外出尋求更廣闊的空間發展。他把自己的想法告訴郭子興，打算南下定遠，定遠是郭子興的老家，他聽說後很高興地同意了。

於是，朱元璋從自己的隊伍中挑選出24人，帶著他們踏上南下之路。這24個人後來成為朱元璋的心腹將帥，他們攻城掠地，驅逐韃虜，與元璋一起開創大明王朝，名載史冊。

不幸的是，元璋忽然病重不能前行，首次南下半路夭折，他們只得返回。

在家裡調養半個月後，元璋身體剛剛復原，一天，他聽到門外郭子興的嘆息聲，忙問是怎麼回事。馬姑娘上前回答：「義父有位朋友，佔據定遠驢牌寨，手下有幾千人，目前處境艱難，打算投靠過來，卻又拿不定主意。義父有心派人去說服他，卻一時沒有合適人選，因此嘆息發愁。」

元璋聽罷，連忙強撐著病體起身去見郭子興，請求再次南下定遠，說服這支隊伍。郭子興等的就是元璋這句話，大喜過望，向他詳細介紹了朋友的情況，並聲稱擔心日久生變，督促元璋早日啟程。

朱元璋大病初癒，連上馬都很困難，但他考慮到此事關係重大，毅然堅持著南下定遠，身邊只帶了費聚和9名士卒。費聚是元璋回太平鄉招募的新兵，也是他前次去定遠時帶的24人中的一位。他們馬不停蹄趕到驢牌寨時，對方嚴守城寨，張弓拔刀不讓他們進去。隨行的士卒見此，嚇得戰戰兢兢，不敢靠前。元璋十分鎮定，鼓舞他們說：「對方不知我們的底細，不知道是敵是友，不會輕易出手。大家沉住氣，跟著我，坦然大方地走過去，吉凶自有分曉。」說著，大步走上前去，隨行士卒見此，也抬頭挺胸緊隨其後。

進入山寨，朱元璋見到對方頭領，試探地說：「我是郭元帥的女婿，元帥得知貴處缺少糧草，又有仇人虎視眈眈，特地派我來通知您。如果您願意去濠州暫避時日，元帥非常歡迎；如果不方便前行，也請您趕快轉移，免遭仇人偷襲。」

頭領聽他這般誠懇相告，頓時消除敵意，如實訴說了自己的困境。原來他手下的幾千鄉兵，本來是為了抗拒土匪和亂兵騷擾而組織起來的，戰鬥力低，日前仇人廖大亨時刻準備吞併自己，處境艱險，因此他一直思慮著轉移的事。聽了元璋的話，他覺得郭子興為自己著想，非常感激，當即表示願意去濠州，並且解下隨身攜帶的香囊，交給元璋做信物。隨後，他安排酒筵款待元璋，與他相談甚歡，對他說：「你先回去稟報郭元帥，我這裡收拾幾天，安頓完畢即刻啟程。」

沒想到事情如此順利，元璋一面高興，一面又有些不放心，於是留下費聚督促頭領，而後自己帶著士卒回濠州。

事情果然起了波折，第三天凌晨，費聚快馬加鞭趕回濠州，報告說驢牌寨那邊改變了主意。原來頭領得悉濠州城內情況複雜，紅巾軍內部抗爭激烈，他不願來這個是非之地淌這個渾水。元璋聽後，仔細思索，認為驢牌寨這幾千兵馬在當下來說太重要了，必須握在手裡，於是即刻叫上前次南下定遠時帶的二十四人，並且從朋友處借了三百人，飛速趕往驢牌寨。

此次相見，元璋再次以情打動對方頭領，他指著身後三百人說：「郭元帥聽說您的仇人就在附近，吩咐我帶三百人給您做先鋒。人雖不多，可是他們都是元帥手下最驍勇善戰的軍士，每次作戰，都奮勇殺敵，屢立戰功，所以元帥總是讓他們做先鋒。元帥還說您這裡人雖多，恐怕缺少久經戰場的攻堅力量。他特意囑咐我，幫助您對付仇人事大，去不去濠州可以以後再說。」

頭領再次被感動，他連忙吩咐手下安排食宿，熱情接待元璋和他的隨從人員。

在驢牌寨住了兩天，元璋發現一個問題，那就是每次與頭領見面，他身邊總是站著劍拔弩張的隨從，對自己冷眉橫目，防守甚嚴。元璋明白，頭領對自己心存懷疑，如此下去夜長夢多，不知道會發生什麼不測，不如先下手為強。他思慮如何智取的時候，一個熟悉的身影出現在眼前，此人就是劉大奎。劉大奎這幾天外出籌糧，沒有在寨內，等他回來時，聽說郭子興派人來說服他們，當即趕到前面去見來使。等他發現朱元璋、湯和等人時，格外激動，連忙答應勸說頭領。

朱元璋與他分析形勢，認為必須採取非常手段智取。劉大奎一一受命，他假裝去請頭領，說郭元帥來到山寨了，請他去議事。頭領沒有懷疑劉大奎，欣然前往。結果元璋早就做了安排，他吩咐隨行的三百人：「等頭領來時，大夥一擁而上，裝作圍觀的樣子，趁他不備，將他捆綁起來，然後立即帶著他離開營寨，走得越快越遠越好，記住，出寨門時大家一定要圍緊，不能讓守門軍士發覺異常。如果他們盤問，只說是郭元帥來了，我們出門迎接。」

大家依計行事，不費力氣擒獲了頭領，將他團團圍在中間，300多人前呼後擁地出了營門。走出去大約十幾里路，朱元璋派人回去傳令驢牌寨士卒，說頭領已隨郭元帥前去勘查營地了，請大夥出發跟隨。寨中本已斷糧，附近又有強敵窺視，早就計畫轉移的士卒們聽到命令，毫不懷疑，當即拔營出發。等到他們全部開拔完畢，朱元璋命人一把火燒了驢牌寨，斷絕他們的歸路。

自此，這支隊伍順利歸順元璋手下，他從中挑選三千精壯士卒，讓自己帶去的24人帶領，訓練7天後，隊伍基本掌握在自己人手裡，精神風貌也大大改觀，這時，元璋準備用這支隊伍進行一下實戰演練，一是檢驗自己的訓練成果，二是攻佔更廣大的地域，擴展勢力。

廣納人才

朱元璋成功收復驢牌寨，手中掌握了第一支較有規模的隊伍，他打算從驢牌寨的仇人下手，迅速奪取更大勝利。當他宣布攻打廖大亨，為驢牌寨報仇時，士卒們歡呼雀躍，情緒高漲，興奮不已。元璋見群情激昂，士氣大振，十分高興，吩咐埋鍋造飯，讓弟兄們吃飽喝足，趁夜間偷襲敵人。

廖大亨盤踞定遠橫澗山，手下有民兵兩萬人，勢力很大。元軍攻打濠州時，他曾經協助元軍攻城，因此被朝廷封為義軍元帥。元軍撤走後，他害怕紅巾軍找他報仇，帶著兩萬民兵退守橫澗山，企圖自保。廖大亨一直虎視驢牌寨，妄圖霸佔驢牌寨做為根據地，但是他手下民兵缺少訓練，作戰經驗不足，也就不敢輕舉妄動。

現在，朱元璋帶著三百人收復驢牌寨，並且帶著三千原驢牌寨士卒找上橫澗山報仇，廖大亨著實亂了手腳。半夜時分，朱元璋已經指揮兵馬團團圍住廖大亨的營寨，一聲令下，四面八方火把齊燃，亮如白晝，飛箭如蝗，鼓噪喧天，士卒們一鼓作氣拿下寨門，衝進營去。夜黑心慌，廖大亨哪會知道敵人兵力多少，更沒有良策應付來勢洶洶的敵人，只好帶著兒子趁亂逃走。主帥一逃，軍士們大亂，朱元璋的兵馬很快佔領橫澗山，截獲了很多物資，俘虜大多數民兵，還扣留了廖大亨的家眷。

再說廖大亨，他逃跑後不甘心失敗，整頓殘兵，擺開陣勢，打算與朱元璋決一死戰。這時，朱元璋並沒有與他正面交鋒，而是先做通廖大亨叔父廖貞的工作，告訴他只要廖大亨投降，不但不殺他，還繼續讓他統帥原來兵馬，歸還他的家眷親人。廖貞立即把這個消息傳達給廖大亨，言明朱元璋的意思，廖大亨得到這個消息，著實驚喜，他想自己的老營都被佔據了，家屬又在對方手裡，就是交戰，看對方軍隊盔甲鮮亮，士氣高昂，恐怕自己也不是對手，於是很快答應投降。這樣一來，廖大亨控制的地區約有7萬人，全部歸屬元璋手下，經過精心選拔，朱元璋從中挑選兩萬人，與驢牌寨三千人重新組合搭配，交給湯和、徐達、費聚等人帶領。廖大亨是位儒生，依舊掌管自己的舊部，積極參與元璋部隊的訓練。

透過收復驢牌寨，進而攻陷橫澗山，朱元璋從一位末等將領一躍成為擁有上萬將士，並有自己地盤的將軍，他參軍時間雖短，但是早就從彭大、趙均用等人身上看出紅巾軍內部存在的問題，對他們專橫跋扈、強取豪奪的行為極為不滿，對紅巾軍缺乏正規訓練、缺少群眾支持的現狀十分明瞭，他們目光短淺、缺少理想，照此發展下去，只有死路一條，他很清楚，要想長遠發展，必須嚴明軍紀，加強訓練。只有軍紀好，才會得到百姓擁護支持；只有訓練刻苦，作戰才可能取勝，在他的大力強調之下，隊伍的發展事態良好，並且很快得到周圍人們的稱讚和回應。

第一批響應朱元璋的人就是馮國用、馮國勝兄弟。自從紅巾軍起義，各地亂軍、土匪橫行，肆虐鄉間，百姓深受其苦，定遠人馮國用、馮國勝兄弟出自書香門第，家產殷實，他們為了自我保護，聯合附近鄉紳組成鄉軍，對付亂兵和土匪的搶劫燒殺。但是，他們人數有限，作戰能力又低，很難對抗強大的敵人，因此依舊膽顫心驚，時時渴望尋求較強的靠山來保護自己。馮國用、馮國勝曾經熟讀兵書，有些戰略眼光，他們在不停地打探各路兵馬消息過程中，聽說朱元璋的部隊軍紀好，訓練強，很有前途，決定帶著人前去投靠。結果，雙方見面交談，馮氏兄弟被元璋高人一籌的氣度和眼光征服，當即歸順。

馮國勝像

很快，第二批前來投靠的人也來了，他叫華雲龍，也帶來不少鄉勇兵丁。同時，費聚等人帶著部下四處活動，成功招降豁鼻山等處兵馬，一時間，元璋的聲譽在定遠家喻戶曉，實力與日俱增，成為此地規模最大的義軍團隊。

這時，又有一人慕名前來相投，他對元璋的事業將產生巨大影響。此人就是李善長，定遠名人，幼讀詩書，才學過人，對法家學說多有研究，擅長預測分析，年已四十，做過小吏。亂兵流寇不斷騷擾之際，他攜帶家小在鄉村避亂，因他胸懷韜略，眼見世道離亂，不肯趨於平淡，聽說馮國用兄弟、廖大亨等人都投靠朱元璋，心有所動，暗地打探朱元璋為人及其軍隊情況。查訪以後，對朱元璋嚴格治軍的做法十分贊同，欣然前來相投。

朱元璋年紀輕，書讀的少，經驗不夠豐富，對於年長自己十幾歲、才學豐富的李善長格外器重，經常與他促膝交談，知無不言，言無不盡，相處極其融洽投機，由於元璋重視讀書人，隨後前來投靠他的文人也很多，在這些讀書人面前，他總是誠懇求教，極盡禮遇，只要有時間就向他們諮詢目前的時局、今後的發展方向等大問題。在李善長等讀書人影響下，元璋與當時各路紅巾軍將領都有所不同，他身上體現出的大氣、志向已經超越他們，呈現獨樹一幟之勢。可以說，招攬並重用讀書人是朱元璋從各路義軍中脫穎而出，最終勝出的重要因素。

第二節

智勇雙全建基業

滁和之間顯身手

朱元璋在定遠取得成功之後，開始考慮下一步計畫。定遠離濠州不遠，幾年來歷經戰火，凋敝破敗，缺糧少草，幾萬軍隊駐紮此地，供給吃緊，不是長久之計，於是，他召集諸將和參謀們商量何去何從。大夥議論紛紛，有人說回濠州，有人說西下淮西，意見不一。元璋蹙眉細聽，覺得這些意見都不合意。這時，馮國用站起來說：「淮西這幾年來屢受災荒，生產遭到破壞，百姓生活極為貧困，根本養不起幾萬人的軍隊。將軍這次南下定遠，本來也是因為濠州缺糧，要是回去，同樣面臨這個問題。萬一元軍打過來，我們內無糧草，外無救兵，情勢會十分危急。我綜觀時局，認為目前往東南一帶發展比較合適。一，東南是產糧區，糧草供給比較豐富；二，東南地區元軍不多。元軍主力集中在淮北和小明王部下劉福通交戰，另外，西邊的徐壽輝擋住元軍東進的路線，南邊杭州的彭瑩玉部義軍已被剿滅，留守元軍不多，而東面張士誠

的義軍，佔據了泰州、高郵，元軍被他們糾纏，無暇後顧。我們現在可以選擇盱眙、泗州和集慶（今南京市）兩處地方發展。而去盱眙、泗州又要經過濠州，彭大、趙均用為人不善，軍紀又差，絕非大將之才，難成大氣候，與其與他們糾纏，不如直接去集慶。集慶是六朝古都，虎踞龍盤，古稱『石頭城』，易守難攻，自古以來都是繁華昌盛之鎮，人口密集，經濟發達，只要拿下集慶，我們這幾萬人的日子就好過了。」

馮國勝像

真是聽君一言，茅塞頓開，朱元璋激動地握住馮國用的手，連聲說：「先生所說，正合我意。」從此，他格外重用馮國用，任命他為親兵隊長，隨從左右，隨時議事。

當時，元璋已經開始考慮如何在各地割據勢力中站穩腳跟的問題，馮國用建議他注意收撫民心，不能亂殺人，搶東西，掠婦女，不然的話，光靠武力攻取一些地盤，雖然一時風光，卻不長久，只有群眾的支持，才能取得長足進展。元璋聽此言論，大為讚賞，從此更加關注民心向背的問題。

從定遠南下集慶，路上必須經過滁州。滁州是歷史名城，宋太祖趙匡胤當年就是在滁州一戰中，以少勝多，確立了自己在北周將領中的特殊地位。今天，滁州城元軍守衛不多，朱元璋帶領幾萬兵馬輕鬆取下滁州，擴展了勢力。就在這時，濠州城內的彭大、趙均用等人開始向盱眙、泗州一帶發展取糧。孫德崖、郭子興等將領被迫隨行。在這個過程中，彭大病死，郭子興與他們的矛盾進一步惡化，趙均用和孫德崖幾次陷害郭子興，因為懼怕遠在滁州的朱元璋部隊，打算將元璋調回一併除掉。

接到北上盱眙的命令，朱元璋立即與李善長等人計議，大家一致認為這是個陷阱，不可前去受死。那麼怎樣才能既不用北上，又能穩住趙均用等人呢？

朱元璋果斷採取辦法，由李善長起草一封書信，推說南邊和州的元軍正往滁州逼近，暫時不能撤退北上。朱元璋命人帶信去見趙均用，他知道趙均用是個貪婪之人，特意準備財寶進獻，以此麻痺他們。果然，趙均用見錢眼開，相信了朱元璋，對

滁州

待郭子興的態度也大為好轉。不久，郭子興藉口南下籌糧，帶著一萬兵馬來到了滁州。

此時的滁州城內，朱元璋的三萬兵馬經過訓練，鬥志昂揚，秩序井然，郭子興來到後，朱元璋即刻交出兵權，郭子興大喜。因為城內兵多糧少，他們一方面分兵各處攻打城池、山寨，獲取食物，一方面互為犄角之勢，遙相呼應。

可是，郭子興來到滁州僅僅兩個月，他與朱元璋的衝突就顯露出來了。原來，郭子興舊部人員倚老賣老，常常不把朱元璋一手創建的隊伍放在眼裡，而且他們看到元璋威名遠播，大多數軍士對他俯首聽命，心裡十分嫉妒。於是，許多舊將跑到郭子興處告狀，言說朱元璋倚仗兵多將廣，必有反心等等。郭子興氣量狹小，眼見朱元璋名聲超越自己，早就萬分不痛快，聽了這些言論，更加容不下元璋。有一次，有人舉報元璋貪污金銀珠寶，郭子興趁機大發雷霆，斥責元璋目中無人，不知道孝敬自己、不夠忠心，將他身邊的許多重要將領和參謀調走，企圖孤立他，削弱他的勢力。其實，朱元璋胸懷天下，豈是貪圖財寶之人？他每每外出打仗，凡有戰利品，自己從來一點不留，而是按照功績獎賞手下戰士們，這也是他的部下肯賣力作戰的主要原因，哪裡是郭子興等輩所能想得到的？

李善長像

朱元璋遭到孤立，李善長始終對他忠心耿耿，經常勸解他要忍住氣，不能計較小事，同時，他積極活動在元璋部將之間，讓徐達、湯和、費聚等人將繳獲的財寶交出來，透過元璋的妻子馬姑娘進獻給兩位張夫人。如此謹慎周旋，局勢略微緩和。

恰在此時，東部的張士誠在揚州打敗元軍，自立為誠王，震驚朝野，元王朝再度啟用脫脫，讓他率兵南下討伐叛軍。張士誠孤軍奮戰，難以抵抗強大的元軍，屢屢失敗，滁州東面的六合城陷入圍困之中，他派人向滁州求援。

郭子興與防守六合城的頭目有仇，他向來心胸狹窄，缺乏戰略目光，是個有仇必報的人，不肯發兵解圍。情急時刻，朱元璋不顧得罪郭子興，出面要求出兵解救六合之圍，並說六合失守，滁州也就危險了。郭子興害怕滁州遭殃，聽說元大軍所過城鎮，紅巾軍無不潰敗，高郵也要失守了，心裡很慌亂。這時，許多將領也心存膽怯，不敢出面與元軍對抗。關鍵時刻，元璋挺身而出，主動請求率兵出征解救六合。臨行前，郭子興讓他占卜一下，元璋斷然拒絕說：「出師順利與否，應該根據事情發展的具體情況來判斷，不能由占卜來決定戰事！」

解救六合，是場充滿困難和危險的戰事。當時，元軍對六合展開瘋狂的進攻，元璋他們幾次被敵人攻破防守，幾次連夜壘好工事，繼續抵抗。最後實在無力抵擋，元璋決定撤往滁州。撤退的時候，他組織兵馬保護老弱婦孺及耕牛物資先行撤出，後面派精兵斷後。退到滁州，元璋即刻安排伏擊戰，派兵馬埋伏在滁州西澗溝邊，讓一隊人馬詐敗引誘元軍。元軍乘勝追擊，

滁州

哪會料到會有埋伏，結果猝不及防，被打了個落花流水，丟下馬匹和兵器倉惶逃跑。

一戰全勝，俘獲無數馬匹，滁州城內的將士們十分歡慶，在屢次與元軍作戰中，他們常常吃元騎兵的虧，現在有了馬匹，以後可以重新裝備部隊，好好與敵人大戰一場了。但是，元璋的想法與大家不同，他認為，元軍遭到伏擊，不會輕易就此甘休，肯定會組織大部兵馬捲土重來。目前，滁州力量薄弱，絕不是元大軍的對手，為了防止成為高郵第二，他認為此時應該採取低姿態與元軍交往，建議送還元軍馬匹，並且為他們提供部分軍需物資，以此換取他們的信任，麻痺他們，讓他們停止進攻滁州。

這個出其不意的想法果然取得很好的效果，元軍以為滁州城內不過是些自發組織的鄉兵，威脅不大，收下馬匹和物資後高高興興撤走了。

化解滁州之險，顯示出元璋隨機應變的高超本領。其後，郭子興準備稱王，也被元璋否決了。不久，元璋的大嫂和二姐夫分別帶著孩子找到滁州，前來與元璋相認。多少年與親人失去聯繫的元璋看到侄子、外甥都已成長為風華正茂的少年郎，抱住他們放聲大哭。他為兩個孩子分別取名朱文正、李文忠，加以培養教導，更是將朱文正視如己出，關愛有加。這兩個孩子沒有辜負他的養育，在日後的戰鬥中屢立戰功，成為明朝開國功臣之一。

隨後，到了青黃不接的春天，糧食供給再度威脅這支新生的義軍。元璋根據馮國用的建議，力勸郭子興南下集慶，以求發展壯大。可是，南下集慶，必須首先攻克和州。和州是元軍重點防守之鎮，城池堅固，糧食充足，易守難攻，但和州不下，南下就是泡影。朱元璋哪會不知道攻克和州的難處，但他不會就此畏縮，反而積極想辦法求建議，經過反覆商討，他制訂出了智取和州的計策：他命人仿照俘獲的廬州路（元朝行政單位，相當於省）義軍的制服趕製了三千套服裝，派遣三千精兵穿戴整齊，驅趕著裝備財寶物資的駱駝和馬匹，扮作勞軍使者的模樣，前去和州慰勞將士。另外，他派1萬精兵隨後，悄悄跟進，和州城裡的元軍見到勞軍隊伍，肯定開城迎接，三千兵馬進城後，就放火發信號，與隨後的一萬兵馬裡應外合，攻佔和州。

兵馬按照事先安排行事，先行的三千兵馬果然順利進城，可惜隨後的一萬兵馬沒有等到信號就急於攻城，被元軍擊潰逃散。郭子興見到逃回的兵馬，以為一萬三千精兵全軍覆滅了，遷怒於元璋，責令他火速去和州，收容潰散的兵馬。元璋一面前行，一面收容潰散的兵馬，快到和州時，他命令部隊停下休息，讓每個士卒手拿十個火把，不得出擊，不得移動，迷惑敵人，他則帶著徐達、李善長五十人到和州城下觀察敵情。詳察之下，才知先行的三千人已經佔領和州，正受到元軍猛烈圍攻。這下元璋放心了，他立即率軍進城，帶領將士們堅守城池，頑強抵抗元軍攻擊。

和州安定下來後，元璋的聲望更加提升，郭子興不得不委任他為和州總兵。身為一方統帥，元璋繼續嚴肅軍紀，安撫百姓，實行王者之治。有一天，他從州衙出來，看到一個五、六歲的孩子探頭探腦，向裡觀望，就上前詢問他要幹什麼？小孩子回答說等他父親，他父親給軍人餵馬，他母親也被抓了進來，不知道幹什麼。聽此回答讓元璋甚為心酸，原來，軍隊佔據和州後，原紅巾軍部分將領不遵守軍紀，特別是郭子興安插進來的將士們，他們掠奪慣了，進城後依舊搶奪百姓財產，霸佔他人妻女，行徑非常惡劣。以前元璋官職低，許可權小，只能管理自己的手下，現在他身為和州總兵，管轄範圍擴大，知道必須採取措施管理軍隊，安撫一方，爭取民心，不然自己也會與其他紅巾軍將領一樣，難有出路和進展。

第二天，他即刻召集將領宣布，放回搶奪的女人，讓她們回家與家人團聚。消息傳出，州衙前擠滿了百姓，前來等候認領妻女。一會兒，女人們魚貫而出，不少家庭得以團聚。這件事情很快傳揚開，許多苦於戰亂之苦、無所躲避的百姓紛紛來到和州，尋求保護，更有不少具有實力、人數不多的隊伍前來投靠歸附。經過一段時間安撫，和州城內外居民越來越多，他們耕種勞作，商販買賣，市集逐漸活躍，和州成為兵荒馬亂局勢下一方安寧和平的小天地，部隊的補給問題也得到暫時緩解。

隨後，元璋率領軍民成功擊退元軍進攻，並且在郭子興病逝後，受到小明王任命，成為部隊副統帥。小明王指的是韓林兒，在各地亂軍之中，劉福通資歷最高，他經過幾年戰鬥後，佔據淮北河南大部地區，遵奉韓林兒為明王，年號龍鳳。在接到委任狀時，元璋慨然說：「大丈夫寧能受制於人！」表示了自己不肯聽命於人，要創建大業的心胸。

此時郭天敘子承父業，為都元帥，朱元璋為副職，但滁州、和州均是他攻佔的，軍隊也大部分控制在他的手裡，因此實際權力遠遠超過郭天敘，進而成為這支義軍的真正領袖。當然，郭天敘兄弟不會就此認命，他們千方百計陷害元璋，欲除之而後快，卻不知朱元璋要如何應付。

韓林兒發行錢幣

三攻集慶

郭天敘兄弟意欲除掉朱元璋，經常對他流露出強烈的敵意。特別是郭天爵，幾次酒醉後揚言要殺了這個外來的野和尚。對於他們的所作所想，朱元璋非常明白，因此一方面積極採取措施應付他們的陷害，一方面努力尋找過江的機會。但長江上元朝水軍日夜巡邏，防備嚴密，要想過江取集慶，談何容易！

不久，機會來了。和州西南面的巢湖內有支千餘艘船的水軍，本屬於紅巾軍徐壽輝部，近來遭到元軍攻擊，被困湖中出不來。他們聽說朱元璋的軍隊紀律好，戰鬥力強，派人來聯絡，希望藉助元璋的力量解脫困境，表示願意歸附。元璋正為缺少水軍發愁，沒想到天賜良機，決定親自去巢湖，查看事情真偽。

果然，困在湖中的水軍因為兩個月無法突圍，彈盡糧絕，見到元璋後表示只要能夠突圍，願意聽從他的一切調遣。元璋查看船隻，發現船隻雖小，但是足以運送人馬，十分高興，趁著天降大雨，巢湖水漲，把守的通道增多，帶領水軍從支流順利脫險。

巢湖

有了水軍，渡江就成為比較簡單的事。大家一致認為可以直取集慶，唯獨元璋認為，集慶是重鎮，防守畢竟嚴密，要想成功進取，必須穩紮穩打，步步為營，如果一不小心，則容易功虧一簣。在他主張安排下，部隊採取分步行動計畫，首先攻佔防守鬆弛的牛渚磯，接著佔領採石鎮。採石鎮是元軍軍需物資儲備之地，元璋率領兵馬攻下採石鎮後，久歷糧荒的將士們見到如此豐富的物資糧食，頓時放下手中武器，開始搬運糧食，搶奪財物，打算運回和州。

見到這場面，朱元璋大吃一驚，他知道將士們這是準備回和州過小日子，無心求大發展。他連忙命令親兵將領郭英、郭興帶人將裝滿糧食的船隻砍斷纜繩，推入江中，任其順流飄走。望著辛辛裝運的糧食漂流江中，將士們紛紛跑到元璋處告狀，說郭英等人破壞軍需。眼見前來告狀的人越來越多，朱元璋高聲說：「幾船糧食值幾個錢？前面就是太平鎮了，鎮上金銀財寶有的是，誰搶到就是誰的。」聽到這句話，將士們歡欣鼓舞，馬上埋鍋造飯，吃飽後爭搶著出發搶奪財寶。

這時，太平守軍聽說採石鎮被攻破，正準備出城救援，猛然看到紅巾軍如下山猛虎一樣衝殺過來，嚇得趕緊關閉城門固守不出。可是，他們哪裡抵擋得住來勢兇猛、志在必得的軍隊，不到兩個時辰，城門攻破，守將狼狽逃竄。義軍也不追趕，跑在最前面的人還記得元璋說過可以搶掠的話，很快消失在高門大宅裡。等他們拎著包裹、捧著珠寶走出來時，卻發現事情有變，只見大街上整齊地排列著隊隊士卒，他們手持利刃，神情嚴肅，將領們來回走動，毫不懈怠。這是怎麼啦？那些搶掠財物者趕緊打聽事情原委，這才知道城裡貼滿了安民告示：士卒不准殺害百姓，不准放火，不准搶掠財物，否則，殺無赦！得此消息，有些人非常不滿，埋怨元璋說話不算話，當初說好了可以搶掠，現在又反悔了，這不是拿兄弟們的性命開玩笑嗎？

元璋當然不會放縱部下禍害百姓，但他也不會失信於部下，他出面向大家解釋說：「騷擾無辜百姓，這是絕對不允許的，我方才所說搶掠歸屬問題，是指你們可以搶掠豪強地主家的財物，但是這些財物也要根據戰功進行分配，這樣才可以鼓勵勇者，懲治怯者，不知道大家是否同意這個意見？」

正義永遠站在大多數人一邊，將士們對元璋這番合情合理的解說十分認同，積極回應，那些貪圖小利、不肯賣力戰鬥的人聽了，嚇得躲進人群裡，再也不敢叫囂理論。

佔據太平，實行仁政，朱元璋和他的軍隊得到百姓擁護，遠近馳名的文人能士大多前來歸附，其中著名的有精通《周易》、弟子遍天下的陶安，素習儒業、為父老稱重的李習年，元璋對他們兩人極為尊重，經常向他們請教時事。陶安和李習年認為元璋的軍隊紀律好，遠非流寇可比，極力贊同他攻取集慶的方略。

從側面印證了自己的方略，元璋很高興，馬上組建基層政權，任命李習年為太平知府，設置太平、興國翼元帥府，自任大元帥，至此，他和他的軍隊基本獨立於其他政權之外，形成了自己的政權機構，開始了進攻集慶，奪取天下的大行動。

看著元璋的隊伍攻城掠地，戰果輝煌，郭天敘兄弟坐不住了，他們知道自己必須做最後一搏，在攻取集慶的最後戰鬥中分得一杯羹，才有可能穩固自己的地位，於是，他們提出由他們帶領隊伍攻佔集慶。在這個關鍵時刻，朱元璋清楚郭天敘兄弟的意圖，不想內部紛爭造成過大傷害，因此同意他們的主張，把攻佔集慶的任務交給他們。

但是，郭天敘兄弟缺少才幹，所帶部隊戰鬥力不強，遇上駐守集慶的元軍頑強的抵抗，很快就被打得潰散一片，大敗而回。損兵折將不說，在元璋面前也覺得很沒面子，雙方矛盾進一步升級。

兩個月後，郭天敘再次率兵攻佔集慶，這次，他集中郭家軍所有兵力，打算來個決一死戰。結果，再次遭到元軍猛烈阻擋，郭天敘和舅父張天佑當場陣亡，手下將士大多淹死在秦淮河裡，郭子興的家底在這一戰中折損大半。負責後勤供應的朱元璋部也受到牽連，損失不少兵馬。戰鬥結束，朱元璋認為是時候清剿內部反對力量，增進凝聚力，全心全意對付元軍了，於是下令處決郭天爵，同時肅清郭子興部反對自己的主要人員。經過整頓，隊伍內部秩序肅然，各派力量得到凝結，戰鬥能力極大提高，朱元璋個人的威信也空前提高，他出色的軍事和政治才能得到體現和發揮，為下一步成功進佔集慶，進而奪取天下理清了道路和方向。

由於前兩次進攻集慶兵馬受損，朱元璋首先採取整訓工作，訓練軍隊，尋找時機。在這個過程中，他內法外仁，招撫四方豪傑，安撫地方百姓，釋放元軍將領，提高聲望；同時，他加

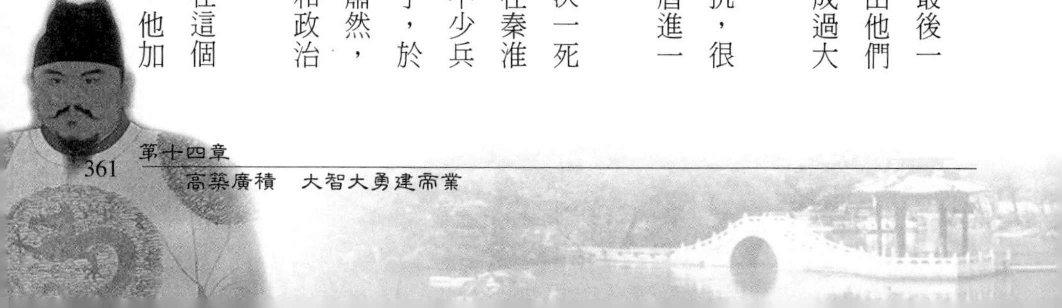

強內部管理，清理反對勢力，鞏固個人地位。經過半年努力，元璋全面掌控了整支隊伍，成為當時各路義軍中非常出色的領袖人物。第二年，也就是元順帝至正十六年，西元1356年二月，不足二十八歲的朱元璋在全面策劃、精心準備之下，率領軍隊攻克集慶，佔據江南重鎮，進而確立了自己和隊伍的重要地位。

在作戰過程中，元璋曾經賦詩紀念征戰的辛苦，表達攻佔天下決心，其詩作如下：

忙著征衣快著鞭，
回頭月掛柳梢邊；
兩三點露不成雨，
七八個星猶在天。
茅店雞聲人過語，
竹籬犬吠客驚眠；
等閒推出扶桑日，
社稷山河在眼前。

進城後，朱元璋發表演說，安定人心，他表示：「朝政腐敗，導致兵戈四起，百姓流離失所，朝不保夕。你們身處危城之中，性命、財產不能自保。我這次率兵前來，是為大家清除苛政，除暴安良，請大家各安舊業，不要慌亂害怕。志士賢人有願意跟隨我驅除韃虜，建功立業的，我一定禮遇優待。此後，做官的不能橫暴欺民，凡是元朝政府不妥當的政令，我們將全部去除改正。」以前百姓對元璋部隊不殺人、不擾民、推行仁政的做法多有耳聞，如今聽了他的演說，看見部隊進城後對百姓絲毫未犯，大為喜悅，民心得以穩定。

集慶具備優越的地理位置和自然條件，倉庫充實，人口眾多，現在據而有之，讓元璋格外喜悅，他認為這是上天對他的賞賜，因此將集慶改名應天府，表示上應天意。至此，轟轟烈烈進行了五年之久的紅巾軍起義形成新的格局：劉福通率領的小明王主力活動在安徽北部，牽制了元軍主力；佔據湖南、湖北的徐壽輝建立天完政權，擁有長江中游的軍事重鎮；從高郵、泰州發跡的張士誠南下奪取江陰、常州、平江等地，地處繁華富庶地區，人煙稠密，勢力日漸雄厚；另外，還有浙江溫州的方國珍，也是一支勁旅。那麼，剛剛佔據集慶，地盤侷限於江蘇西部、安徽南部這一狹窄地區的元璋，究竟該如何從複雜的局勢中站穩腳跟，並且最終勝出呢？

第三節 驅除胡虜 恢復中華

高築廣積

佔據集慶，朱元璋取得歷史性勝利，成為元末各路義軍中不可忽視的一支力量。他推行仁政，鼓勵生產，所佔區域經濟得到恢復，面對如此大好形勢，朱元璋不免有些沾沾自喜，當時，各路義軍領袖要嘛稱帝，要嘛稱王，一時間風光無限。朱元璋既有強大的軍隊，又有富饒的土地，也想稱王稱霸。他的心思被將領們猜到，擁護他稱王的人大有人在。

但是，就在朱元璋躊躇滿志的時候，有人向他提出反對意見。此人是江南名儒朱升，慕名前來歸附朱元璋，眼見義軍將領們被勝利所迷惑，大膽指陳，他認為，自從紅巾軍起義以來，稱王稱霸者多如牛毛，進而引起元軍高度關注，派兵打壓而滅亡者也不計其數。因此，要想真正創立偉業，稱王稱霸並不重要，重要的是迅速擴充勢力，攻佔地盤，壯大自我。聽了這番話，朱元璋覺得很有道理，他忙請教：「依先生之見，目前我們該如何發展才能壯大起來呢？」

朱升說：「目前，我軍地狹糧少，孤軍獨守，東有張士誠，佔據富庶之地，西有徐壽輝，兵馬強壯，北有明王，資歷深厚，他們勢力強大，不在我軍之下，對我們虎視眈眈。我們本來屬於小明王部下，如果我們自立為王，勢必引起小明王反感，要是徐壽輝和張士誠與我們搶奪地盤，失去小明王支持，那麼我們的處境就很危險。況且，一旦稱王，必會引起元朝廷關注，容易把大部隊元兵吸引過來，我們內外受到攻擊，情勢會十分危急。依我看，元帥可以採取『高築牆，廣積糧，緩稱王』之計，依舊依附小明王，讓其阻斷北部元兵對我軍騷擾，趁機恢復生產，發展勢力，鞏固周邊環境，強大內部力量，待到足以與敵對抗時，再稱王一圖霸業不遲。」所謂「高築牆，廣積糧，緩稱王」，就是擴充兵力，鞏固後方軍事；發展生產，增強經濟實力；講究抗爭策略，不要急於稱王。

朱升之墓

朱元璋頓如醍醐灌頂，恍然清醒，他握著朱升的手說：「先生所言，真是黑夜裡的曙光，照亮我軍前進的道路啊！」他立刻按照朱升建議，向小明王報告攻佔集慶的喜訊，並且送去很多戰利品，表示依舊遵從小明王的龍鳳年號。小明王很高興，下令封朱元璋為都元帥，全面負責江南事宜。接著，朱元璋派重兵防守東西兩面，以防張士誠部和徐壽輝部騷擾。同時，他積極鼓勵部下攻城奪地，擴展地盤，在攻下的城鎮繼續推行仁政，減免田租、稅收，鼓勵百姓積極生產，開荒種田，他還下令修水渠，幫助百姓度過災害；他還實行屯田制度，實現軍隊自給，減少對百姓的剝削。透過一系列措施，集慶呈現欣欣向榮的景象，恢復古都風貌。

張士誠像

當然，就在朱元璋採取措施鞏固自己的勢力時，如火如荼的戰事依然在各地不斷上演。張士誠接連攻下數十城後，佔據了江蘇東部以及浙江大部，不把朱元璋放在眼裡。一次，朱元璋派人前去祝賀他獲勝，表示元朝政綱紊亂，其土地和百姓人人都可以得而有之，聽說足下佔有浙江富庶之地，特此祝賀，現在你我為鄰，希望我們彼此和睦相處。沒想到張士誠接到賀信，認為朱元璋人少勢微，竟敢和自己平起平坐，勃然大怒，扣下來使，發兵攻打元璋新近佔領的鎮江。

義軍之間不可避免的戰鬥開始了。朱元璋派遣大將徐達、沐英迎戰張士誠部，經過幾個月殊死爭鬥，張士誠部被驅趕到了江陰、常熟、長興與其間的太湖一線以東，從此遏制住了張士誠西進通道，為其後朱元璋、陳友諒之戰，解除了後顧之憂。

那麼陳友諒為何許人？他為何又成為朱元璋前進路上的一大障礙呢？

東征西討

陳友諒是徐壽輝手下大將，西元1360年，他發動兵變殺了徐壽輝，迅速奪取天完政權，改國號為漢，自稱漢王。陳友諒為人陰險奢靡，他稱王後，倚仗勢力強大，不斷發動對周圍義軍的攻擊，妄圖奪取更多地盤。而他個人不顧軍士和百姓的生命、生活，過著奢侈靡爛的生活，更引起部下強烈不滿。

陳友諒墓

據說，他嬪妃成群，多達數百人，都是錦衣玉食，極盡奢侈。為了享樂，他命人雕刻鏤金床，命人修建了一座佔地面積廣大的園林，裡面養著許多麋鹿。陳友諒經常帶著自己的妃子在江邊騎鹿遊玩，他讓妃子們舉行騎鹿比賽，誰騎得快、騎得好，誰就得到獎賞。有時候，前方傳來緊急戰報，他也不去理會，依舊觀賞妃子們騎鹿比賽。為了維持這種靡爛的生活，他不得不下令加重賦稅，為了擴展地盤，他又驅民為兵，強迫百姓為他賣力，百姓們無法忍受這種酷政，對他非常痛恨。

然而，陳友諒是個心狠手辣的人，他殺死徐壽輝後，採取鐵腕統治鞏固自己的勢力，在他強壓政策下，將士們只好奮力戰鬥。本來他在當時各地割據勢力中就是最強大的，經過他瘋狂的擴展，不停征戰，地盤更加擴大，對其他義軍形成強大的威脅。

在朱元璋的部隊裡，諸多將士都畏懼陳友諒的勢力，有一次，陳友諒部圍攻集慶，很快攻佔了採石、太平兩鎮，這兩個地方是朱元璋進取集慶時最早攻佔的地盤，如今輕鬆落入敵手，就連他本人也有些猶豫了，不知道該如何對付陳友諒部。這天早會，朱元璋召集部將商量對策，有人主張投降，有人主張逃跑，卻無人提出與陳友諒決一死戰。這時，唯獨歸附不久的劉基大睜著眼睛，一言不發。朱元璋很奇怪，宣布散會後單獨召見劉基，問他為何不說話。劉基說：「請元帥給我一把寶劍，我先殺了那些主張投降和逃跑的人再說話。」

朱元璋一聽，明白劉基力主與敵對戰，心裡又高興又擔心，於是問：「先生力主對戰，可是我軍勢力薄弱，敵人氣勢強大，怎麼樣才能取勝呢？」

劉基說：「兩軍作戰，兵力強弱並不代表勝負，我認為只要士氣高過對方，就有取勝的可能。現在將領們不戰而慄，必定減弱士氣，如此一來，與不戰而敗有什麼兩樣？所以我請求先斬殺那些膽怯的將領，以此鼓舞士氣。」

朱元璋在他鼓勵下，終於堅定與陳友諒對戰的決心，採取誘敵深入之法，擊退陳友諒部的多次進攻。事後，劉基又根據天下局勢，獻上《時務十八策》，提出當下朱元璋要想在江南站穩腳跟，重點不在張士誠，而在陳友諒。他認為，雖然大多數將領認為張士誠部較弱，陳友諒部強大，應該先弱後強，逐漸擴張勢力，但陳友諒固然強大，可是他為人驕傲，膽大妄為，失去民心，根基不穩；張士誠固然弱小，但他為人狡詐，左右搖擺，既與元王朝保持聯繫，也與陳友諒有來往，如果朱元璋部率先消滅張士誠，陳友諒必然出手從背後偷襲，而集中兵力與陳友諒對戰，張士誠絕對不會幫助陳友諒。而且，一旦解決了陳友諒，張士誠不攻自破，江南局勢基本可定。

張士誠像

結果，朱元璋按照劉基的計策行事，經過四年艱苦卓絕的抗爭，最後在鄱陽湖與陳友諒展開為期四個月的決戰，最終消滅了陳友諒主力。在這些數不清的戰鬥中，朱元璋賦詩勵志，曾經寫道：

殺盡江南百萬兵，
腰間寶劍血猶腥。

可見當時戰爭場面的殘酷血腥，也映射出他豪氣沖天，勢在必得的決心和勇氣。在多次送別將士參加戰鬥時，他也寫下許多詩篇，鼓勵戰士們勇赴前線，殺敵立功，其中一首寫道：

大將南征膽勢豪，
腰横秋水雁翎刀。
風吹鼉鼓山河動，
電閃旌旗日月高。
天上麒麟原有種，
穴中螻蟻豈能逃。
太平待詔歸來日，
朕與先生解戰袍。

經過幾年努力，朱元璋逐步鞏固和發展了自己的根據地，軍事和經濟實力迅速壯大。從至正二十年（西元1360年）陳友諒進攻朱元璋，朱元璋進行反擊，開始與群雄逐鹿中原，到至正二十三年（西元1363年）滅陳友諒，至正二十七年（西元1367年）滅張士誠，降割據四川的方國珍，朱元璋基本控制江南地區，開始下一步北伐的戰爭。

後來，朱元璋曾經與群臣議論：「以張士誠之

朱陳鄱陽湖之戰古戰場

富，陳友諒之強，為何最終敗在我的手下？」群臣各抒己見，說法各不相同。朱元璋看著大夥，語重心長地說：「張士誠恃富，陳友諒恃強，朕獨無所恃。唯不嗜殺人，布信義，行節儉，與卿等同心共濟。」

恢復中華

挫敗群雄的朱元璋沒有停止前進的腳步，他在至正二十七年（西元1367年），命徐達、常遇春率軍二十五萬開始了北伐戰爭。此時，朱元璋稱吳王，不久，小明王韓林兒溺水而亡。北伐之戰，勢在驅除元人統治，為了鼓舞全國人們的士氣，他特意發布告北方官民的文告。文告提出「驅逐胡虜，恢復中華，立綱陳紀，救濟斯民」的綱領，對北方人民反抗民族壓迫頗具號召力。

韓林兒印

北伐之戰，在全面精心準備下順利推進，元順帝至正二十八年（西元1368年），徐達攻克山東後，正月初四日，朱元璋即皇帝位，國號明，建元洪武，是為明太祖。為了區分與明王韓林兒的龍鳳政權，他特建議國號稱為大明。七月，徐達率領的北伐軍逼近大都，元順帝攜後妃、太子倉皇出逃上都，統治中國九十八年的元朝滅亡。此後，統一戰役仍在繼續，同年，湯和率領的南征軍滅方國珍、陳友定，福建、兩廣盡入版圖。洪武四年（西元1371），四川平定。十四年平雲南。至二十年，山西、陝西以及東北平定，全國統一。

朱元璋憑藉卓越的軍事才能削平群雄，統一南北，在這個過程中，他注意吸取歷史的經驗與教訓，著手穩固新建王朝的統治，制訂一系列的政策和制度，使專制主義中央集權進一步強化和發展。這些措施主要有以下幾方面：

一、改革行政機構，加強君主權力

朱元璋下令廢除行中書省，分設承宣布政使司、都指揮使司和提刑按察使司，分管行政（包括財政）、軍事和司法。三司長官地位平等，共商一省政務，最後均歸皇帝領導，彼此不相統轄。到了洪武十三年（西元1380年），由於丞相胡惟庸擅權弄政，形成一個政治集團，危及大明江山，朱元璋果斷地罷除丞相，取消了中書省。由吏、戶、禮、兵、刑、工六部分理中央政務，直接對皇帝負責。秦漢以來的丞相制度從此廢止，全國的軍政大權都集中到皇帝一人手裡，君主專制的中央集權制度空前地加強了。

二、六部分理朝政

朱元璋廢中書省罷丞相後，由六部分理中央政務，據《明史．職官志》記載，其分工如下：吏部尚書「掌天下官吏選授、考課之政令」；戶部尚書「掌天下戶口、田賦之政令」；

禮部尚書「掌天下禮議、祭祀、宴饗、貢舉之政令」；兵部尚書「掌天下武衛軍官選授、簡（選）練之政令」；刑部尚書「掌天下刑名及徒隸、勾覆、關禁之政令」；工部尚書「掌天下百官、山澤之政令。」這些制度沿用幾百年，後來清承明制，六部分工依舊如此。

三、實行內閣制度

朱元璋設置大學士制度，由他們負責協助皇帝處理政務。內閣制度也承襲明、清兩朝，而且內閣成員的權力和地位越來越高，實際上具有丞相的作用。

在改革政權制度的同時，朱元璋還特別重視恢復和發展社會生產措施的制訂和推行。這些措施主要如下：

一、移民墾荒

朱元璋實行安養生息的經濟政策，採取獎勵墾荒，實行民屯、軍屯、商屯等屯田制度，在全國推廣桑、麻、棉等經濟作物的種植等一系列有利於恢復和發展農業生產的措施，成功地使明社會經濟較快地得到了恢復和發展。另外，西南屯田還實現了貴州、雲南第一次真正意義上的大開發。

二、編製黃冊和魚鱗圖冊

為了掌握人口和土地情況，朱元璋下令清丈土地，編製賦役黃冊、魚鱗圖冊，建立里甲和糧長制，不但使國家徵稅有了依據，還肯定了農民墾荒的土地所有權。無論官紳、地主還是農民的土地，都被編彙成冊，使各階層人民的負擔相對合理，減輕了農民負擔。

三、興修水利

水利修建關乎民計大事，朱元璋攻下南京後就注重水利事業，其後，他更是大力支持興修水利。據統計，在他為政期間，全國河渠修治多達162處，開塘堰達40987處，修築堤岸5048處，這些水利工程，保障了農業的恢復和發展。

四、廢除奴隸制殘餘，改善工匠地位

元朝蒙古貴族統治期間，帶有濃厚的奴隸制殘餘。到了明初，這些風俗還很流行，朱元璋頒布法令，嚴刑禁止畜養奴隸，使人身獲得自由，增加了社會生產的勞動力。另外，他廢除元朝的工匠制度，允許工匠們自由生產買賣，打破官府壟斷技術、產品的局面，促進工商業繁榮。

透過這些積極有效的措施，明初社會生產力得到較快的恢復和發展。到了洪武二十六年（西元1393年）全國戶口比元朝最高數字戶增加三百四十萬，人口增加七百萬，耕地面積達八百五十多萬頃，人均十四畝多，國家已有大批儲糧。

另外，朱元璋還重視文化和教育事業的發展，完善科舉制度，為國家選拔和錄用了大批有用人才。明朝時，科學技術得到推廣發展，李時珍的《本草綱目》流傳後世，影響巨大；文學藝術也空前繁榮，出現了《三國演義》、《水滸轉》、《西遊記》等傳世巨著。

而且，朱元璋鑑於元朝官吏貪污腐敗以致亡國的教訓，決意整頓吏治。洪武初年，地方官貪污60兩銀子以上的，一律砍頭示眾。他主張令行禁止，不避親貴，一時間官場風氣大為改觀。朱元璋下令制訂《大明律》，經過多次修改刪訂，頒行全國，奠定了有明一代立法的基礎。

總之，朱元璋創建明朝後勤奮治國三十一年，整肅吏治，嚴懲貪官，創立衛所，鞏固邊防，重視農業，對社會的穩定，國家的統一和發展，都起了積極作用。他一生辛苦治國，每天天不亮就起床批閱公文，直到深夜，年復一年，沒有休息日。但他力行節儉，從不奢華，他下令在皇宮御花園中種植蔬菜，供應皇宮日常消費，所以他沒有御花園，只有御菜園。有一次，有人提議用一種名貴的大理石為他鋪墊宮內地板，被他謝絕。他在晚年曾經說過：「朕膺天命三十一年，憂危積心，日勤不怠。」此話確實不假。

身為傑出的政治家，朱元璋是成功的，他馬上奪取天下，其軍事才能更為後世津津樂道，有人評價他「胸懷韜略，深謀遠慮，善於駕馭戰爭，掌握主動權。在群雄對峙中，巧擇戰機，各個擊破。每戰持重用兵，力避兩面受敵，並適時集中兵力殲滅敵人。注重招賢納士，廣採眾議，嚴格治軍，完善軍制，練兵育將，強調將領要識、謀、仁、勇兼備。主張寓兵於農，且耕且戰，保持一支強大的武裝力量。」其思想對後世產生了深遠影響，至今不絕。

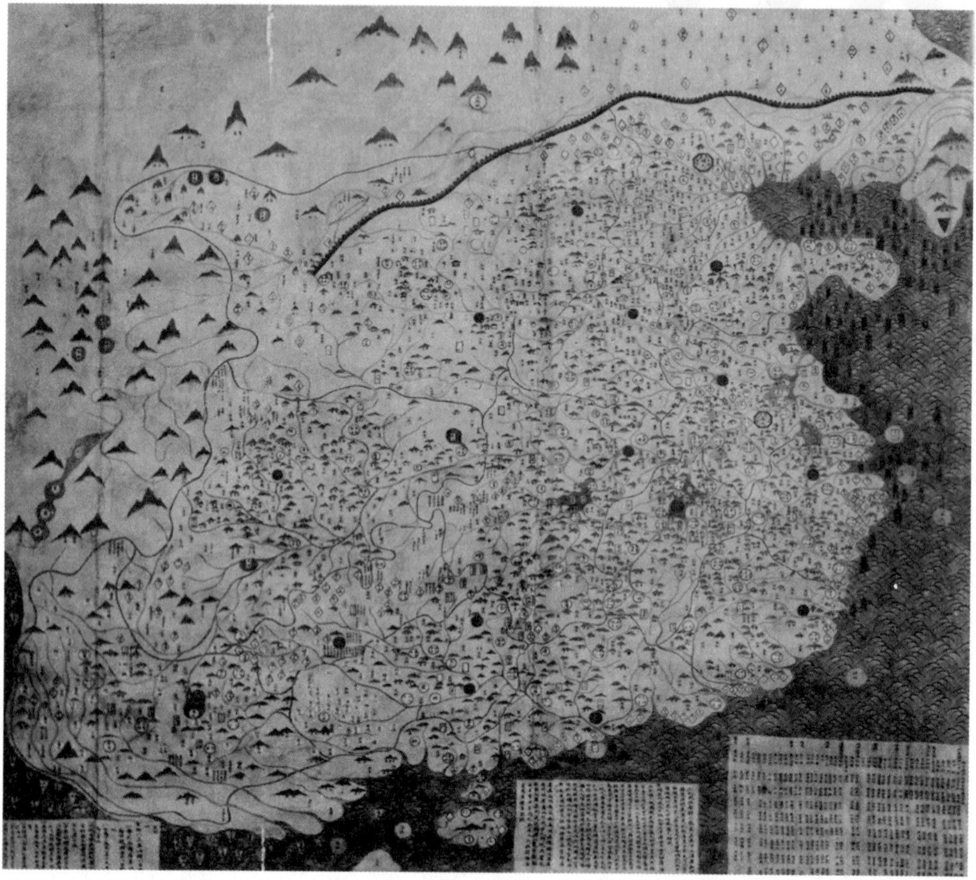

明朝疆域圖

明太祖　大事年表

西元1328年（元天順帝天曆元年）　出生

九月丁丑，朱元璋出生。

西元1344年（元至正四年）　17歲

春，淮北大旱，繼而爆發瘟疫，朱元璋父、母、長兄皆病死。

秋九月，朱元璋入皇覺寺為行童，雲遊淮西穎州一帶。

西元1348年（元至正八年）　21歲

年底，朱元璋回到皇覺寺。

西元1352年（元至正十二年）　25歲

閏三月，朱元璋投郭子興部下為兵。

西元1353年（元至正十三年）　26歲

朱元璋佔領定遠，攻下滁州。

此時張士誠起義，攻佔泰州、高郵，稱誠王，國號大周，建元天佑。

西元1355年（元至正十五年，宋小明王龍鳳元年） 28歲

正月，朱元璋克和州，奉郭子興命總諸將。

二月，劉福通等迎立韓林兒為皇帝，號小明王，國號宋，建都亳州，建元龍鳳。

西元1361年（元至正二十一年，宋龍鳳七年） 34歲

朱元璋攻陳友諒於江州，敗之。

小明王封朱元璋為吳國公。

西元1364年（元至正二十四年，宋龍鳳十年） 37歲

朱元璋自立為吳王，建百官。

西元1366年（元至正二十六年，宋龍鳳十二年） 39歲

五月，朱元璋命徐達、常遇春攻張士誠。

十二月，朱元璋遣廖永忠迎小明王於滁州，中途沉之於江，宋亡。

西元1367年（元至正二十七年，宋龍鳳十三年） 40歲

滅張士誠，吳亡。

西元1368年（明太祖洪武元年，元順帝至正二十八年） 41歲

正月，朱元璋稱帝，國號大明，建元洪武，是為明太祖。

立世子標為皇太子，妻馬氏為皇后。

西元1376年（洪武九年）　49歲

宣布廢除行中書省，設立承宣布政使司、都指揮使司和提刑按察使司。

西元1380年（洪武十三年）　53歲

以謀反罪殺左丞相胡惟庸，並大改中央官制。

西元1382年（洪武十五年）　55歲

皇后馬氏卒。

空印案發，冤死者不計其數。

西元1390年（洪武二十三年）　63歲

韓國公李善長黨胡惟庸案發，坐誅，牽連死者甚眾。

西元1392年（洪武二十五年）　65歲

皇太子標死，立長孫允炆為皇太孫。

西元1398年（洪武三十一年）　71歲

閏五月，朱元璋卒，年七十一。太孫允炆繼位，是為明惠帝。

少年唐太宗

火樹銀花中戎馬倥偬，刀光劍影裡豪氣沖天。

他的一生，金戈鐵馬，叱吒風雲。應募勤王，嶄露頭角，於百萬軍中單騎救父，揚威沙場；勸父晉陽起兵反隋，成為獨當一面的大將軍。

亂世紛紛，反王?起，隨父舉義，剿滅隋王朝，扶助其父李淵創建了大唐帝國。長纓在手，平定諸多反唐勢力，居功至偉，玄武門一戰，棋高一招的他終於登上了九五之尊的寶座。

他憑藉英主明君的襟懷眼光，細膩入微的計策與決謀，自如調配各種勢力，化敵為友為我所用，既能左右逢源也能翻雲覆雨，從而締造了貞觀大治的絕唱。

現在，就讓我們穿越時空，走進唐太宗李世民的少年時代，去感受其間的歡笑和淚水，溫情與殺戮……

少年漢武帝

西元前156年，劉徹出生了，他是漢景帝劉啟的第十個兒子，生逢盛世，貴為天冑，他盡可以享受先輩們積累下來的豐厚資產，過著安穩無憂的日子，可是劉徹沒有。這個注定不凡的生命一開始就有著更博大的使命，他勵精圖治，求新圖變，將漢家王朝推向了另一個嶄新的、幾無可比的高度，他確立了封建君主專制的根基，成為中國最成功的帝王之一。

漢武帝劉徹到底如何走向成功的呢？所有的傳奇故事都可以在幼年時候找到端倪，從他神奇的出生開始，從他好學求進的少年時代開始，這個少年一步一步從普通的皇子走上了高高在上的皇位，掃平了一切的阻礙，按照自己的心願改造整個世界，奠定了一個帝國空前的偉業。本書將追隨著他少年的腳步，一步一步探尋他成長的足跡，回顧他成功的精神奧秘和思想源泉，將最真實的他展現在人們面前。

關於作者

南宮不凡

自小學五年級暑假無意中看到《三國志》，開始對歷史產生莫名狂熱，國一時已經讀完柏楊版《白話資治通鑑》與《二十四史》。

白天是認真負責的科技公司小主管，晚上化身成為歷史名人研究專家，對於古今中外的名人有相當專精而獨到的看法。

對於中國帝王學尤其偏愛，耗時近十年，在繁浩的歷史典籍史料、民間流傳軼事中去蕪存菁，經過反覆的消化、整編，運用古典小說形式，完成秦始皇、漢文帝、漢武帝、唐太宗、宋太祖、成吉思汗、明太祖、康熙、雍正、乾隆、孫中山、毛澤東等十二位深具特色的領袖人物少年時代的風雲變幻。

書中每一位主宰歷史的偉大人物，都蘊藏著一部感人至深的故事。書中將這些領袖人物的親情、友情、愛情，以及自身對命運的努力和追求都融入到了扣人心弦的故事情節當中。

閱讀這套書，猶如看到書中主角的音容笑貌、言談舉止，感受他們的理想、信念、胸懷、情操，對我們學習如何做人、做學問、做事業都有很大的益處。尤其對於準備高飛人生的青少年朋友來說，這些故事除了好看之外，更是擴大胸懷、啟迪人生的最佳朋友。

少年趙匡胤

宋太祖趙匡胤出生時就充滿了傳奇的色彩，紅光盈室，異香繞梁，被取名為「香孩兒」；抓週之日選中了寶劍，似乎在預示著這個小小男嬰不同凡響的未來。

為了實現理想，他流浪江湖，在華山弈棋當中，參透了冥冥中暗含的天機。

古寺之中，他行俠仗義，偽裝神木顯靈，沒想到卻引來了真龍現身。

扶危濟貧，兒女情長，少年英雄不遠千里送京娘。

雪夜訪趙普，一代明君慧眼識英才。

陳橋兵變，杯酒釋兵權，他的政治謀略何其了得！

從宮廷計謀到沙場征戰，從熱血豪情到兒女幽怨，從江湖險惡到佛蹤道影，精彩緊湊的情節，本書將一一為您呈現。

少年唐太宗

火樹銀花中戎馬倥傯，刀光劍影裡豪氣沖天。

他的一生，金戈鐵馬，叱吒風雲。應募勤王，嶄露頭角，於百萬軍中單騎救父，揚威沙場；勸父晉陽起兵反隋，成為獨當一面的大將軍。

亂世紛紛，反王並起，隨父舉義，剿滅隋王朝，扶助其父李淵創建了大唐帝國。長纓在手，平定諸多反唐勢力，居功至偉，玄武門一戰，棋高一招的他終於登上了九五之尊的寶座。

他憑藉英主明君的襟懷眼光，細膩入微的計策與決謀，自如調配各種勢力，化敵為友為我所用，既能左右逢源也能翻雲覆雨，從而締造了貞觀大治的絕唱。

現在，就讓我們穿越時空，走進唐太宗李世民的少年時代，去感受其間的歡笑和淚水，溫情與殺戮……

少年朱元璋

朱元璋與好友親見元軍暴行，痛恨非常，忍不住火燒元軍營地，遭到追殺，他們該如何逃脱此劫？

朱元璋好心救人，誰知對方卻是山賊頭目，他因此被舉報到官府，面臨危機，他應該怎麼做呢？

天災人禍，父母長兄接連病故，朱元璋身單力薄，走投無路，投入寺院?僧，誰知道一場瘟疫，寺廟缺糧斷炊，他被迫出外遊方，艱難世道，他能找到生存的希望嗎？

天下大亂，紅巾軍起義轟轟烈烈，朱元璋脱下僧衣，投入了造反的行列，但紅巾軍內部明爭暗鬥，各不相讓，身處風口浪尖，朱元璋倍受猜疑，他能安然度過危機嗎？

少年成吉思汗

他手握凝血而生，是上天注定掌握蘇魯錠長矛的戰神；

他是蒼狼白鹿的後代，是草原上永不落的圖騰。

他成就一個民族的輝煌，創造了一個種族戰無不勝的神話。

然而，

這個被稱為「一代天驕」的蓋世豪傑，卻歷經了無數的艱險與磨難：

童年喪父，部眾離散；

隨母流浪，嬌妻被擄；

仇敵追殺，義兄反目。

……

讓我們穿越時空的隧道，伴隨著馬刀和狼煙，來結識這位百折不撓，終成霸業的少年英雄──鐵木真。

國家圖書館出版品預行編目資料

少年朱元璋／南宮不凡著
－－第一版－－ 台北市：宇河文化出版；
紅螞蟻圖書發行，2009.08
面　　公分－－(Monarch；7)
ISBN 978-957-659-726-8 (精裝)

1.明太祖 2.傳記 3.歷史故事

626.71　　　　98012619

Monarch 7

少年朱元璋

作　　者／南宮不凡
美術構成／ Chris' Offic
校　　對／鍾佳穎、楊安妮、朱慧蒨
發 行 人／賴秀珍
榮譽總監／張錦基
總 編 輯／何南輝
出　　版／宇河文化出版有限公司
發　　行／紅螞蟻圖書有限公司
地　　址／台北市內湖區舊宗路二段121巷28號4F
網　　站／ www.e-redant.com
郵撥帳號／1604621-1　紅螞蟻圖書有限公司
電　　話／(02)2795-3656（代表號）
傳　　眞／(02)2795-4100
登 記 證／局版北市業字第1446號
數位閱聽／ www.onlinebook.com
港澳總經銷／和平圖書有限公司
地　　址／香港柴灣嘉業街12號百樂門大廈17F
電　　話／(852)2804-6687
新馬總經銷／諾文文化事業私人有限公司
新 加 坡／ TEL:(65)6462-6141　FAX:(65)6469-4043
馬來西亞／ TEL:(603)9179-6333　FAX:(603)9179-6060
法律顧問／許晏賓律師
印 刷 廠／鴻運彩色印刷有限公司
出版日期／2009年 8 月　第一版第一刷

定價 299 元　港幣 100 元

ISBN 978-957-659-726-8　　　　**Printed in Taiwan**